应用型本科会计人才培养系列教材
YINGYONGXING BENKE KUAIJI RENCAI PEIYANG XILIE JIAOCAI

税收筹划

SHUISHOU CHOUHUA

主　编○刘　伟　田　婧
副主编○张嘉明　李秋茹　丘晓琳玲

西南财经大学出版社
Southwestern University of Finance & Economics Press
中国·成都

应用型本科会计人才培养系列教材

YINGYONGXING BENKE KUAIJI RENCAI PEIYANG XILIE JIAOCAI

编委会

总 序

会计学院是广州华商学院最早成立的院系之一，现开设会计学、财务管理、审计学和税收学四个专业。其中，会计学专业设会计师、注册会计师、管理会计师、金融会计、会计智能化和国际注册会计师（ACCA）六个专业方向；财务管理专业设公司理财和财务分析师（CFA）两个专业方向；审计学专业设审计师和信息技术（IT）审计两个专业方向；税收学专业设注册税务师专业方向。经过多年的探索，会计学院逐步形成以下办学特色：一是以ACCA和CFA为代表的国际化教学特色，二是以管理会计师（GAMA）卓越班为代表的协同育人特色，三是以线上线下混合教学实验区为代表的建构教学特色，四是将会计与投融资融为一体的多学科融合特色，五是以华商云会计产业学院为代表的产教融合特色。目前，会计学专业为国家一流专业建设点，财务管理专业为省级一流专业建设点，会计学科为广东省会计类特色重点学科。

在长期的教学实践中，广州华商学院一直秉承优质的教学理念，优选国内同类教材中最受欢迎的教材作为各专业课程的指定教材。教材选定的一般原则是：若有多种同类教材，首选教育部规划教材；若有多种教育部规划教材，首选其中的获奖教材；若没有教育部规划教材，优先选择国内知名高校的教材。这种教材筛选方式保证了会计学科各专业教学的高质量，但也不可避免地带来了一些问题。首先，所选教材难以满足应用型高校会计人才培养的需要。财政部出台的《会计行业中长期人才发展规划（2010—2020年）》明确指出，适应经济社会发展对高素质应用型会计人才需求，加大应用型高层次会计人才培养力度。华商学院作为一所民办应用型高校，不论是从办学分工，还是从社会需求角度考虑，都必须以培养应用型人才为主要目标，但现有的教育部规划教材或名校教材大多偏重理论教学，鲜有明确为培养应用型人才而打造的教材。其次，各专业教材之间的衔接度不高。现有教材大多是各专业教师根据各学科教学要求选择的高规格知名高校教材，导致所选各学科教材之间的衔接度不高，有的内容重复讲授，有的内容则被遗漏，教学内容缺乏系统安排。最后，所选教材知识陈旧，跟不上相关会计准则与制度的变化。近年来，我国会计准则及税法、审计等相关法规制度均发生了较大变化，如新的《企业会计准则》的持续发布和重新修订、《管理会计基本指引》和《管理会计应用指引》的发布与实施，以及增值税法规和《中华人民共和国企业所得税法》的相继修订，导致现有教材内容跟不上制度的变化，学生无法系统地学习最新专业知识。在这一背景下，及时编写一套实践性和系统性强、体系完整、内容新颖、适用于应用型高校会计人才培养的会计系列教材就显得极为必要。

本系列教材的特点主要表现在以下几方面：第一，实践性强。本系列教材知识体系的构建、教学内容的选择以应用型人才培养为主要目标。第二，系统性强。各教材之间互有分工、各有重点、密切配合，共同构建了一个结构合理、内容完整的知识体系。第三，通用性强。本系列教材力求同时满足会计学、财务管理、审计学和税收学四个专业，多个专业方向同类课程的教学和学习要求，既方便了教师的教学安排，又增加了学生跨专业选课的便利性。第四，新颖性强。本系列教材根据最新发布的会计准则、税收法规，以及相关规章制度编写，以确保学生所学专业知识的新颖性。第五，可读性强。本系列教材力求做到通俗易懂、便于理解和使用，以方便学生自主学习、自主探索。

本系列教材包括会计学、财务管理、审计学和税收学四个专业的专业基础课、专业必修课和专业选修课教材。首批教材包括《初级财务会计》《中级财务会计》《高级财务会计》《成本会计》《管理会计》《财务管理》《审计学》《会计学》。第二批教材包括《财务共享服务》《会计信息系统》《企业行为模拟》《资本市场运作》《高级财务管理》。第三批教材包括《会计职业道德》《金融会计》《税法》《税收筹划》等。

本系列教材由广州华商学院的教授或教学经验丰富的教师担任主编，并由广州华商学院特聘教授或特聘讲席教授负责审稿，从而为所编教材的质量提供了保证。鉴于本系列教材涉及面较广，相关会计准则、制度处于不断的变动之中，加之编者学识有限，难免存在不当之处，真诚希望各位读者批评指正。

2021 年 6 月

前 言

伴随着全球化的浪潮，税收环境日益改善，税收筹划理论和实务不断发展，会计师事务所、税务师事务所、财务咨询机构等纷纷开展税收筹划业务。税收筹划作为一门重要的专业课程，在学科体系中起着衔接一般经济理论课程和税务业务课程的作用。税收筹划课程是教育部规定的财经类本科专业的重要课程之一，在教学体系中处于重要地位，是在学生已经掌握税法、初级财务会计、中级财务会计、财务管理等课程的基础上，开设的一门开放性学习的专业课程，对学生的前期知识应用能力要求较高。

本书紧扣经济实际，以税收筹划的基本原理、方法和技术为理论基础，以我国税收法律法规为税收筹划活动的政策依据，以纳税人涉及的各税种税制要素筹划为主线，在编写过程中，尽量做到理论与实务兼顾，力求全面反映税收筹划的基本理论、操作方法以及最新发展动态。具体而言，本书具有以下特点：

第一，内容丰富、文字简洁易懂。教材是体现教学内容和教学方法的知识载体，是进行教学的基本工具，是深化教育教学改革、培养创新人才的重要保证。本书根据编写者多年从事税收教学、研究与实践的心得体会，根据应用型本科院校的教学特点及学生的接受程度，结合各税种的特点及国家政策法规，从贴近实际、利于操作的指导思想出发，阐述了各税种的税收筹划原理与操作方法。学生通过对本书的学习，可以学会在遵循税收法律法规的前提下，依照税收筹划的思路和原理，利用各种税收筹划的技术和方法，通过对企业生产经营活动的事先安排，维护纳税人的权益、减轻纳税人的税收负担、减少涉税风险、获取资金的时间价值，从而提高企业的效益。

第二，增加反避税规定及案例分析。以往的税收筹划教材及课堂教学普遍仅在第一章导论或概述部分区分税收筹划与避税的差异，加之不同国家、不同学者对待避税的态度不同，导致不少学生将税收筹划与避税等同，对合理合法税收筹划认识不足或税收筹划方法不当，从而引发涉税风险，对学生未来生活、就业存在一定的影响。

第三，加入思政元素。以往的税收筹划教材及课堂教学重点大都在专业知识教育上，忽视了德育和思政教育，学生的知识面较为狭窄，知识学习大都停留在税收理论知识中，对学生的道德素养培养不足，不仅阻碍了学生的全面发展，更使学生无法领会职业素养的内涵。因此，本书将思政元素、爱国主义教育、敬业精神等内容融入各章节，不仅转变了教学观念、丰富了税收筹划教学的内容与形式，更有利于培养学生良好的职业道德。

本书由刘伟、田婧担任主编。各章的编写分工如下：第一章和第四章由田婧编写，第二章由张嘉明编写，第三章、第六章和第七章由丘晓琳玲编写，第五章由李秋茹编写，最后由刘伟、田婧总纂并定稿。为了保证高质量地完成本书的编写，我们以高度负责的精神，多次开会研讨，反复磋商论证，六易其稿，终于完成了本书的编写任务。

本书既继承了我国现有税收筹划研究的成果，又尽可能地采用了最新的税法规定，力求做到理论联系实际。在本书的编写过程中，我们借鉴与吸收了许多专家、学者的研究成果和案例，在此谨向相关作者表示诚挚的感谢。

教材需要面对学生，使用效果如何需要实践来检验。尽管我们对教材内容进行了认真编写与修改，但是限于各种主客观原因，不足之处在所难免，恳请读者批评指正。

编　者

2021 年 5 月于广州

目 录

第一章 税收筹划基本理论和基本方法 …… (1)

第一节 税收筹划的概念与特点 …… (1)
第二节 税收筹划的原则与类型 …… (4)
第三节 税收筹划的目标与影响因素 …… (12)
第四节 税收筹划与偷税、逃税、骗税、抗税、避税的区别 …… (15)
第五节 税收筹划的基本方法 …… (18)
第六节 树立正确思维，合理开展税收筹划 …… (27)

第二章 增值税筹划 …… (30)

第一节 增值税纳税人的税收筹划 …… (30)
第二节 增值税计税依据的税收筹划 …… (36)
第三节 增值税税率的税收筹划 …… (56)
第四节 增值税减免税的税收筹划 …… (59)
第五节 增值税的反避税 …… (65)

第三章 消费税筹划 …… (68)

第一节 消费税基本法律规定 …… (68)
第二节 消费税纳税人的税收筹划 …… (71)
第三节 消费税计税依据的税收筹划 …… (73)
第四节 消费税税率的税收筹划 …… (81)
第五节 消费税的反避税 …… (83)

第四章 企业所得税筹划 …… (86)

第二节 企业所得税纳税人的税收筹划 …… (86)
第二节 企业所得税计税依据的税收筹划 …… (93)
第三节 企业所得税税率的税收筹划 …… (109)
第四节 企业所得税优惠政策的税收筹划 …… (114)
第五节 企业重组与合并、分立的税收筹划 …… (121)
第六节 企业所得税其他方面的税收筹划 …… (126)
第七节 企业所得税的反避税 …… (127)

第五章　个人所得税筹划 …………………………………………………………（131）

第一节　个人所得税纳税人的税收筹划 ……………………………………（131）
第二节　对不同收入项目计税依据与税率的税收筹划 ……………………（137）
第三节　个人所得税优惠政策的税收筹划 …………………………………（169）
第四节　个人所得税的反避税 ………………………………………………（176）

第六章　其他税种筹划 ……………………………………………………………（180）

第一节　资源税筹划 …………………………………………………………（180）
第二节　房产税筹划 …………………………………………………………（183）
第三节　契税筹划 ……………………………………………………………（186）
第四节　土地增值税筹划 ……………………………………………………（189）
第五节　印花税筹划 …………………………………………………………（194）

第七章　国际税收筹划概述 ………………………………………………………（199）

第一节　国际税收筹划原理 …………………………………………………（199）
第二节　国际税收筹划方法 …………………………………………………（202）
第三节　国际反避税 …………………………………………………………（205）

参考文献 ……………………………………………………………………………（209）

第一章
税收筹划基本理论和基本方法

【学习提示】

本章主要介绍税收筹划的基本理论和基本方法。通过对本章的学习，学生应对税收筹划的概念与特点，原则与类型，目标与影响因素，税收筹划与偷税、避税的区别，税收筹划的基本方法等内容有基本的理解和掌握。本章介绍了税收筹划的基础知识，帮助学生树立正确的税收筹划理念，为以后各章的学习奠定一定的理论基础。

第一节　税收筹划的概念与特点

一、税收筹划的概念

翟继光在《纳税筹划实战 101 例》一书中认为，纳税筹划有广义和狭义之分。狭义的纳税筹划是指在法律允许的范围内，或者至少在法律不禁止的范围内，通过对纳税人生产经营活动的一些调整和安排，最大限度地减轻纳税人的税收负担目标的行为。广义的纳税筹划是指纳税人通过对生产经营活动的调整和安排，达到减轻税收负担目标的行为。广义的纳税筹划并不强调在法律允许的范围内或法律不禁止的范围内，即使法律所禁止的行为，只要纳税人能够达到减轻税收负担的目的并且没有因此被追究法律责任就属于纳税筹划①。

计金标在《税收筹划》一书中认为，税收筹划是指在纳税行为发生之前，在不违反法律、法规（税法及其他相关法律、法规）的前提下，通过对纳税主体（法人或自然人）经营活动或投资行为等涉税事项作出事先安排，以实现优化纳税、减轻税负或延期纳税为目标的一系列谋划活动②。

应小陆、姜雅净在《税收筹划》一书中认为，税收筹划是纳税人在法律允许的范围内，通过对投资、筹资、经营活动等理财涉税事项进行事先的精心规划和安排，比较分析各种可能的筹划方案，从而选择最优纳税方案，最大限度地减轻税收负担的一种合法的涉税管理活动③。

蔡昌在《税收筹划——理论、实务与案例》一书中将税收筹划表述为纳税人在既定的税制框架内，通过对纳税主体的战略模式、经营活动、投资行为、理财涉税

① 翟继光. 纳税筹划实战 101 例［M］. 北京：电子工业出版社，2020：1.
② 计金标. 税收筹划［M］. 7 版. 北京：中国人民大学出版社，2019：3.
③ 应小陆，姜雅净. 税收筹划［M］. 上海：上海财经大学出版社，2018：3.

事项进行事先规划和安排，以节约税款、递延纳税和降低税务风险为目标的一系列税务规划活动①。

盖地在《税务筹划》一书中，将税收筹划定义为纳税人依据所涉及的税境（tax boundary），在遵守税法、尊重税法的前提下，规避涉税风险，控制或减轻税负，以实现税后收益最大化的谋划、对策与安排②。

刘开瑞在《纳税筹划》一书中认为，纳税筹划是纳税人按照国家的税收政策（在法律和政策允许的范围内），遵循税收活动的客观规律，对自身的纳税事宜所进行的策划。其目的是整体性减轻纳税人的税收负担，使得单位现金流出量尽可能减少③。

刘蓉在《税收筹划》一书中认为，税收筹划是指纳税人站在企业战略管理的高度，在符合国家法律及税收法规的前提下，选择涉税整体经济利益最大化的方案来管理生产、经营和投资、理财活动的一种企业涉税管理活动④。

综合以上各种观点，我们将税收筹划表述为在合理合法的范围内，纳税人通过对涉税事项的预先安排，比较分析各种投资、筹资、经营活动等不同经营方案的税负，从而选择最优纳税的经营方案，最大限度地减轻税收负担的一种涉税管理活动。税收筹划既不违反税法规定，又符合国家的立法精神，是国家税收政策加以引导和鼓励的。

二、税收筹划的特点

（一）合法性

合法性是税收筹划最基本的特点，这是税收筹划与逃避缴纳税款行为的根本区别。所谓合法性，是指税收筹划必须在税法及税收法规允许的范围内进行，以国家税收规定为准绳，以税收政策为依据来规范和筹划经营行为，一切超越税法及相关法规甚至逃避纳税义务，都属于逃避缴纳税款等违法行为；同时，税收筹划不仅要合法，而且要顺应国家的政策导向。有些避税行为，虽然不违法，但与国家的立法精神相违背，这是国家所不希望看到的。国家根据一定时期的政治、经济、社会发展目标对某些特定的课税对象、纳税人或地区给予的税收优惠，是国家宏观调控经济的重要手段。因此，税收筹划是顺应国家政策导向的，在一定程度上体现了对国家政策的能动反应，体现了国家的立法精神，贯彻了国家的税收政策。

（二）前瞻性

税收筹划在时间上具有前瞻性，这是税收筹划的显著特征。所谓筹划，是指计划、设计、安排。在客观上是先有行为发生，且在国家征税范围内，从而产生纳税义务，因此纳税义务通常具有滞后性。税收筹划是在掌握国家税收政策的前提下，提前规划、安排经营行为或应税行为，对不同方案进行对比，选择价值最大化的方案，再实施具体行为。因此，税收筹划是在纳税义务发生前进行的，而不是在纳税义务发生后才想办法降低税负，具有前瞻性。

---

① 蔡昌. 税收筹划：理论、实务与案例［M］. 北京：中国人民大学出版社，2018：5.
② 盖地. 税务筹划［M］. 北京：高等教育出版社，2017：4.
③ 刘开瑞. 纳税筹划［M］. 西安：陕西师范大学出版社，2016：4.
④ 刘蓉. 税收筹划［M］. 北京：高等教育出版社，2015：2.

（三）专业性

税收筹划作为一种综合性极强的经济管理活动，需要由专业人员来进行。一方面，税收筹划跨越税收学、会计学、财务管理、法学等学科，要求有专业知识技能，将多方面的知识融合在纳税活动中，采用的方法是多种多样的，尤其要精通税法，还需要有较丰富的从业经验，不能只停留于理论层面。另一方面，随着全球经济日趋一体化，国际经贸业务日益频繁，规模也越来越大，各国税制也越来越复杂，仅靠纳税人自身进行税收筹划已经显得力不从心，作为第三产业的税务代理、税务咨询便应运而生。目前，会计师事务所、税务师事务所、律师事务所纷纷开辟和发展有关税收筹划的咨询业务，税收筹划向专业化方向发展。

（四）风险性

税收筹划具有风险性，是基于税收筹划在时间上具有前瞻性的。因为先有纳税行为发生，才产生纳税义务，所以税收筹划发生在纳税行为之前，即纳税人通过对税法的精心研究，在进行筹资、投资、经营、利润分配等活动之前，将不同方案所承担的相应税负作为影响最终财务成果的重要因素来考虑。纳税人通过对比，进行最优方案的选择。这种具有长期性和预见性的特点，决定了税收筹划具有风险性。

纳税人在进行税收筹划时，因为各种因素的存在，可能无法取得预期的筹划结果，甚至付出会远大于收益。特别是当税收筹划的基本条件发生变化（如国家税收政策调整等）或筹划的方法选择不当，或者筹划主体因专业水准有限所提出的税收筹划方案不被税务机关认可从而产生争议或诉讼事项时，税收筹划失败就不可避免。

【案例 1-1】某电影 2019 年票房高达 60 亿元，雄踞票房榜首位，导演××名下有一家文化公司，属于法人企业。按照电影 60 亿元的总票房来算，根据协议，××分得 20 亿元。假设企业所得税税前可扣除项目金额为 4 亿元，请为××进行税收筹划。

【筹划方案】

方案一：如果没有税收优惠，那么××应按照 25%的企业所得税税率缴纳税款。

应纳税款 = (20−4)×25% = 4（亿元）

方案二，根据《国务院关于支持喀什霍尔果斯经济开发区建设的若干意见》（国发〔2011〕33 号），霍尔果斯经济开发区企业所得税实行“五免五减半”的优惠政策，即在 2010 年 1 月 1 日起至 2020 年 12 月 31 日止，对经济开发区内新办的属于重点鼓励发展产业目录范围内的企业，自取得第一笔生产经营收入所属纳税年度起，享受企业所得税五年免征优惠。第一笔生产经营收入是指产业项目已建成并投入运营后所取得的第一笔收入。开发区重点鼓励发展的十大产业中就有影视娱乐、文化传媒产业。

如果××在新疆霍尔果斯成立一家文化公司，企业注册在霍尔果斯，则应纳税款为 0。

由此可见，××通过方案二的税收筹划节省了 4 亿元的企业所得税。

需要注意的是，税收政策具有时效性，在一定的时期内，企业（或个人）可以运作一个比较合适的筹划方案，达到预定的目的。但是，由于目前我国的税收政策还处于频繁调整期，这种政策变动风险不容忽视，因此企业（或个人）需要及时学习和了解最新的税法与税收政策，及时合理地调整筹划方案，之前的筹划方案（方法）可以借鉴但不能完全照搬，否则会面临筹划失败的风险。目前，适用企业所得税“三免三减半”的优惠如下：

（1）企业从事国家重点扶持的公共基础设施项目投资经营的所得，自项目取得第一笔生产经营收入所属纳税年度起，第一年至第三年免征企业所得税，第四年至第六年减半征收企业所得税。

（2）企业从事符合条件的环境保护、节能节水项目的所得，自项目取得第一笔生产经营收入所属纳税年度起，第一年至第三年免征企业所得税，第四年至第六年减半征收企业所得税。

纳税人满足相关条件，便可享受国家税收优惠，获得税收利益。税收优惠政策是国家宏观调控经济的重要手段，根据税收优惠政策进行筹划，合理合法，符合国家政策导向。

（五）综合性

税收筹划具有综合性，可以从两个方面来理解。一方面，税收筹划贯穿企业生产经营活动的全过程，不管是筹资、投资还是经营、利润分配，都会产生纳税义务，因此对每一个可能产生纳税义务的环节，理论上都应进行税收筹划。从企业经营规模的大小、企业身份的选择，到生产经营过程中会计方法的选择、购销活动的安排、新产品的研究开发，甚至在企业设立之前、生产经营活动开展之前都应进行税收筹划，选择具有节税效应的注册地点、组织类型和产品类型，对企业来说意义重大。另一方面，根据会计持续经营的基本假设，税收筹划应着眼于企业资本总收益的长期稳定增长，而不是着眼于某一纳税年度或某个税种税负的高低。这是因为一种税少纳了，另一种税有可能就要多纳了，企业整体税负不一定降低。另外，纳税支出最小化不一定资本收益就最大化。企业在作出经营决策时，除了考虑税收因素外，还应该考虑其他多种因素，趋利避害，综合决策，以达到企业整体收益最大化的目的。在国家法律法规允许的前提下，税收筹划活动不仅限于本企业，还可与其他单位联合，共同寻求节税的途径。

第二节　税收筹划的原则与类型

一、税收筹划的原则

税收筹划是纳税主体在法律允许的范围内所从事的一项实用性和技术性很强的专业活动，涉及投资、融资、生产、管理、分配等多个领域，通过对经营活动的调整安排，求取最多的税后利润。纳税主体在进行税收筹划时需要遵循一些基本原则，主要有以下几个方面：

（一）合法原则

合法性是税收筹划最基本的特点，也是税收筹划与逃避缴纳税款等违法行为的本质区别，因此税收筹划的首要原则就是合法。所谓合法，主要是指税收筹划使用的筹划方法、筹划方案、实施过程和筹划结果均合法。税收筹划的合法原则是税收筹划赖以生存的条件。税收筹划的内涵已经决定了其活动的范围必须以法律许可为边界，在国家法律法规这一范围内选择税负水平较理想或税后利润最大化的经营方案，违背税收等法律法规的筹划活动必然导致筹划方案的失败。同时，纳税主体及其筹划参与者还会受到相应的惩罚，承担相应的法律责任。坚持合法原则是税收筹划成功的前提条件，纳税人应充分了解和掌握国内外税制结构，全面、准确地理解不同国家的税法及相关经济法规、立法背景和立法精神以及我国不同行业、不同地区的税收法规及其差异。只有这样，才能充分享受税收优惠政策，依法筹划，保证税收筹划的合法性。

（二）成本效益原则

成本效益原则是经济活动的首要理性原则。税收筹划作为一种经济行为，在寻求企业利益的同时，必然会发生相应的成本和费用。因此，纳税人在进行税收筹划时应遵循成本效益原则。税收筹划成本包括显性成本和隐性成本。

显性成本是指为进行税收筹划所花费的人力、物力和财力。例如，税收筹划因涉及税法等相关法规、财务会计等理论及实践知识技能，需要委托税务师事务所、会计师事务所等中介机构或外聘税收筹划专家进行税收筹划，这必然要支付一定的费用。许多税收筹划方案的实施需要进行企业内部或企业之间的组织、协调、沟通与交流，这就涉及交流成本、谈判成本和相关管理成本等，这些都属于税收筹划的显性成本。

隐性成本，即机会成本，是指纳税主体因采用拟订的税收筹划方案从事某项经营活动、生产某种产品而放弃从事其他经营活动、生产其他产品的潜在收益。隐性成本在不同的纳税环境和不同的税收筹划方案中表现为不同的形式，一般容易被忽视。税收筹划过程本身是一个决策过程，即在众多税收筹划方案中选择某个可行且税负较低的税收筹划方案，但是选定一个税收筹划方案必然要舍弃其他税收筹划方案。不同的税收筹划方案具有不同的优势，有的税收筹划方案具有税收优势，即税负较低；有的税收筹划方案则具备非税优势。这样纳税人在选择具有税收优势的税收筹划方案的同时，可能会牺牲另一种税收筹划方案的非税优势。当前，我国税制正处于日趋完善的阶段，税收优惠政策的调整比较频繁，因此对优惠政策的享用需要充分考虑机会成本。

综上所述，纳税人在进行税收筹划时，要进行成本效益分析，即当所选择的税收筹划方案的筹划收益大于筹划成本时，应当开展税收筹划；而当所选择的税收筹划方案的筹划成本大于筹划收益时，则应当放弃税收筹划。

（三）整体性原则

税收筹划必须遵循整体性原则。税收筹划是为企业整体利益最大化服务的，税收筹划是方法而不是最终目的，因此纳税人进行税收筹划时必须有整体观念。根据整体性原则，税收筹划要同时注意税收因素和非税收因素的影响，如企业的未来发展目标、企业所处外部条件的变迁、企业在生产经营过程中涉及的所有税种、未来经济环境的发展趋势、国家政策的变动、企业现金流状况等，着眼于企业总体的管理决策，站在企业整体利益的高度综合考虑。有时，税收筹划的节税目标与企业整体理财目标会出现矛盾，如节税与现金流量的矛盾，递延纳税使得本期应交税费降低，但未来应交税费会相应提高，未来企业的现金流相应也会受影响。甚至有些企业在实施税收筹划的过程中片面追求节税，影响了正常的经营理财秩序，导致企业更大的潜在损失。因此，将税收筹划看成一种单纯的节税行为是不可取的。

在选择税收筹划方案时，纳税人要充分考虑主体税种对其他税种的影响。例如，独立审视某一税种，税收筹划方案可能是最佳的。但从企业整体税负来看，该税收筹划方案却不一定可取，个别税种的税负降低了，其他税种的税负升高了，或者某一环节税负降低但其他环节税负升高，使得整体税负升高，从而引起整体税收成本的增加，这都是不可取的。一般而言，一项成功的税收筹划必然是能考虑企业综合税负、经营管理目标以及各项成本，这就要求筹划主体在选择税收筹划方案时，应将各个税种的不同方案采用多种组合方式进行综合评估，选择既能降低整体税负，又能增加企业利润的税收筹划方案。

（四）风险防范原则

根据财务学中的理论，风险与收益具有对等关系。一般而言，在其他条件不变的情况下，风险越大，收益越高；风险越小，收益越低。但对于税收筹划而言，高风险也不一定会带来高收益。

税收筹划的风险可以归结为两大类：内在风险和外在风险。内在风险是指在税收筹划过程中，筹划主体对税收等相关法规没有充分了解或理解不当，从而加大企业涉税风险，如企业不能准确预测经营方案的实施所带来的风险、企业自身经营活动的不断变化等因素所导致的风险。首先，税收筹划需要运用税收法规、财务管理、会计、经济法等专业知识，筹划主体的专业素养不高，对国家税法、财会法规等认识不清或筹划的技术方法、筹划的时机和筹划的时间跨度等不当，都会造成税收筹划方案失败甚至遭受税收处罚。筹划的时机和筹划的时间跨度会影响税收筹划方案的效果，主要是因为税收筹划发生在纳税义务产生之前，提前或推迟税收筹划方案的实施、拉长或缩短税收筹划方案实施的时间长度，都有可能影响税收筹划效果，甚至可能导致税收筹划失败。其次，不能准确预测经营方案的实现所带来的风险是指纳税主体对纳税人的资金、会计核算、内部控制、经营管理能力了解不足而给出不适合纳税人的税收筹划方案或纳税人对税收筹划方案的不当实施所导致的风险。最后，企业自身经营活动的不断变化，如核心团队的变动、专利管理及产品变动所导致的产品销量变动，会带来经营风险，影响税收筹划方案的实施效果。

外在风险是指经济环境的风险、国家税收政策变动的风险以及征纳双方认定差异的风险。其中，经济环境的风险是指纳税人在实施税收筹划方案的过程中，受外在经济环境的影响，无法按照预定的税收筹划方案实施或影响税收筹划方案的实施效果。国家税收政策变动的风险是指税收筹划具有较强的时效性。税收法律法规在一定时期内有一定的适用性，会随着客观情况的变化而进行调整。在一定时期内，企业可以运作一个比较合适的税收筹划方案，达到企业的预定目的。但是，由于目前我国的税收政策还处于频繁调整期，这种政策变动风险不容忽视。如果企业不能及时学习和了解最新的税法与税收政策，合理地调整筹划方案，仍然照搬以前的税收筹划方案，就会面临税收筹划失败的风险。征纳双方认定差异的风险是指税收筹划存在着征纳双方的认定差异。税收筹划应当具有合法性，但是由于某些税收政策不够明确、不够完善会造成征纳双方对政策法规在理解和认定上的差异。税收筹划更多的是纳税人的主动行为，其方案的确定与具体的组织实施都由纳税人自己选择，但税收筹划方案究竟是否完全合法合规、税收筹划最终是否成功、税收筹划是否能够给纳税人带来经济上的利益，却取决于税务机关对纳税人税收筹划方案的认定。如果纳税人所选择的方案被裁定在实质上是违法的，那么就有可能被认定为偷税漏税，税收筹划就会失败。当然，如果纳税人与税务机关对税法的理解不同，纳税人对税务机关的执法措施不认同，可以通过一定的行政或法律程序解决，如行政复议或诉讼程序，但此过程比较耗时、耗力，一般在税收筹划方案实施前纳税人应与税务机关达成一致。

因此，纳税人在税收筹划时应遵循风险防范原则，充分考虑税务筹划风险。纳税人确定税收筹划方案前必须掌握企业经营过程中的涉税范围，精通和准确理解国内外现行的税收法律法规，及时掌握最新税收政策信息，注意税收政策的时效性，防止出现理解上的偏差，充分考虑税收的时机和筹划的时间跨度的选择，关注如何分散风险、化解风险，做到有效防范风险。纳税人只有高度重视税收筹划风险，才不致使自己处于不利地位。纳税人如果无视这些风险，则可能事与愿违，无法实现预期的税收筹划目标。

（五）因地制宜原则

税收筹划是企业实现税后利润最大化的方法之一。税收筹划方案的实施和企业的日常经营活动息息相关，纳税人应全面考虑、细致分析一切影响和制约企业税收的条件与因素。一般来说，纳税人可以通过国家税收优惠政策，合法合并、分立，延迟纳税义务发生的时间等方法来进行税收筹划。但是，每个企业的经营及产品所涉及的税种、交易的安排、股权架构等都不同，因此每个筹划案例都有其特色，不能完全照搬其他企业的税收筹划方案而忽略了企业自身背景的差异。纳税人应充分考虑到宏观经济政策和企业的现实情况，在理解和掌握税收筹划基本方法的基础上，将企业实际情况（需要）和税收筹划方法相结合，寻求适合自身特点的税收筹划模式。纳税人只有因地制宜地分析、选择、确定最适合自身的方案，才能达到预期的税收筹划效果。

二、税收筹划的类型

一般来说，税收筹划有以下几个分类标准：

（一）按不同税种进行分类

按税种的不同划分，税收筹划可分为增值税的税收筹划、消费税的税收筹划、企业所得税的税收筹划、个人所得税的税收筹划、土地增值税的税收筹划以及房产税等税种的税收筹划。由于所得税（企业所得税和个人所得税）和流转税（增值税和消费税）是我国目前税制结构中最主要的两大税类，因此也是纳税人税收筹划需求量最大的两类税种。

企业所得税税收筹划主要围绕注册地、机构设置、筹资方式、经营规模、经营方式、收入实现、成本核算、折旧方法、费用列支、捐赠、投资方向、设备购置、税收优惠等涉税项目进行税收筹划。个人所得税税收筹划主要围绕纳税人身份、应税项目之间的转化、应税项目福利化、专项附加扣除及其他扣除、累进税率临界点、费用转移、经营所得、税收优惠等项目进行税收筹划。相对来说，所得税的税负弹性较大，税收筹划的空间也较大，税收筹划的效果较明显，因此这类税收筹划的需求量较大。

增值税的税收筹划主要围绕纳税人身份的选择、销售方式、结算方式、供应商的选择、兼营简易计税项目或免税项目进项税额核算的筹划、抵扣时间、加工方式的选择、兼营行为、混合销售行为、增值税起征点、税收优惠等项目进行筹划。消费税的税收筹划主要围绕纳税人、税目、销售方式、包装物、加工方式、税率、税收优惠等项目进行筹划。相对而言，流转税的税负弹性较所得税的税负弹性小，且税负易转嫁，因此流转税的税收筹划空间相对于所得税的税收筹划空间要小。

（二）按企业生产经营的不同阶段进行分类

按企业生产经营的不同阶段划分，税收筹划可分为企业设立的税收筹划、投融资的税收筹划、物资采购的税收筹划、生产研发的税收筹划、市场营销的税收筹划、企业成果分配的税收筹划、资本交易的税收筹划和跨国经营的税收筹划。

1. 企业设立的税收筹划

企业设立的税收筹划是指在企业设立时考虑税收的因素，在身份选择上是选择居民企业还是非居民企业、公司制企业还是非公司制企业、个人独资企业还是合伙企业，设立分支机构时是选择分公司还是子公司。不同身份（性质）的企业有不同的法律规定，涉及的税负不同，从而影响企业的税后利润。相比较而言，居民企业的纳税义务较非居民企业的纳税义务多；合伙企业及个人独资企业仅就其个人收入缴纳一次税款，公司制企业需先对企业利润缴纳企业所得税，再对股东的个人所得征收个人所得税，存在重复课税的情况；分公司因不具有独立法人资格由总公司汇总纳税，子公司为独立法人，因此独立纳税。根据总分支机构所在地适用的税收政策不完全相同，从税收筹划的角度考虑，纳税人在不同时期（区域）应选择不同形式的分支机构。

2. 投融资的税收筹划

投融资的税收筹划是指企业将税收作为投融资方案选择的一个重要影响因素，由于投资地区不同、投资行业不同、投资方式不同、资本结构不同、融资渠道不同，税收负担也会不同，从而会影响企业的预期收益。企业在投融资中应充分考虑税收因素，从而选择税后利润最大化的投资方案。

诺贝尔经济学奖得主迈伦·斯科尔斯曾说："在未来税前现金流量和税收法规本身存在不确定性的条件下，风险报酬往往被写入契约中，以保证税收筹划对未来预期的税收状况变化作出灵活的反应。"由于未来税前现金流量的不确定、税收政策变动、不同国家（或地区）税收政策不完全相同等因素存在，企业在进行投融资时，税收筹划是必要的。《中华人民共和国企业所得税法实施条例》第八十七条规定，企业从事国家重点扶持的公共基础设施项目的投资经营的所得，自项目取得第一笔生产经营收入所属纳税年度起，第一年至第三年免征企业所得税，第四年至第六年减半征收企业所得税。《中华人民共和国企业所得税法实施条例》第八十八条规定，企业从事符合条件的环境保护、节能节水项目的所得，自项目取得第一笔生产经营收入所属纳税年度起，第一年至第三年免征企业所得税，第四年至第六年减半征收企业所得税。

因此，企业完全可以而且有必要在投资之前充分考虑目标投资地区的基础设施、税收政策、市场需求、金融环境等外部因素，选择整体税负相对较轻的地点进行投资，以获得最大的税后利润。企业的一般做法是在低税区创办企业，从而可以适用低税区的各种优惠政策。企业一旦选择了西藏、新疆等经济欠发达地区，就必须考虑所在地区的经济环境、产品销量、需求状况等，即把公司开在经济欠发达地区，就要考虑具体怎么经营，以免为了适用当地优惠政策而影响企业的发展得不偿失。更重要的是，企业的税收筹划一定要有商业实质来支撑，税收筹划并不是就筹划而筹划，比如不是不可以在西藏开公司，而是不能在那里只开个空壳公司，无具体的生产经营实质，否则将会引发涉税风险，受到税务处罚。

3. 物资采购的税收筹划

物资采购的税收筹划是指企业在日常经营过程中采购合同的签订方式、采购发票的管理与开具、采购时间的选择、供应商的选择、结算方式的选择、固定资产采购等均会涉及税收，通过对这些涉税项目的提前规划与安排，使得企业税前扣除的费用最大化，从而降低纳税成本的行为。例如，增值税一般纳税人在物资采购时没有或不能向销售方取得增值税专用发票，则对应的进项税额不能抵扣，从而使应纳增值税升高；类似地，若企业选择小规模纳税人作为采购货物的供应商，那么一般来说，无法取得增值税专用发票（特殊时候可以取得），或者只能按照小规模纳税人的征收率计算抵扣进项税额，与可以开具增值税专用发票的一般纳税人相比，可抵扣进项税额较少（甚至没有），在物资采购价格相同的情况下，税收成本高。又如，企业若在采购时结算方式选择不当，会造成提前垫付税款的情形，增加了企业的税收成本。

4. 生产研发的税收筹划

生产研发的税收筹划是指在企业日常的财务工作中存货计价方法的不同、折旧（或摊销）方法的不同、研发费用的归集处理的不同、生产经营中产品加工方式的不同（委托加工还是自行加工）、技术转让方式的不同、研发方式的不同（委托研发还是自行研发），涉及的税收政策、税务处理则不同，在生产研发的涉税项目上充分考虑各种方案的税收负担，选择税负最合理方案的行为。就存货计价方法而言，目前主要有先进先出法、加权平均法和个别计价法等，企业可以根据自己的会计核算需要进行选择，一经选定后不得随意变更。从税收筹划的角度讲，先进先出法根据先购入的商品先领用或发出的假定计价，在存货价格下跌时，先进先出法可使前期所耗用存货的成本增大，使所得税税款降低。因此，纳税人应选择恰当的会计处理方式，从而获得税收利益。

5. 市场营销的税收筹划

市场营销的税收筹划是指企业在销售产品时不同的销售方式，税务处理不同，通过对其进行事前销售安排，从而达到税后利润最大化的一种行为。常见的经营销售行为有混合销售、兼营行为，前者按照经营主业缴纳增值税，后者要求分开核算，否则从高适用税率缴纳增值税。因此，当企业经营产品种类较多时，不妨事先比较不同经营方式下的应纳税款，从而选择有税收利益的市场经营模式。例如，现实中每到节假日，各大商场、超市都要进行产品促销，不同的促销方式，如折扣销售、销售折扣、销售折让、捆绑销售、销售返利等，甚至有很多企业采取不同产品套装销售的方式（如白酒和药酒组合成套装销售），对应的税务处理、应纳税款不同。根据相关规定，纳税人将不同税率的应税消费品组成成套消费品销售的，应从高税率缴纳消费税。因此，企业在促销前很有必要对不同促销方案的税负进行测算和对比，选择有税收利益的促销方式。

6. 企业成果分配的税收筹划

企业成果分配的税收筹划是指企业在分配经营成果时充分考虑各种分配方案的税收负担，选择税负最轻的分配方案的一种行为。企业成果分配的税收筹划主要包括合理归属所得年度、企业利润、员工薪酬激励等的税收筹划。合理归属所得年度是指利用合理、合法的手段将所得归属在税负最低的纳税年度，方法主要有合理提前所得年度、合理推迟所得年度和调整收入实现的时间，从而降低税负或延期纳税。企业利润的税收筹划又可以分为利润形成的税收筹划和利润分配的税收筹划，其中利润形成的税收筹划可以从收入总额、不征税收入、免税收入、扣除项目、捐赠、亏损弥补等方面进行筹划；利润分配的税收筹划可以从股东利润分配、股权转让等方面进行筹划。薪酬激励的税收筹划是指企业在发放工资或年终奖时考虑到不同的发放方式或金额会使得员工个人所得税的税负不同而采取最优的发放方式或金额。这是因为工资、薪金适用个人所得税超额累进税率，现实中常会有多发不如少发的“税收陷阱”。因此，企业在设置职工工资、年终奖的金额或发放方式时，应注意避开“税收陷阱”，从而使企业多发薪酬的员工税后收入更多。

7. 资本交易的税收筹划

资本交易的税收筹划包括企业并购的税收筹划和企业分立的税收筹划。企业并购的税收筹划具体可以从企业合并、并购出资方式等方面来进行税收筹划。例如，企业通过合并可以减少或递延购销过程中的流转税，增值税小规模纳税人可以通过合并合法合理成为一般纳税人，符合规定的合并可以在不动产转让过程中享受土地增值税和契税的税收优惠等。企业分立的税收筹划具体是指通过企业分立改变纳税人身份或企业规模，从而适用更优惠的税收政策。例如，企业可以通过分立成为小型微利企业，适用企业所得税低税率纳税；增值税一般纳税人可以通过分立合法变成小规模纳税人，从而适用简易计税办法；企业通过分立可以将兼营或混合销售中的低税率业务或免税业务独立出来合理节税，通过分立适用税收优惠等。

8. 跨国经营的税收筹划

跨国经营的税收筹划亦称国际税收筹划，是指企业利用不同国家税制差异或国际税收协定对跨国经营活动进行预先安排，使得其国际总税负降低的经济行为。与国内税收筹划相比，跨国经营的税收筹划涉及不同国家的税法、国际税收协定等，方法更复杂、风险更大。由于世界各国税法差异巨大，有一部分国家（或地区）会采取非常优惠的税收政策，这就形成了各国之间的“税收洼地”，如英属维尔京群岛、开曼群岛等“避税天堂”，使得税收筹划的空间进一步扩大。但与此同时，近年来，经济合作发展组织（OECD）发布的“税基侵蚀与利润转移行动计划”

（benefit erosion and profit shifting，BEPS）对国际税收筹划形成了巨大的限制。一旦国际税收筹划的手段和方法运用不当，就容易陷入“税收陷阱”，遭遇反避税调查并最终引发涉税风险。国际税收筹划的方法一般有利用避税地进行税收筹划、利用转让定价进行税收筹划、利用国际税收协定进行税收筹划、利用各国税制差异进行税收筹划等。

（三）按筹划区域的不同进行分类

按税收筹划区域的不同划分，税收筹划可分为国内税收筹划和国际税收筹划。国内税收筹划是指国内企业在遵循本国税收法律法规的前提下，通过合理合法的方式安排投资、生产经营以及财务活动，以降低企业税收负担的行为。国际税收筹划是指利用不同，国家税制差异或国际税收协定对跨国经营活动进行预先合理合法的安排，使得其国际总税负降低的经济行为。依据跨国纳税主体投资经营方向的不同，国际税收筹划又可分为三类：一是本国投资者对外投资时的税收筹划，二是外国投资者对本国投资时的税收筹划，三是本国企业从事进出口国际贸易时的税收筹划。随着经济全球化的日渐深入，更多国际化企业将会需要国际税收筹划，这也将是会计师事务所、税务师事务所的重要业务领域。

（四）按筹划需求主体的不同进行分类

按税收筹划需求主体的不同划分，税收筹划可分为法人税收筹划和自然人税收筹划两大类。法人税收筹划是指具有法人资格的经济主体的税收筹划，是对法人的组建、分支机构的设置、筹资、投资、运营、核算、分配等活动过程中所进行的税收筹划，包括企业税收筹划和非营利组织等非企业法人税收筹划。自然人税收筹划是指个人和不具有法人资格的个人独资企业、合伙企业等经济主体的税收筹划。由于我国现行的税制模式是以流转税、所得税为主体，税收对法人活动的影响很大，因此法人税收筹划是税收筹划的主要领域，尤其是对企业所得税的税收筹划。自然人税收筹划主要是指个人投资理财领域个人税负的最小化。许多西方国家以个人所得税或财产税为主体税种，而且税制设计复杂，因此自然人税收筹划的需求有相当大的规模。目前，我国税制模式决定了自然人不是税收的主要缴纳者，虽然涉及自然人的税种不少，但纳税总额并不大，因此自然人税收筹划需求相对法人税收筹划需求要小些。现阶段，自然人税收筹划主要体现在个人所得税以及财产税方面。当然，随着经济的发展、个人收入水平的提高，我国自然人税收筹划的需求正逐步增加。

（五）按筹划供给主体的不同进行分类

税收筹划供给主体是指税收筹划方案的设计人和制订人，即税收筹划方案的提供者。税收筹划供给主体可以是需求主体本身，也可以是外部提供者。按税收筹划供给主体的不同划分，税收筹划可分为委托税收筹划和自行税收筹划。委托税收筹划是指需求主体委托税务师事务所、会计师事务所、财务咨询公司等中介机构或外聘税收筹划专家所进行的税收筹划。这一类型的税收筹划需要支付一定的费用。税务师事务所、会计师事务所的税务代理人或税收筹划专家具有丰富的专业知识和较高的税收筹划技能，因此其制订的税收筹划方案的成功率比较高。委托税收筹划适用于企业大型税收筹划项目和难度较大的税收筹划专门项目。自行税收筹划是指税收筹划需求主体所进行的税收筹划。需求主体要熟练掌握税收法律法规，具有税收筹划技能。企业实施自行税收筹划的人员主要以财会人员为主，也包括其他具有税收知识的人员。由于自行税收筹划的筹划主体很难像专业人士那样精通和准确把握税收法律法规，加之我国税收政策的复杂性，因此其成功的概率相对较低，加之成本和风险都比较大，自行税收筹划一般采用得较少。

（六）按降低税负方式的不同进行分类

按降低税负方式的不同划分，税收筹划可分为绝对税收筹划、相对税收筹划和涉税零风险税收筹划。绝对税收筹划是指通过对涉税事项的预先安排，使应纳税款的绝对额减少以降低税负的筹划方式。相对税收筹划是指通过对涉税事项的预先安排，使缴纳税款的时间向后推延以获取资金的时间价值、降低税收负担的筹划方式。涉税零风险税收筹划是指通过对涉税事项的预先安排和规范处理，规避涉税风险，避免因违反税法招致处罚而增加不必要的税收负担或带来其他利益损失。

第三节　税收筹划的目标与影响因素

一、税收筹划的目标

（一）减轻税收负担

减轻税收负担是纳税人税收筹划的动因，也是纳税人税收筹划的目的之一。减轻税收负担包括两层含义：第一层含义是绝对减少经济主体的应纳税款数额，第二层含义是相对减少经济主体的应纳税款数额。绝对减少税收负担是指纳税人通过对经营活动的预先合法合理安排使得应纳税额绝对值减少；相对减少税收负担是指纳税人通过对经营活动合法合理规划，虽然应纳税额绝对值不变，但可以使缴纳税款的时间向后推延，以获取资金的时间价值、降低当下税收负担。

（二）获取资金时间价值

纳税人通过一定的手段将当期应该缴纳的税款延缓到以后年度缴纳，以获得资金的时间价值，也是税收筹划的目的之一。资金时间价值是指资金在经历一定时间的投资和再投资后所增加的价值。虽然这笔税款迟早是要缴纳的，但现在无偿地占用这笔资金就相当于从财政部门获得了一笔无息贷款。理论上，如果企业每期都能将后期的一笔费用在当期列支，或者将当期的一笔收入在下期计入应纳税所得额，则每期都可以使一部分税款缓纳，相当于每期都获得一笔无息贷款。在信用经济飞速发展的今天，企业的生产经营活动，尤其是在扩大生产经营规模时，经常要贷款，上述的这种“无息贷款”的获得为企业的筹资活动节省了成本，尤其是对于那些资金紧张的企业来说更是如此。企业的筹资规模将在一定程度上影响企业的财务风险和经营风险，上述的这种“无息贷款”不会增加企业的风险，反而有利于企业增强实力以抵御风险。既然资金具有时间价值，那么尽量减少当期的应纳税所得额，以延缓当期的税款缴纳就具有理论与现实意义。

（三）实现涉税零风险

涉税零风险是指纳税人账目清楚，纳税申报正确，缴纳税款及时、足额，不会出现任何涉税处罚，即在税收方面没有任何风险，或者风险极小可以忽略不计的一种状态。在这种状态下，纳税人虽然不能直接获取税收上的好处，但能间接地获取一定的经济利益，更加有利于企业的长远发展和规模扩大。首先，实现涉税零风险可以避免发生不必要的经济损失。虽然这种税收筹划不会使纳税人直接获取税收上的好处，但由于纳税人经过必要的筹划之后，可以避免税务机关的经济处罚，这种损失的避免实际上相当于获取了一定的经济利益。其次，实现涉税零风险可以避免发生不必要的名誉损失。在商品经济高速发展的今天，企业的好品牌意味着其产品容易被消费者所接受并带来经济效益和社会地位；个人的口碑越好，个人就越容易被社会接受，一旦某个企业或个人被税务机关认定为偷税、漏税甚至犯罪，那么该企业或个人的声誉将会因此遭受严重损失。最后，纳税人的涉税零风险税收筹划可以使企业的账目更加清楚，有利于企业控制成本费用，优化管理，实现企业的健康发展。

二、税收筹划的影响因素

税收筹划是纳税人为达到减轻税负和实现经济利益最大化的目的，在税收法律法规允许的范围内，对企业的经营、投资、理财、组织和交易等各项活动进行事先计划和安排的活动。税收筹划的成功受到多个因素的共同影响和制约。一般来说，税收筹划的影响因素主要包括以下几个方面：

（一）税收制度因素

税收制度是规范国家与纳税人之间税收征纳关系的法律规范的总称，也是体现国家政策导向的宏观调控手段之一。经济活动中新情况、新问题的出现使得原有的税收规定出现漏洞或空白。税法属于上层建筑，由于其制定和修订程序等原因无法对实际情况立即作出反应，这就为企业税收筹划提供了空间。但这些缺陷不是永远存在的，随着税收制度的不断完善，税收筹划方案可能会因政策的变动而变得毫无价值，甚至带来涉税风险。税收筹划的基础性核心工作是深刻分析税收制度，以保证税收筹划更具合法性和目的性。企业在利用税制因素进行筹划时要注意以下三个原则：

（1）合法与合理原则。税收筹划是纳税人在不违法的前提下对纳税行为的巧妙安排。税收筹划不仅要符合税法的规定，而且要符合国家的政策导向。纳税人应正确理解税收政策的规定，贯彻税收法律精神，在税收法律法规允许的范围内进行税收筹划；否则，税收筹划不当会变成违法活动。

（2）动态性原则。从法律制度完善的角度来看，税法被不断地补充、完善，纳税人可利用的税法缺陷会越来越少；从宏观调控的角度来看，社会经济环境的变化会引起宏观政策导向的变化，企业税收筹划所依据的税收政策重点也会发生转移，税收筹划需因时而异。

（3）掌握必要的法律知识。税收是国家通过立法并以国家强制力保证实施的一种政府行为，因此实施税收筹划是以守法为前提的。简而言之，若想成功实施税收筹划，一方面，纳税人必须深刻理解和熟练掌握相关税收法律、法规及暂行条例。如果纳税人在对税法不了解的情况下盲目地运用税收筹划的技术和方法，必然适得其反。另一方面，由于我国税法体系复杂且经常修正，纳税人自身条件又不断发生变化，因此纳税人要想有效地运用税收筹划策略，应研究和掌握税法，时刻跟进税收政策变化。此外，除了熟练掌握税法外，纳税人还要具备财务、会计、生产、销售等方面的法律知识。唯有如此，纳税人才能在总体上确保自己的税收筹划行为的合法性与合规性。

（二）经济环境因素

个体的经济活动必然会受到整体经济环境的影响，很多理论上可行的方案在实践时会变得难以取舍或举步维艰。例如，一般新办企业的投资地点应选在税负较低的经济特区或沿海经济开放区，但这会使得企业必须面对激烈的市场竞争、高昂的经营成本和偏低的投资收益。企业在西部大开发地区或民族地区投资经营可以享受税收优惠政策，但企业会面临投资环境不完善、经济管理手段相对落后、供求关系不稳定、经营风险较高等问题。总之，企业应根据国民经济运行的宏观环境，客观分析其对企业经营管理活动的影响，科学预测行业的发展前景，为企业的税收筹划提供可靠的参考。在投融资方面，企业必须充分掌握与投融资项目相关的经济信息并进行合理分析。如果割裂投融资计划与客观经济环境的有机联系，片面强调税收筹划，终会导致税收筹划的失败。

（三）执法因素

现实中，由于经济活动具有复杂性，各地税收征管人员的业务素质参差不齐，造成了税收政策和执法水平的差异，这也为税收筹划提供了可利用的空间。首先，我国税法对纳税人具体涉税事项的征收管理常留有一定的政策选择空间，即自由裁量权。在一定范围内，税务人员可以选择具体的征管措施和方式。例如，《税收征收管理法》规定，税务机关可以根据纳税人的具体情况选择税款征收方式，包括定期定额、查账征收、查定征收、查验征收等。其次，各地税务人员的业务素质、征管水平参差不齐，在对税收政策的理解、贯彻执行的方式、执法的公平公正程度等方面会存在主客观差异。纳税人在利用执法差异进行税收筹划时，最重要的是要有良好的政策沟通能力，包括与税务部门和其他经济管理部门的联系。在税收筹划工作中，企业应事前争取税务部门有利于企业的具体征收管理方式，合法、合理地取得税务管理人员对税收筹划方案的认可；否则，企业精心制订的税收筹划方案可能会由于执法尺度上的差异而无法实施。

（四）拥有一定的营业收入和经营规模

一定的营业收入与经营规模是纳税人实施税收筹划的基础。纳税人营业收入越多，经营规模越大，经营业务范围越广，经济行为越多，其涉税种类就越多，纳税状况就越复杂，税收筹划空间也就越大。基于成本-收益分析，收入规模的扩大提高了税收筹划的收益高于成本的概率。为了尽可能多地获取税收筹划收益并承担有限的涉税风险，税收筹划需要专门人员操作并支付相当高的费用。如果纳税人经营规模小、组织结构简单，那么税收筹划发挥作用的空间可能就很小，实施税收筹划的费用有可能大于税收筹划的收益，这种税收筹划就缺乏实施的必要。

（五）具备税收筹划意识

纳税人税收筹划动力的强烈与否与其税收筹划意识密切相关。如果纳税人的税收筹划意识薄弱，甚至缺乏必要的税收筹划观念，那么即使有再好的外部条件，也不可能为纳税人带来效益。纳税人只有具备了一定的法律常识，意识到税收筹划的重要作用，才能在思想上指导自己的税收筹划行为。

（六）汇率制度

在经济全球化的背景下，汇率制度的差异影响着税收筹划的难易程度和复杂性。汇率制度分为固定汇率制度和浮动汇率制度。在固定汇率制度下，各国货币间的汇率相对稳定，财务核算结果与预测数值一致，税收筹划可以在一个相对静态的环境中设计，税收筹划相对容易；在浮动汇率制度下，税收筹划既需要考虑如何节税，又需考虑汇率变动对节税收益的影响，税收筹划相对复杂，甚至会有不同汇率制度的组合。在这种情况下，企业一般是按照“税负合理化”原则来进行税收筹划。特别是对跨国企业来讲，汇率可能是影响企业税收的最重要因素，即汇率波动会对企业税收筹划影响较大。

第四节　税收筹划与偷税、逃税、骗税、抗税、避税的区别

税收筹划最本质的特征是合法性，而偷税、逃税、骗税、抗税等则是违反税法的行为。在税收筹划实践中，有的纳税人往往因为筹划不当而构成偷税、骗税甚至抗税，不仅没有达到节税的目的，反而受到行政处罚甚至受到刑事制裁。因此，企业要有效开展税收筹划，必须正确把握和区分税收筹划与偷税、逃税、骗税、抗税、避税等行为的界限。

一、税收筹划与偷税

偷税是指纳税人采取伪造、变造、隐匿、擅自销毁账簿或记账凭证，在账簿上多列支出、不列或少列收入、进行虚假申报等手段，不缴或少缴应纳税款的行为。偷税的表现形式主要有伪造、变造记账凭证和账簿，隐匿、擅自销毁记账凭证和账簿，虚列支出或不列、少列收入，虚假申报。

偷税的法律责任如下：纳税人偷税的，由税务机关追缴其不缴或少缴的税款和滞纳金，并处以不缴或少缴税款 50%以上 5 倍以下的罚款。纳税人偷税数额占应纳税额的 10%以上不满 30%，并且偷税数额在 1 万元以上不满 10 万元的，或者因偷税被税务机关给予两次行政处罚后又偷税的，处 3 年以下有期徒刑或拘役，并处偷税数额 1 倍以上 5 倍以下的罚金；偷税数额占应纳税额的 30%以上，并且偷税数额在 10 万元以上的，处 3 年以上 7 年以下有期徒刑，并处偷税数额 1 倍以上 5 倍以下的罚金。偷税是纳税人故意违反税法的行为，主观上具有明显的欺诈性和违法性。若纳税人是由于无意识地疏漏、不熟悉税法规定和财务制度，或者由于工作粗心大意等原因造成的少缴税款，不是主观故意，如用错税率、漏报应税项目、少计销售收入和经营利润等属于“漏税”，不能认定为“偷税”。漏税与偷税有着性质上的区别，判定漏税的关键是非故意性。税法规定，对漏税者，税务机关应当令其限期照

章补缴所漏税款，逾期未缴的，从漏税之日起，按日加收一定的滞纳金。

值得注意的是，2009 年 2 月，第十一届全国人民代表大会常务委员会第七次会议表决通过了《中华人民共和国刑法修正案（七）》。修订后的刑法对第二百零一条关于不履行纳税义务的定罪量刑标准的相关表述进行了修改，用“逃避缴纳税款”取代了“偷税”，但目前《税收征收管理法》中还没有作出相应的修改。

二、税收筹划与逃税

逃税是指纳税人欠缴应纳税款，采取转移或隐匿财产的手段，妨碍税务机关追缴欠缴税款的行为。对逃税行为，《税收征收管理法》规定：由税务机关追缴欠缴的税款、滞纳金，并处欠缴税款 50%以上 5 倍以下的罚款；构成犯罪的，依法追究刑事责任。逃税与税收筹划的区别在于：第一，性质不同。逃税是违法的，严重的逃税行为还要被追究刑事责任，税收筹划是合法行为，是被社会和法律接受的。第二，采取的手段不同。逃税是指纳税人采取转移或隐匿财产的手段，妨碍税务机关追缴欠缴税款，而税收筹划是在充分地掌握税收法律、法规和规章的基础上，运用一些合法的方法达到企业价值最大化的目的。第三，发生的时间不同。逃税是在税收义务发生之后，而税收筹划具有明显的前瞻性，即发生在纳税义务发生之前。第四，目的不同。逃税的目的是减轻税收负担而不顾及后果和影响，税收筹划的目的是实现企业价值的最大化。

逃税与偷税有共性，即都有欺诈性、隐蔽性，都是违反税法的行为。各国对逃税一般都没有单独的处罚规定，而是归入偷税行为，按偷税处罚，我国也不例外。

三、税收筹划与骗税

骗税是指用假报出口等虚构事实或隐瞒真相的方法，经过公开和合法的程序，利用国家税收优惠政策，骗取减免税和出口退税的行为。骗税与偷税相比，具有明显的公开欺骗性，骗税者以公开欺骗的手段骗得税务机关的信任，非法占有国家税款，并在表面上具有合法性。骗税主要有骗取减免税和骗取出口退税两种表现形式。骗税的法律责任如下：骗取国家出口退税款的，由税务机关追缴骗取的出口退税款，处以骗取税款 1 倍以上 5 倍以下的罚款。对骗取国家出口退税款的，税务机关可以在规定的期间内停止为其办理出口退税。以假报出口或其他欺骗手段骗取国家出口退税款，数额较大的，处 5 年以下有期徒刑或拘役，并处骗取税款 1 倍以上 5 倍以下的罚金；数额巨大或有其他严重情节的，处 5 年以上 10 年以下有期徒刑，并处骗取税款 1 倍以上 5 倍以下的罚金；数额特别巨大或有其他特别严重情节的，处 10 年以上有期徒刑或无期徒刑，并处骗取税款 1 倍以上 5 倍以下的罚金或没收财产。

四、税收筹划与抗税

抗税是指纳税义务人以暴力、威胁的手段拒不缴纳税款的行为，是最严重的违反税法和税收征收管理规定的违法犯罪行为。抗税的法律责任如下：对有抗税行为的纳税义务人，除由税务机关追缴其拒缴的税款和滞纳金外，还要由司法机关依照《中华人民共和国刑法》的规定追究其刑事责任。情节轻微、未构成犯罪的，由税务机关追缴其拒缴的税款和滞纳金，并处拒缴税款 1 倍以上 5 倍以下的罚款；构成犯罪的，处 3 年以下有期徒刑或拘役，并处拒缴税款 1 倍以上 5 倍以下的罚金；情节严重的，处 3 年以上 7 年以下有期徒刑，并处拒缴税款 1 倍以上 5 倍以下的罚金。

五、税收筹划与避税

联合国税收专家小组对避税（tax avoidance）做了如下解释：避税是一个比较不甚明确的概念，很难用能够为人们所普遍接受的措辞对其进行定义。但一般来说，避税是纳税人采取利用法律上的漏洞或含糊之处的方式来安排自己的事务，以减少其应承担的纳税额，但这种做法并不能说是违法的。

从各国法律界定和税收实践来看，各国对避税的态度也存在较大差异。在美国，避税与偷税实际上被认定为并没有明确界限，因此有人认为应加以制止。但也有美国学者认为，避税是一种合法行为，因为它并不违法。英国、美国、德国、阿根廷、巴西、墨西哥、挪威等国都认可纳税人拥有避税的权利。尽管避税的合法性在这些国家得到了法律的认可，但并不意味着政府会对一切避税行为听之任之。事实上，各国政府往往针对频繁发生且危害严重的避税行为制定专门的反避税制度，如转让定价税制、避税港税制等。少数国家认为，避税行为是非法的，如澳大利亚，通常将避税和偷税等同。在这些国家，任何使法律意图落空的做法都被视为触犯法律。但澳大利亚政府对避税非法的认定，尤其是将其与偷税并列的做法，也受到了许多学者的质疑。有些国家立法中并没有明确说明避税是否合法，如我国的《税收征收管理法》对避税或税收筹划的概念未做表述。由于我国目前还没有一部税收基本法，《中华人民共和国宪法》第五十六条规定“中华人民共和国公民有依照法律纳税的义务”，因此避税在法律上处于空白地带。

但是，在国际上，越来越多的国家认为避税是错用或滥用税法的行为，是纳税人通过个人或企业事务的人为安排，利用税法的漏洞、特例和缺陷来规避或减轻其纳税义务的行为，避税也成为一种政府制止的活动。究其原因，避税虽是以非违法的手段来达到逃避纳税义务的目的，但其结果与逃税一样危及国家税收，直接后果是导致国家财政收入的减少，间接后果是影响了税收制度的公平性。一般认为，避税不符合政策制定者的立法意图，因此政府会通过制定更为详尽的税收规则来管制避税行为。这些规则主要分为两大类：一类是原则性的反避税条款，另一类是针对交易细节的具体性税法规定。从制度经济学的角度分析，一个完善的税收制度要么是不可能存在的，要么是代价过高的。

国内学者在避税问题上也存在诸多分歧。多数学者包括杨斌（2004）①、葛家澍（2006）② 等都明确主张“法律没有禁止的就是允许的”，税收筹划应该包括避税。杨斌（2004）认为，按照税收法定原则，避税并没有直接违反法律，所以不应受到法律的制裁。葛家澍（2006）认为，避税不是道德范畴的问题，因此不能以道德的观念来看待法律范畴的避税行为。虽然避税行为可能会带来一定的社会危害，但国家不能超越法律规定，以道德名义要求纳税人承担纳税义务，对税收筹划甚至对避

---

① 杨斌. 国际税收［M］. 上海：复旦大学出版社，2004.

② 葛家澍. 企业有效避税定式［M］. 北京：企业管理出版社，2006.

税行为至少从法律上应该持肯定态度。

当下，在经济全球化的背景下，跨国公司在国际领域的避税行为愈演愈烈，引起了全球政治领袖、媒体和社会公众的高度关注。为此，2012 年 6 月，二十国集团财长和央行行长会议同意通过国际合作应对 BEPS①问题，并委托经济合作与发展组织开展研究。2013 年 6 月，经济合作与发展组织发布《BEPS 行动计划》，并于 2013 年 9 月在二十国集团圣彼得堡峰会上得到各国领导人背书。2013 年 8 月 27 日，中国签署《多边税收征管互助公约》，成为该公约的第 56 个签约方，二十国集团成员自此全部加入这一公约。

避税作为市场经济的特有现象，会随着经济的发展而发展。从某种意义上说，只要存在税收，就会有避税。

第五节　税收筹划的基本方法

税收筹划是一种指导性、科学性、预见性很强的管理活动，目的是通过对生产经营活动合法的预先安排，使纳税人的税负最小化。税收筹划需要科学的方法，一般来讲，可以从纳税主体、课税对象、税率、纳税环节、纳税期限和税收优惠等税制要素进行税收筹划，也可以从税负转嫁、组织形式、临界点等切入进行税收筹划。

一、税制要素筹划法

税制要素包括征税范围、纳税主体、课税对象、税率、纳税环节、纳税期限、纳税地点和税收优惠等。它与税收筹划密切相关，直接影响纳税人的税负，因此有必要对每个税种的税制要素进行分析和研究，以达到科学税收筹划、减轻税负的目的。

（一）征税范围筹划法

纳税人按照税法规定的具体税种的课税对象和征税范围缴纳税款。征税范围的税收筹划就是要合理合法地将应税项目变为非应税项目，将纳税人的经济行为和业务内容合理地安排在征税范围以外，以达到降低税负的目的。企业的合并、分立、产权重组是将交易变为非交易的重要方法。企业重组是通过纳税主体的变化，将对外的交易活动变为纳税主体内部的交易活动，从而将应税交易变为非应税交易。例如，税法规定，房产税的征税范围是城市、县城、建制镇和工矿区的房产，房产界定为房屋，即有屋面和围护结构（有墙或两边有柱），能够遮风挡雨，可供人们在其中生产、学习、娱乐、居住或储藏物资的场所；独立于房屋之外的建筑物，如围墙、烟囱、水塔、变电塔、室外游泳池、喷泉等，不属于房产，则不需要缴纳房产税。

【案例 1-2】某地区有两家大型酒厂 A 企业和 B 企业，它们都是独立核算的法人

---

① BEPS（base erosion and profit shifting），即税基侵蚀和利润转移，是指跨国公司利用国际税收规则存在的不足以及各国税制差异和征管漏洞，最大限度地减少其全球总体的税负，甚至达到双重不征税的效果，造成对各国税基的侵蚀。跨国公司大多利用不同税收管辖区的税制差异和规则错配进行避税，目的是人为造成应税利润“消失”或将利润转移到没有或几乎没有实质经营活动的低税负国家（地区），从而降低其整体税负。

企业。A 企业主要经营瓶装白酒，过去一直从 B 企业购进散装白酒生产瓶装酒。假设 A 企业从 B 企业购进白酒 900 吨①，价格为 4 元/斤②。对于此项业务，A 企业应如何进行税收筹划（按照税法规定，白酒适用 20%加 0.5 元/斤的复合税率；仅考虑消费税）？

【筹划方案】

方案一：按原有的经营方案，A 企业不兼并 B 企业。

B 企业每年应纳消费税＝900×2 000×4×20%+900×2 000×0.5＝2 340 000（元）

方案二：A 企业兼并 B 企业。

B 企业生产白酒再由 A 企业生产瓶装酒，属于企业内部连续生产应税消费品，A 企业兼并 B 企业之后，这一过程可免征消费税 234 万元。因此，A 企业应采用方案二。

【案例 1-3】新源公司兴建了一座工业园区，工业园区除厂房、办公用房外，还包括厂区围墙、水塔、变电塔、停车场、游泳池、凉亭、喷泉设施等建筑物，工程造价为 10 亿元，除厂房、办公用房外的建筑设施总造价为 3 亿元。如果把 10 亿元作为房产，那么新源公司从工业园区建成后的次月起就应缴纳房产税。假设当地人民政府规定的房产税扣除比例为 30%，则每年应纳房产税为：

应纳房产税＝100 000×(1−30%)×1.2%＝840（万元）

新源公司应如何对房产的界定进行税收筹划？

【筹划方案】

新源公司可以将除厂房、办公用房以外的建筑物，如停车场、游泳池等，都建成露天的，并且把这些独立建筑物的造价同厂房、办公用房的造价分开，在会计账簿中单独核算。按照税法的规定，这部分建筑物不属于房产，造价不计入房产原值，不需要缴纳房产税。这样一来，新源公司每年应纳房产税为：

应纳房产税＝30 000×(1−30%)×1.2%＝252（万元）

（二）纳税主体筹划法

纳税主体是指税收法律关系中依法履行纳税义务，进行税款缴纳行为的一方当事人。狭义的纳税主体仅指纳税人，即依照税法的规定，直接负有纳税义务的自然人、法人和其他组织；广义的纳税主体是指将在税收征纳活动中所履行的主要义务在性质上属于纳税义务的有关主体，包括纳税人、扣缴义务人、纳税担保人等。每一种税都有关于纳税人的规定，纳税人是税制的一个基本要素。纳税主体筹划法，实质上是对纳税人身份进行合理界定或转化，降低纳税人的税收负担，或者直接避免成为某种税的纳税人。纳税主体筹划法的关键是准确把握纳税人的内涵和外延，合理确定纳税人的范围。从纳税人性质的角度分析，现阶段，我国有多种不同类型的纳税人：个体工商户、独资企业、合伙企业和公司制企业等。不同类型的纳税人所适用的税收政策存在较大的差异，这给税收筹划提供了较大的空间。

1. 避免成为纳税人

通过合理合法的税收筹划安排，使纳税人发生的经济业务不属于某种税的征税

① 1 吨＝1 000 千克，下同。

② 1 斤＝500 克，下同。

范围，该项业务就可以避免涉税，如通过企业合并会使原来企业间的购销环节转变为企业内部的原材料使用环节，从而合法合理地避免成为增值税纳税人，规避了增值税甚至消费税的纳税义务。

2. 不同纳税人之间的转化

税法规定，增值税的纳税人分为一般纳税人和小规模纳税人。这两类纳税人在征收增值税时，其计税方法和征管要求不同。一般将年应税销售额超过小规模纳税人标准的个人、非企业性单位、不经常发生应税行为的企业，视同小规模纳税人；年应税销售额未超过小规模纳税人标准的，从事货物生产或提供劳务的小规模企业和企业性单位，账簿健全、能准确核算并提供销项税额、进项税额，并能按规定报送有关税务资料的，经企业申请，税务部门可将其认定为一般纳税人。一般纳税人实行进项税额抵扣制度，而小规模纳税人必须按照适用的简易税率计算增值税，不实行进项税额抵扣制度。

一般情况下，小规模纳税人的税负略重于一般纳税人。其原因在于选择一般纳税人可以将进项税额抵扣，尤其是当应税销售额增值率较低时，一般纳税人的税负明显低于小规模纳税人。但这也不是绝对的，需要通过比较两类纳税人的应税销售额增值率与税负平衡点的关系，从而合理合法选择税负较轻的纳税人身份。

【例 1-4】2020 年，某商业批发企业主要从小规模纳税人处购入服装进行批发，年销售额为 800 万元（不含增值税），由税务机关代开的增值税专用发票上记载的增值税税额为 40 万元。该企业应如何进行税收筹划？

【筹划方案】

按照一般纳税人认定标准，该企业（从事货物批发或零售的纳税人）年销售额超过 500 万元，应被认定为一般纳税人，需缴纳 64 万元（800×13%-40）的增值税。但如果该企业被认定为小规模纳税人，只需缴纳 24 万元（800×3%）的增值税。因此，该企业可以将原企业分立为两个批发企业，每个企业的年销售额均控制在 500 万元以下。这样被分立的两个企业将会被认定为小规模纳税人，按照 3%的征收率计算缴纳增值税。通过企业分立实现一般纳税人转化为小规模纳税人，可以节约税款 40 万元（64-24）。

（三）税基筹划法

税基是用以计算应纳税额的课税对象的数额，是课税对象的数量化，有时也被称为计税依据。税基是决定国家税收收入和纳税人税收负担的重要因素之一。在税率一定的条件下，税基越小，纳税人应承担的税款就越少。各个税种对税基的规定存在差异，使得纳税人对税基进行筹划成为可能。税基筹划方法的目标一般是实现税基的最小化，可以通过关联交易、税前扣除、减免税、选择有利的纳税方式和压低计税价格等来实现。

【案例 1-5】王教授主编一本经济学教材出版，另有参编人员 5 人，稿酬所得总计为 24 000 元。王教授应该如何分配稿酬，才能使整体预扣预缴的税款最少，并缓解资金占用的问题呢？

【筹划方案】

方案一：均分。每人应分 4 000 元，6 人共应预扣预缴税额计算如下：

预扣预缴税额 =（4 000−800）×20%×（1−30%）×6 = 2 688（元）

方案二：减少税基。其中 5 人各得 800 元，第 6 人得 20 000 元，6 人共应预扣预缴税额计算如下：

5 人免税，第 6 人应预扣预缴税额 = 20 000×（1−20%）×20%×（1−30%）= 2 240（元）

（四）税率筹划法

税率是指应征税额占课税对象数量的比例，是计算应纳税额的尺度，体现征税的深度。在其他因素不变的情况下，税率的高低直接决定税收负担率的高低，关系到国家财政收入的多少和纳税人负担的轻重，反映国家在一定时期的财经政策。税率的形式主要有定额税率、比例税率和累进税率三种。不同税种的税率之间大多存在一定的差异，甚至同一税种在不同征税对象、不同产品或不同行业，税率也存在差异，这种差异为纳税人提供了充分的税收筹划空间。一般情况下，税率低、应纳税额少，税后利润就多。但是，税率低并不一定等于税后收益最大化。对税率进行税收筹划，重在寻求税后收益最大化的最低税负点或最佳税负点。

税率筹划法一般有三种：一是比例税率筹划，即分析不同征税对象适用的不同税收政策，尽量降低适用税率，如尽量满足国家重点扶持的高新技术企业的标准，从而适用高新技术企业 15%的企业所得税优惠税率。二是定额税率筹划，即根据现行税收政策的规定，消费税中某些应税消费品的等级不同，消费税的税率也随之不同。一般来说，等级越高，单位定价越高，税率也越高。例如，每吨出厂价（含包装物及包装物押金）在 3 000 元（含 3 000 元，不含增值税）以上的啤酒是甲类啤酒，每吨出厂价（含包装物及包装物押金）在 3 000 元（不含增值税）以下的是乙类啤酒。又如，应纳消费税的高档手表仅指销售价格（不含增值税）在 10 000 元（含）以上的各类手表。若低于此价格，则不属于高档手表，不征收消费税。因此，纳税人可以根据市场供需关系和税负的轻重来制定一个合理的价格，进而获得税收利益。三是累进税率筹划，主要是寻找税负临界点，防止税率攀升，如应避开因多发 1 元钱的工资或年终奖而适用更高一级的税率，导致税后收入更少的“税收陷阱”。

（五）税收优惠筹划法

税收优惠是指国家为了支持某个行业、某个特定群体或针对某一特殊时期，出台一些包括减免税在内的优惠性规定或条款。国家税收优惠政策的出台促进了我国经济的发展，是一定时期国家的税收导向，因此国家对纳税人利用税收优惠政策进行税收筹划是支持和鼓励的。纳税人对税收优惠政策利用得越多，越有利于国家特定政策目标的实现，越有利于促进产业结构的升级，这是国家和纳税人“双赢”的选择。税收优惠是税收筹划最重要的内容，因为其符合国家税法的立法意图。税收优惠的形式多种多样。本章主要介绍以下几种税收优惠的形式：

1. 免税

免税是国家对特定的地区、行业、企业或特定的纳税人、应税项目等所给予纳税人完全免税的照顾或奖励措施。免税属于国家的税收照顾方式，同时也是国家出于政策需要的一种税收奖励方式，是贯彻国家政治、经济和社会政策的重要手段。

我国对从事农、林、牧、渔业生产经营的企业给予免税待遇，就属于一种行业性照顾或激励。对于免税优惠，纳税人应考虑以下操作技巧：第一，在合法、合理的前提下，尽量争取更多的免税待遇。与缴纳税收相比，免征的税收就是节减的税收，免征的税收越多，节减的税收也越多。第二，在合法、合理的情况下，尽量使免税期最长。许多免税都有期限规定，免税期越长，节减税收越多。第三，注重对优惠政策的综合衡量。政府提供的税收优惠是多方面的，纳税人的眼睛不能仅盯在一个税种上，因为有时一种税少缴了，另一种税就要多缴。因此，纳税人要着眼于整体税负的轻重，从各种税收优惠方案中选出最优的方案。

2. 减税

减税是对某些纳税人或课税对象给予鼓励或照顾的一种特殊措施。减税与免税类似，实质上也相当于一种财政补贴。例如，国家对纳税人因各种不可抗力造成的损失进行补偿，对遭受自然灾害地区的企业、残疾人等的减税，这类减税是一种税收照顾；或者国家对高新技术企业、环保项目等的减税，是一种税收奖励。不同税种减税的形式也有所不同，主要有税率式减税、税基式减税、税额式减税等形式。

与利用免税进行税收筹划的要点类似，充分利用减税优惠获得税收利益的关键在于：第一，尽量争取减税待遇并使减税最大化。在合法和合理的情况下，纳税人应尽量争取减税待遇，争取尽可能多的税种获得减税待遇，争取减征更多的税收。第二，尽量使减税期最长化。在合法和合理的情况下，纳税人应尽量使减税期最长化。减税期越长，节减的税收越多。

【案例 1-6】A 公司共有员工 2 万人，人均年薪 18 万元，人均年个人所得税税前扣除标准为 8 万元，人均年应纳税所得额为 10 万元。

人均年应纳个人所得税＝100 000×10%－2 520＝7 480（元）

请提出税收筹划方案。

【筹划方案】

如果 A 公司从员工的应发工资中为全体员工统一购买符合税法规定的商业健康保险，员工人均年缴费 2 400 元，可以税前扣除。

人均年应纳个人所得税＝(100 000－2 400)×10%－2 520＝7 240（元）

人均节税＝7 480－7 240＝240（元）

甲公司全体员工年节税＝240×20 000＝480（万元）

企业可以充分利用享受优惠的商业健康保险为员工统一购买商业健康保险，既为员工提供了福利，也可以起到节税的作用。

3. 税收递延

税收递延也称延期纳税，即税法允许企业在规定的期限内，分期或延迟缴纳税款。递延纳税的好处包括有利于资金周转、节省利息支出以及由于通货膨胀的影响，延期以后缴纳的税款币值下降，从而降低了实际纳税额。税收递延的方法尽管有很多，但基本思路可以归结为以下两种：

（1）推迟收入的确定。在一般情况下，企业主要采用推迟交货时间、结算时间或改变销售方式等方法推迟收入的确定。推迟交货时间就意味着推迟收入实现的时间，相应地也就推迟了纳税时间。有些企业将交货时间由本年年底推迟到第二年年初就有这方面的考虑。在有些销售方式下，结算就意味着收入的实现，因此推迟结算时间，相应地也就推迟了纳税时间。另外，不同的销售方式，其收入实现的时间是不同的，企业通过选择合适的销售方式可以推迟收入的实现，相应地推迟了纳税时间。当然，在大多数情况下，企业总是希望尽快收回货款，以加速资金周转，提高资金使用效率。因此，通过这种方法来推迟税款缴纳经常受到各种限制。

（2）尽早确认费用。对企业而言，若能合法合理尽早确认费用，就可以减少税基，从而降低税负。因此，企业可以从会计处理入手，如从相对节税的角度看，无形资产的摊销年限越短越好；或者存货计价方法也会影响税收。在实际成本法下，存货计价方法一般有先进先出法、加权平均法、移动平均法、个别计价法等。在物价下跌的情况下，企业采用先进先出法能起到相对节税的效果。

二、税负转嫁筹划法

税负转嫁是指纳税人将其所缴纳的税金转移给他人负担的过程。最终承担税负的人称为负税人。在税负转嫁的条件下，纳税人和真正的负税人是可以分离的，纳税人只是法律意义上的纳税主体，负税人是经济意义上的承担主体。纳税人实施税负转嫁策略，并不侵害国家利益。因为它只是改变了税款在不同经济主体之间的重新负担状况，没有减少国家应收税款的总量，也没有违反税法的规定。

税负转嫁主要有前转、后转、消转等形式。前转主要是指纳税人通过提高商品的销售价格，把税负向前转嫁给下游企业或消费者负担。这种转嫁技术一般适用于市场紧俏的产品或知名品牌的商品。后转主要是指纳税人通过压低商品的购进价格，把税收负担向后转嫁给商品的供应者。这种转嫁技术一般适用于生产要素或商品积压时处于买方市场的商品。消转主要是指纳税人通过压低工资、提高劳动生产率、降低成本等方式内部消化税款。

【案例 1-7】我国南方一些竹木产区生产竹木地板，这种地板的特点是清凉、透气、加工制造简单，但是与革制地板、化纤地毯相比，显得不够美观漂亮。生产厂商将竹木地板的定价确定为 80 元/平方米。由于竹木地板只适用于南方潮湿地区，北方多数地区无法使用（竹木地板易裂、怕干燥），市场需求量不大，结果造成竹木地板生产厂商只能简单维持企业运转。由于这在当时已被认为是很高的价格标准，因此有关增值税税负只能由生产厂商负担。

后来，有专家发现了这种竹木地板，经专家分析测定，这种竹木地板具有很高的医学价值，使用竹木地板对维持人体内微量元素的平衡起着很大作用。这一发现引起国内外企业、商户纷纷到我国南方订货，原来 80 元/平方米的竹木地板价格一跃变成 80 美元/平方米。这样竹木地板的生产厂商的利润水平大幅提高，其所承担的增值税税负通过提高售价而顺利实现了税负转嫁。

三、组织形式筹划法

组织形式是指企业采用何种形式来配置企业的资源。企业的组织形式通常有公司制企业、合伙企业和个人独资企业，分支机构的设置通常有分公司和子公司两种不同形式。企业对不同组织形式的选择将极大地影响企业的经营和税收负担。一般来讲，公司制企业在成果分配上涉及企业所得税、个人所得税，合伙企业和个人独资企业的合伙人或投资者仅涉及个人所得税。因此，仅从税收方面考量，公司制企业存在重复课税的问题，但从法律角度或经营风险来讲，公司制企业属于法人企业，出资者以其出资额为限承担有限责任，合伙企业、个人独资企业属于自然人企业，出资者需要承担无限责任。对于企业设置的分支机构，分公司不具有独立法人资格，需要和总公司一起合并纳税，而子公司具有独立法人资格，独立纳税。因此，企业根据自身所处的环境，变化组织形式以适应税制变迁和税收政策的调整，合理降低或免除纳税人的税收负担，实现企业利润最大化。

【案例 1-8】李小姐经营一家网店，2019 年 1 月 1 日《中华人民共和国电子商务法》施行后，要求网店进行企业登记并向网站提交营业执照。李小姐计划设立甲公司（一人有限责任公司）来经营其网店。预计甲公司年销售收入为 3 000 万元，利润总额为 400 万元，假设无纳税调整事项，税后利润全部分配给李小姐。请计算李小姐当年的应纳税款总额，并为她进行税收筹划。

筹划前，甲公司需要缴纳企业所得税 = 400×25% = 100（万元）

税后利润 = 400-100 = 300（万元）

税后利润全部分配给投资者，李小姐应按“利息、股息、红利所得”缴纳个人所得税。

个人所得税 = 300×20% = 60（万元）

获得税后净利润 = 300-60 = 240（万元）

综合税负 =（100+60）÷400 = 40%

【筹划方案】

李小姐可以设立个人独资企业。个人独资企业不需缴纳企业所得税，其取得的利润总额由投资人按照“经营所得”缴纳个人所得税。

例如李小姐设立个人独资企业——乙企业。乙企业本身不需要缴纳企业所得税，李小姐需要缴纳个人所得税 = 400×35%-6. 55 = 133. 45（万元）

税后净利润 = 400-133. 45 = 266. 55（万元）

综合税负 = 133. 45÷400 = 33. 36%

通过税收筹划，税后利润 = 266. 55-240 = 26. 55（万元）

四、临界点筹划法

我国现行税收法律规定中存在大量关于临界点的规定，常见的优惠临界点主要有绝对数额临界点、相对比例临界点、时间期限临界点。当突破这些临界点时，该税种所适用的税率和优惠就会发生改变，这为纳税人进行税收筹划提供了空间。临界点筹划法的关键在于找准临界点，从而控制税负。一般而言，临界点的变化会引起税负的巨大差别。例如，纳税人对增值税起征点［适用范围仅限于个人（包括个体工商户及其他个人）］、个人所得税的费用扣除额、个人所得税的税率跳跃临界点、企业所得税的税前扣除限额等进行合理的筹划可以降低税负。需要注意的是，由于临界点量变引起税负质的飞跃，纳税人想要规避税负的升高，利用临界点筹划可能会损耗一些税收成本。因此，纳税人在利用优惠临界点筹划时，应合理规划，避免为了税收筹划而筹划，避免舍本逐利、本末倒置。

【案例 1-9】张小姐在广州市拥有一套普通住房，已经居住满 1 年零 9 个月。这时，她在市区找到一份更加满意的工作，需要出售该住房。张小姐应该如何进行税收筹划呢？

【筹划方案】

根据增值税相关规定，个人将购买不足 2 年的住房对外销售的，按照 5%的征收率全额缴纳增值税，个人将购买 2 年以上（含 2 年）的普通住房对外销售的，免征增值税（适用于北京、上海、广州、深圳四个城市）。很显然，如果张小姐再等 3 个月出售该住房，便可以适用购买满 2 年享受增值税免征待遇，而如果现在马上出售，必须按 5%的征收率缴纳增值税。因此，合乎理性的做法便是将住房于 3 个月后再转让，而不是马上转让。

五、业务转化筹划法

纳税人在遵守税法的前提下，通过业务转化筹划法可以寻找更大的节税空间，从而降低税负。例如，购买、销售、建房等业务可以合理转化为代购、代销、代建等业务，无形资产转让可以合理转化为投资或合营，企业雇员工资与非雇员劳务报酬之间可以相互转化，纳税人可以通过这些变通和转换寻找更大的节税空间。

【案例 1-10】张先生拥有 A 公司 50%的股份，每年可以从该公司获得 600 万元的股息。根据我国现行个人所得税制度，张先生每年需要缴纳 120 万元的个人所得税。假设张先生所获得的这部分股息打算全部用于再投资，那么张先生应当如何进行税收筹划？

【筹划方案】

根据现行个人所得税政策，个人从投资公司获得的股息要缴纳 20%的个人所得税。因此，张先生取得该股息，应首先缴纳 20%的个人所得税，税后利润才能再用于投资，这样就大大增加了投资的税收成本。

根据现行企业所得税政策，居民企业直接投资于其他居民企业取得的投资收益免税，即企业从其投资的公司中获得的股息不需要纳税。如果个人投资者从公司取得的股息仍然用于投资，则可以考虑以成立公司的方式来减轻税收负担，也就是把个人投资企业转为企业投资企业。张先生可以用该股权以及部分现金投资设立一家一人有限责任公司——张氏投资公司，由张氏投资公司持有甲公司 50%的股权。这样，张氏投资公司每年从甲公司获得的 600 万元股息就不需要缴纳企业所得税了。

六、资产重组筹划法

（一）合并筹划法

企业合并是实现资源流动和有效配置的重要方式，在企业合并过程中不可避免地涉及企业的税收负担及筹划节税问题。企业合并筹划是指企业利用并购及资产重组手段进行税收筹划。在税法规定的范围内，并购双方从税收角度事先对并购方案进行科学、合理的税收筹划和安排，改变其组织形式及股权关系，实现税负降低。合并筹划一般应用于以下几种情况：

（1）合并重组后的企业可以进入新领域、新行业，享受新领域、新行业的税收优惠政策。

（2）并购有大量亏损的企业，可以盈亏抵补，实现低成本扩张。

（3）企业合并可以实现关联性企业或上下游企业流通环节的减少，合法合理规避流转税和印花税。

（4）企业合并可能改变纳税主体性质。例如，企业可能因为合并而由小规模纳税人转变为一般纳税人，或者由内资企业转变为中外合资企业。

（5）企业合并可以利用免税重组优惠政策，合法合理规避资产转移过程中的税收负担。

（二）分立筹划法

企业分立是指一家企业（以下称为“被分立企业”）将部分或全部资产分离转让给现存或新设的企业（以下称为“分立企业”），被分立企业股东换取分立企业的股权或非股权支付，实现企业的依法分立。企业分立有利于企业更好地适应环境和利用税收政策获得税收方面的利益。

分立筹划法利用分拆手段，可以有效地改变企业规模和组织形式，降低企业整体税负。分立筹划法一般应用于以下几种情况：

（1）企业分立为多个纳税主体，可以形成有关联关系的企业群，实施集团化管理和系统化筹划。

（2）企业分立可以将兼营或混合销售中的低税率或零税率业务独立出来，单独计税降低税负。

（3）企业分立使适用累进税率的纳税主体分化成两个或多个适用低税率的纳税主体，税负自然降低。

（4）企业分立可以增加一道流通环节，有利于流转税抵扣及转让定价策略的运用。

【案例 1-11】位于某市的 A 公司因经营不善，连年亏损。2019 年 12 月 31 日，A 公司资产总额为 2 000 万元（其中，房屋、建筑物 1 600 万元），负债为 2 008 万元，净资产为-8 万元。A 公司股东决定清算并终止经营。B 公司与 A 公司经营范围相同，为了扩大公司规模，决定出资购买 A 公司的全部资产。A 公司将资产出售收入全部用于偿还债务和缴纳欠税，然后将公司解散。请计算 A 公司应纳税额，并对其进行税收筹划。

【筹划方案】

A 公司在该交易中涉及不动产转让，需缴纳增值税、城建税及教育费附加。

应纳增值税 $=1\ 600\div(1+5\%)\times5\%=76.19$（万元）

应纳城建税及教育费附加 $=76.19\times(7\%+3\%)=7.62$（万元）

对于上述交易，如果 B 公司将 A 公司吸收合并，A 公司的资产和负债全部转移至 B 公司账下，则 B 公司无需立即支付资金即可获得 A 公司的经营性资产，而且 A 公司也无需缴纳增值税。对于符合条件的企业合并、分立中的不动产转让还可以适用土地增值税、契税的免税政策，实现筹划节税。

第六节　树立正确思维，合理开展税收筹划

《中华人民共和国宪法》明确规定：“中华人民共和国公民有依照法律纳税的义务。”可见，依法纳税是宪法规定的公民的义务。换一个角度来说，纳税乃爱国之举，合法经营，照章纳税，可以为国家经济发展多做贡献，是现代企业须履行的社会责任。

一、深入理解税收，树立正确的纳税思维

税收不只有筹集财政资金的作用，更是国家调节经济的手段。在市场经济条件下，税收杠杆在实现国家宏观决策和调节经济运行方面有重要作用。

近年来，在支持创新方面，我国进一步以税收优惠方式鼓励企业加大研发投入，有效加大了企业研发投入力度，激发了企业创新活力，降低了科技企业负担。全国研究与试验发展（R&D）投入经费从 2015 年的 1.42 万亿元增长至 2020 年的 2.44 万亿元，年均实现两位数增长，成为世界第二大研发经费投入国。在减轻企业负担方面，我国不断巩固拓展减税降费成果。数据显示，“十三五”期间，我国新增减税降费规模逐渐扩大，2019 年和 2020 年都保持了 2 万亿元以上的规模，5 年累计规模超过 7.6 万亿元。减税降费规模不断扩大的同时，我国宏观税负也在逐年下降。

在构建新格局方面，我国不断完善减税降费政策以畅通国内大循环，降低进口关税和制度性成本以促进国内国际双循环。在激发市场主体活力方面，我国要加大税费优惠和信贷支持力度。在绿色发展方面，我国实施有利于节能环保和资源综合利用的税收政策。目前，我国已经构建起以环境保护税为主体的绿色税收体系，发挥着反向约束和正向激励作用，倒逼企业节能减污、技术改造，促进绿色、低碳、循环发展。“十三五”时期，我国的生态环境明显改善。在对外开放方面，我国为避免双重征税等，要加强海关、税收、监管部门等合作。在促进就业方面，我国要健全培训经费税前扣除政策。在优化收入分配方面，我国要加强个人所得税改革，完善社会救助和慈善制度的财税激励政策。在基层社会治理方面，我国要加大税收优惠政策支持力度。

在脱贫攻坚方面，我国针对扶贫搬迁、贫困人口就业、扶贫捐赠等重点领域和关键环节，要不断加大税收政策支持力度，支持脱贫攻坚，税收优惠政策减免金额从 2015 年的 263 亿元提升到 2019 年的 742 亿元，2020 年达到 1 022 亿元，年均增长 30.6%。从增值税发票数据看，2016—2020 年，832 个已摘帽国家级贫困县企业销售收入保持较快增长，年均增速达 14.6%。2020 年，虽然受到新型冠状病毒肺炎疫情影响，但 832 个已摘帽国家级贫困县企业销售收入仍保持 15.9%的增长水平，反映出已摘帽贫困县企业发展态势良好。“十三五”时期，我国脱贫攻坚减税规模年均增长超过 30%。税收数据显示，2020 年，全国消费扶贫产品的销售收入同比增长了 32.9%，显著高于全国企业 6%的平均增长水平。消费扶贫对增加贫困地区的产品销售、稳定增加贫困人口的收入具有很强的促进作用。这些税收政策，契合了

我国现阶段由高速增长转向高质量发展的战略部署，也是推动我国制造业可持续发展的必然要求。

从深层次讲，税收取之于民，用之于民。因此，纳税人应树立正确的纳税思维，不可利用非法手段减轻自身税负。纳税人与其偷偷摸摸逃税，不如光明正大地进行税收筹划。税收筹划既符合国家政策导向，又能获取税收利益。

二、税收筹划的基础是依法纳税

法治意识是维护社会主义市场经济秩序，在法律范围内进行经营活动的重要前提。税收筹划是任何一个企业都会面临的一项基本工作，首先要做的是依法纳税。有的时候，依法纳税实际上已经是节税了，依法纳税在一定程度上避免了企业的涉税风险。税法政策在制定时考虑相对周全，以增值税为例，纳税人如果是分期付款，就可以分期确认收入；纳税人如果没有现金流入，就可以不用纳税，也不需要全额确认收入。如果能理解到这一步，实际上就算节约税款了。税收筹划的初衷就是节税，节税的目的是节约现金流，实际上就是满足节约现金流的初衷。因此，正确纳税也算是税收筹划。

税收筹划应当合法，这是税收筹划赖以生存的前提条件，也是税收筹划成功的重要标准。因此，在实际操作时，纳税人首先要学法、懂法和守法；其次要处理好税收筹划与避税的关系。从减少税负的角度看，税收筹划与避税有相同之处，但两者又有本质的差异。避税是指纳税人以合法手段，通过精心安排，利用税法漏洞或其他不足来减少其纳税义务的行为。避税行为尽管不违法，但往往与立法者的意图相违背，世界上多数国家对此采取不主张、不接受甚至是拒绝的态度，并且大都通过单独制定法规或用特别条款加以限制，我国也不例外。因此，税收筹划不仅不能违法，而且还必须符合税收政策的导向性，使企业在享受税收优惠的同时，顺应了国家宏观调控经济的意图，防止陷入偷税、逃税、骗税的境地，减少恶意避税的嫌疑与风险。

三、了解公司业务是税收筹划的前提

税收筹划除了要了解各项税收政策之外，还要了解公司的业务架构，结合公司业务以及相关的条款进行梳理。现实中，很多优惠或可以享受的政策不是税法没有明确，而是纳税人不知道如何将税收政策和自身涉税业务相结合，不知道正确的纳税思路和筹划思路。因此，纳税人应根据公司特点、业务流程或产品生产流程尽量享受各类税收优惠政策，在合同中强调税收筹划的细节或关键词，不可全盘照抄其他企业或个人的税收筹划方案，这样才能制订好的税收筹划方案。另外，纳税人应积极参与政府倡导的社会公益活动、福利和慈善事业，服务社会，在树立良好的企业形象的同时，享受税收利益，减轻税负。一个好的税收筹划方案必然是从实务中提炼出来的，否则税收筹划方案很有可能和实际脱节而无法实施。

四、提升会计人员职业道德素养

会计工作不只是单纯的记账、算账、报账工作，会计工作时时、事事、处处涉及执法守规方面的问题。会计人员作为企业纳税环节中的实际操作和执行人员，应当熟悉财经法规和国家统一的会计制度、税收制度，做到在自己处理各项经济业务时知法守法，依法把关守口。在为企业做税收筹划时，以税法为基准，实事求是，不弄虚作假，准确理解和全面把握税收法律的内涵，时时关注税收政策的变化趋势，务必使税收筹划方案不违法。这是税收筹划成功的基本保证。企业有义务增强企业会计人员的法治观念，定期为企业会计人员普及税收新政策，帮助他们辨明法律上的是与非，促使他们在日常工作中依法办事，避免不法行为。

第二章
增值税筹划

【学习提示】

本章介绍增值税筹划。增值税是我国第一大税种，覆盖面广、制度较为复杂、涉及法规较多，因此是纳税人重点关注的税种之一。本章将对增值税的筹划原理及方法进行较为系统的介绍，针对具体业务提出税收筹划的思路，并辅以案例分析，以便学生理解和掌握增值税筹划方法。通过对本章的学习，学生应掌握增值税筹划的主要原理和方法，并能针对具体问题制订税收筹划方案。

第一节　增值税纳税人的税收筹划

一、增值税纳税人的规定

在中华人民共和国境内（以下简称“境内”）销售货物或者提供加工、修理修配劳务（以下简称“劳务”），销售服务，无形资产，不动产以及进口货物的单位和个人，为增值税纳税人。单位是指企业、行政单位、事业单位、军事单位、社会团体及其他单位。个人是指个体工商户和其他个人。

我国增值税实行税款抵扣制度，对增值税纳税人会计核算是否健全，是否能够准确核算销项税额、进项税额以及应纳税额有较高要求。为方便增值税的征收管理，保证增值税专用发票的正确使用和安全管理，我国将增值税纳税人按照其经营规模大小及会计核算是否健全划分为一般纳税人和小规模纳税人。

（一）一般纳税人与小规模纳税人的销售额标准

根据《中华人民共和国增值税暂行条例》（以下简称“《增值税暂行条例》”）及其实施细则和“营改增”税收政策的规定，自 2018 年 5 月 1 日起，小规模纳税人的销售额标准统一为年应征增值税销售额（以下简称“应税销售额”）500 万元及以下。

年应税销售额超过上述规定的小规模纳税人标准的纳税人为增值税一般纳税人。自 2015 年 4 月 1 日起，增值税一般纳税人实行登记制度，不再实行资格认定审批制度，登记事项由增值税纳税人向其主管税务机关办理。

需要注意的是，年应税销售额超过小规模纳税人标准的其他个人按小规模纳税人纳税；非企业性单位、应税行为年销售额超过规定标准但不经常发生应税行为的单位和个体工商户，可以选择按照小规模纳税人纳税。小规模纳税人会计核算健全，能够提供准确税务资料的，可以向主管税务机关申请办理一般纳税人登记。

纳税人在年应税销售额超过小规模纳税人规定标准的月份（或季度）的所属申报期结束后15日内，按规定办理一般纳税人登记手续。纳税人未按规定时限办理的，主管税务机关应当在规定的时限结束后5日内制作税务事项通知书，告知纳税人应当在5日内向主管税务机关办理相关手续。纳税人逾期仍不办理的，次月起按销售额依照增值税税率计算应纳税额，不得抵扣进项税额，直至纳税人办理相关手续为止。

（二）一般纳税人与小规模纳税人的计税方法

除了一些特殊情况适用简易计税方法计税外，增值税一般纳税人销售货物、提供应税劳务或发生应税行为适用一般计税方法，即以当期销项税额抵扣当期进项税额后的余额为应纳税额。其中，销项税额为当期不含税销售额乘以适用税率；进项税额是指纳税人购进货物、接受应税劳务，或者购进应税服务、无形资产与不动产所支付或承担的增值税税额，但只有税法规定准予抵扣的进项税额才可以在计算应纳税额时从销项税额中抵扣。

增值税小规模纳税人适用简易计税方法计税，即以其全部不含税销售额乘以征收率为应纳税额。

二、纳税人身份选择的税收筹划

我国现行的增值税制度将增值税纳税人划分为一般纳税人和小规模纳税人，并规定对这两类纳税人实行不同的税收待遇。一般来说，一般纳税人采用一般计税方法，可以领购和使用增值税专用发票，凭借发票进行进项税额抵扣；小规模纳税人采用简易计税方法，不得使用增值税专用发票进行进项税额抵扣。税收政策的差异客观上使得一般纳税人和小规模纳税人在计税方法、适用税率以及发票使用等方面存在诸多差异，这些差异的存在为增值税纳税人通过选择不同的纳税人身份进行税收筹划提供了可能性。

由于不同类别纳税人的税率和征收方法不同，产生了纳税人身份选择的税收筹划的空间。纳税人可以根据自己的具体情况，在一般纳税人与小规模纳税人之间作出选择。

一般纳税人与小规模纳税人的适用税率和计税方法不同。在销售收入相同的情况下，究竟是一般纳税人比小规模纳税人多纳税，还是小规模纳税人比一般纳税人多纳税呢？从税法规定可以看出，在销售额既定的情况下，小规模纳税人的应纳税款已确定，但一般纳税人的应纳税款还需依据其可抵扣的进项税额而定，可抵扣的进项税额越多，应纳税款越少；反之，可抵扣的进项税额越少，应纳税款越多。或者说，增值率越高，应纳税款越多。在一般纳税人与小规模纳税人进行税负比较时，增值率就是一个关键因素。在一个特定的增值率下，增值税一般纳税人与小规模纳税人应纳税款数额相同，我们把这个特定的增值率称为“无差别平衡点增值率”。当增值率低于这个点时，增值税一般纳税人的税负低于小规模纳税人的税负；当增值率高于这个点时，增值税一般纳税人的税负高于小规模纳税人的税负。

无差别平衡点增值率的计算，可分为含税销售额无差别平衡点增值率的计算与不含税销售额无差别平衡点增值率的计算。

（一）含税销售额无差别平衡点增值率的计算

我们假定 X 为增值率，S 为含税销售额，P 为含税购进额，并假定一般纳税人适用的税率为13%，小规模纳税人适用的税率为3%。

一般纳税人增值率 $(X)=(S-P)\div S$

一般纳税人应纳增值税 $=S\div(1+13\%)\times13\%-P\div(1+13\%)\times13\%$

$=S\times X\div(1+13\%)\times13\%$

小规模纳税人应纳增值税 $=S\div(1+3\%)\times3\%$

两种纳税人纳税额相等时,即

$S\times X\div(1+13\%)\times13\%=S\div(1+3\%)\times3\%$

$X=25.32\%$

当增值率低于无差别平衡点增值率25.32%时，一般纳税人的税负低于小规模纳税人的税负，即成为一般纳税人，可以节税；当增值率高于无差别平衡点增值率25.32%时，一般纳税人的税负高于小规模纳税人的税负，即成为小规模纳税人，可以节税。企业可以按照本企业的实际购销情况作出选择。

同理，我们可以计算出一般纳税人销售或提供税率为9%、6%的商品或服务与小规模纳税人销售或提供征收率为3%、5%的商品或服务的含税销售额无差别平衡点增值率（见表2-1）。

表2-1　含税销售额无差别平衡点增值率　　单位:%

一般纳税人税率	小规模纳税人征收率	无差别平衡点增值率
13	3	25.32
9	3	35.28
6	3	51.46
13	5	41.39
9	5	57.67
6	5	84.13

（二）不含税销售额无差别平衡点增值率的计算

我们假定 X 为增值率，S 为不含税销售额，P 为不含税购进额，并假定一般纳税人适用的税率为13%，小规模纳税人适用的征收率为3%。

一般纳税人增值率 $X=(S-P)\div S$

一般纳税人应纳增值税 $=S\times13\%-P\times13\%$

$=S\times X\times13\%$

小规模纳税人应纳增值税 $=S\times3\%$

两种纳税人纳税额相等时，即

$S\times X\times13\%=S\times3\%$

$X=23.08\%$

当增值率低于无差别平衡点增值率23.08%时，一般纳税人的税负低于小规模纳税人的税负，即成为一般纳税人，可以节税；当增值率高于无差别平衡点增值率

23.08%时，一般纳税人的税负高于小规模纳税人的税负，即成为小规模纳税人，可以节税。企业可以按照本企业的实际购销情况作出选择。

同理，我们可以计算出一般纳税人销售税率为9%、6%的商品或应税劳务与小规模纳税人销售征收率为3%、5%的商品或应税劳务的不含税销售额无差别平衡点增值率（见表2-2）。

表2-2　不含税销售额无差别平衡点增值率　　单位:%

一般纳税人税率	小规模纳税人征收率	无差别平衡点增值率
13	3	23.08
9	3	33.33
6	3	50.00
13	5	38.46
9	5	55.56
6	5	83.33

纳税人可以计算本企业产品的增值率，按适用的税率及销售额是否含税查表来选择纳税人身份。若增值率高于无差别平衡点增值率，纳税人可以通过企业分立选择成为小规模纳税人；若增值率低于无差别平衡点增值率，纳税人可以通过企业合并选择成为一般纳税人。

因此，增值税纳税人可以根据自身业务增值率的情况，判断哪种身份会减轻增值税税负。

（1）增值率高或抵扣率低的企业可以选择小规模纳税人身份。若企业所从事业务的增值率较高或抵扣率较低，选择作为小规模纳税人的税负较轻。纳税人可以通过企业分立等手段，使自身符合小规模纳税人的资格要求。

（2）增值率低或抵扣率高的企业可以选择一般纳税人身份。若企业所从事业务的增值率较低或抵扣率较高，选择作为一般纳税人的税负较轻。纳税人可以通过企业合并以及提高自身财务核算水平等手段，使自身符合一般纳税人的资格要求。

在进行增值税一般纳税人与小规模纳税人身份的税收筹划时，纳税人还需要注意以下问题：

（1）税法对一般纳税人的登记要求。根据现行税法的规定，符合一般纳税人条件，但未在规定期限内向主管税务机关办理一般纳税人登记手续的纳税人，应按照销售额乘以增值税税率计算应纳税额，不得抵扣进项税额，也不得使用增值税专用发票。

（2）企业财务利益最大化要求。企业经营的目标是追求利润最大化，这就要求企业根据市场需求不断扩大生产经营规模。这种情况限制了企业选择成为小规模纳税人的空间。另外，一般纳税人要有健全的会计核算制度，因此需要培养和聘用专业会计人员，这样就会增加企业的财务核算成本。一般纳税人的增值税征收管理制度复杂，需要投入的财力、物力和精力也多，这会增加纳税人的纳税成本等。

（3）企业产品的性质及客户的类型。企业产品的性质及客户的类型决定了企业进行税收筹划的空间大小。如果企业产品的销售对象多为一般纳税人，将使企业受到开具增值税专用发票的制约，因此该企业必须选择成为一般纳税人才有利于产品的销售。如果企业客户多为小规模纳税人或消费者个人，不受发票类型的限制，则税收筹划的空间较大。

【案例 2-1】增值税纳税人身份选择案例①。

某食品零售企业的年零售含税销售额为 800 万元，其会计核算制度比较健全，符合一般纳税人条件，适用 13%的税率。该企业的年购货金额为 450 万元（不含税），可取得增值税专用发票。该企业如何进行增值税纳税人身份的税收筹划才能减轻增值税税负呢?

【筹划方案】

该企业购进食品价税合计=450×(1+13%)=508.5（万元）

销售食品价税合计=800（万元）

应缴纳增值税=800÷(1+13%)×13%-450×13%=33.53（万元）

税后利润=800÷(1+13%)-450=257.96（万元）

增值率(含税)=(800-508.5)÷800×100%=36.44%

该企业的增值率较高，超过无差别平衡点增值率 25.32%（含税增值率），因此成为小规模纳税人可比一般纳税人减少增值税税款的缴纳。因此，该企业可以分设成两个零售企业，均设为独立核算单位。假定分设后两个企业的年销售额均为 400 万元（含税销售额），都符合小规模纳税人的条件、适用 3%的征收率。

两个企业购入食品价税合计=450×(1+13%)=508.5（万元）

两个企业销售食品价税合计=800（万元）

两个企业共应缴纳增值税=800÷(1+3%)×3%=23.3（万元）

分设后两个企业的税后净利润合计=800÷(1+3%)-508.5=268.2（万元）

通过纳税人身份的转变，该企业的净利润增加了 10.24 万元。

【案例 2-2】增值税纳税人身份选择案例②。

甲、乙两个企业均为工业企业小规模纳税人，都加工生产机械配件。甲企业的年销售额为 400 万元，年可抵扣购进货物金额为 350 万元；乙企业的年销售额为 430 万元，年可抵扣购进货物金额为 375 万元（以上金额均为不含税金额，可取得增值税专用发票）。由于两个企业的年销售额均达不到一般纳税人标准，税务机关对两个企业均按小规模纳税人的简易计税方法征税，征收率为 3%。甲企业年应纳增值税 12 万元（400×3%），乙企业年应纳增值税 12.9 万元（430×3%），两个企业每年共应缴纳增值税 24.9 万元（12+12.9）。这两个企业应该如何进行税收筹划，才能降低增值税税负呢?

【筹划方案】

根据无差别平衡点增值率原理，甲企业的增值率（不含税增值率，下同）为 12.5%[(400-350)÷400×100%]，小于无差别平衡点增值率 23.08%（不含税增值率，下同），因此选择作为一般纳税人的税负较轻。乙企业的增值率为 12.79%[(430-375)÷430×100%]，同样小于无差别平衡点增值率 23.08%，因此选择作为一般纳税人的税负较轻。若甲、乙两个企业通过合并方式组成一个独立核算的纳税人，合并后的年应税销售额为 830 万元，符合一般纳税人的认定标准。在甲、乙两个企业合并后，年应纳增值税为 13.65 万元[(400+430)×13%-(350+375)×13%]，可减轻税负 11.25 万元（24.9-13.65）。

如果甲、乙两个企业会计核算健全且满足其他相关规定，不通过合并也可以申请成为一般纳税人来减少应纳税款。

三、避免成为增值税纳税人的税收筹划

根据增值税纳税人的定义，境内的具体含义如下：

（1）销售货物的起运地或所在地在境内。

（2）提供的应税劳务发生在境内。

（3）应税服务的提供方或接受方在境内，但下列情形不属于在境内提供应税服务：

①境外单位或个人向境内单位或个人提供完全在境外消费的应税服务。例如，境外单位或个人为出境的函件、包裹在境外提供邮政服务和收派服务，属于完全在境外消费的应税服务，不征收增值税。

②境外单位或个人向境内单位或个人出租完全在境外使用的有形动产。

（4）在境内销售服务、无形资产或不动产是指：

①服务（租赁不动产除外）或无形资产（自然资源使用权除外）的销售方或购买方在境内。

②所销售或租赁的不动产在境内。

③所销售自然资源使用权的自然资源在境内。

④财政部和国家税务总局规定的其他情形。

下列情形不属于在境内销售服务或无形资产：

①境外单位或个人向境内单位或个人销售完全在境外发生的服务。

②境外单位或个人向境内单位或个人销售完全在境外使用的无形资产。

③境外单位或个人向境内单位或个人出租完全在境外使用的有形动产。

④财政部和国家税务总局规定的其他情形。

境外单位或个人向境内单位或个人销售的未完全在境外使用的无形资产，属于在境内销售无形资产。例如，境外 C 公司向境内 D 公司转让一项专利技术，该技术同时用于 D 公司在境内和境外的生产线。应税行为发生在中华人民共和国境内时才需要缴纳增值税。境外单位或个人向境内单位或个人销售的未完全在境外发生的服务，属于在境内销售服务，因而属于增值税的征税范围，缴纳增值税。如果纳税人销售或进口货物、提供应税劳务和销售服务、无形资产、不动产不发生在境内，则不属于我国增值税的纳税人。

因此，这种税收筹划方法的要点在于应税行为的发生地是否处于境内。如果应税行为同时在境内与境外发生，纳税人最好将两种经济业务分别签订合同。例如，境外一咨询公司与境内某公司签订咨询合同，就这家境内公司开拓境内、境外市场进行实地调研并提出合理化管理建议，境外咨询公司提供的咨询服务同时在境内和境外发生，属于在境内销售服务。纳税人如果分别就境内、境外市场实地调研签订

咨询合同，则境外咨询合同收入属于境外发生的服务，不属于我国增值税的征收范围。

第二节 增值税计税依据的税收筹划

一、销项税额的税收筹划

（一）增值税销项税额的规定

增值税销项税额的计算公式如下：

销项税额=销售额×税率

销售额是纳税人发生应税销售行为收取的全部价款和价外费用。

价外费用是指价外向购买方收取的手续费、补贴、基金、集资费、返还利润、奖励金、违约金（延期付款利息）、包装费、包装物租金、储备费、优质费、运输装卸费、代收款项、代垫款项及其他各种性质的价外收费。上述价外费用无论其会计制度如何核算，均应并入销售额计税。但是，下列项目不包括在内：

（1）受托加工应征消费税的消费品所代收代缴的消费税。

（2）同时符合以下两个条件的代垫运费：

①承运部门的运费发票开具给购买方的。

②纳税人将该项发票转交给购买方的。

（3）同时符合以下条件的代为收取的政府性基金或行政事业性收费：

①由国务院或财政部批准设立的政府性基金，由国务院或省级人民政府及其财政、价格主管部门批准设立的行政事业性收费。

②收取时开具省级以上财政部门印制的财政票据。

③所收款项全额上缴财政。

（4）销售货物的同时代办保险等而向购买方收取的保险费以及向购买方收取的代购买方缴纳的车辆购置税、车辆牌照费。

（5）以委托方的名义开具发票代委托方收取的款项。

这里的销售额是指不包含增值税的销售额，纳税人销售货物或应税劳务采用销售额和销项税额合并定价方法的，应当按照以下公式计算不含税销售额：

不含税销售额=含税销售额÷(1+增值税税率)

应当注意的是，根据国家税务总局的规定，增值税一般纳税人向购买方收取的价外费用，应视为含税收入，在征税时将其换算成不含税收入再并入销售额。

纳税人发生应税销售行为的价格明显偏低并且无正当理由的，税务机关按下列顺序确定销售额：

第一，按纳税人最近时期同类货物的平均销售价格确定。

第二，按其他纳税人最近时期同类货物的平均销售价格确定。

第三，按组成计税价格确定。其计算公式如下：

组成计税价格=成本×（1+成本利润率）

属于应征消费税的货物，其组成计税价格应加计消费税税额。其计算公式如下：

组成计税价格=成本×(1+成本利润率)+消费税税额

或者：

$$组成计税价格=\frac{成本×(1+成本利润率)+从量计征的消费税税额}{1-消费税税率}$$

在上式中，成本分为两种情况：属于销售自产货物的为货物的实际生产成本，属于销售外购货物的为货物的实际采购成本。

成本利润率一般为10%，但属于应从价定率征收消费税的货物，其组成计税价格公式中的成本利润率为《消费税若干具体问题的规定》中规定的成本利润率。

根据《增值税暂行条例》及其实施细则和“营改增”税收政策的规定，销售额要以人民币计算。纳税人以人民币以外的货币结算销售额的，应当折合成人民币计算，其销售额的人民币折合率可以选择销售额发生的当天或当月 1 日的人民币汇率中间价。纳税人应事先确定采用何种折合率，确定后 12 个月内不得变更。

（二）销售方式的税收筹划

为适应市场竞争的需要，企业会采用多种不同的产品销售方式，而税法对不同销售方式规定的计税方法是不同的。为此，企业在采用不同方式销售商品时需要注意销售方式的差别对自身税负高低的影响。

1. 折扣销售与销售折扣

折扣销售与销售折扣是两种不同性质的折扣方式。只有符合税法规定的折扣，才能抵减销售额。纳税人应尽量使所采取的折扣方式符合税法可以抵减销售额的规定。折扣额的抵减会降低纳税人的销项税额，但同时也会带来购货方进项税额的减少。因此，折扣方式的税收筹划在购货方为小规模纳税人或个人（不需要进项税额抵扣）的情况下效果更好。

折扣销售是指销货方在销售货物或应税劳务、发生应税行为时，因购货方购货数量较大等原因而给予购货方的价格优惠。例如，购买 50 件产品，销售价格折扣为10%；购买 100 件产品，销售价格折扣为 20%等。由于折扣是在实现销售的同时发生的，因此税法规定：如果销售额和折扣额在同一张发票上的“金额”栏中分别注明，可按折扣后的余额作为销售额计算增值税；如果未在同一张发票的“金额”栏中注明折扣额，而仅在发票的“备注”栏中注明折扣额或将折扣额另开发票，不论其在财务上如何处理，均不得从销售额中减除折扣额。此外，关于折扣销售的这项规定仅限于现金形式的折扣，如果销货方将自产、委托加工和购买的货物用于实物折扣，则该实物款项不能从货物销售额中减除，该实物应按《增值税暂行条例》中“视同销售货物”下的“赠送他人”计算征收增值税。

销售折扣是指销货方在销售货物或应税劳务、应税服务、无形资产、不动产后（在赊销的情况下），为了鼓励购货方及早偿还货款而协议许诺给予购货方的一种折扣优惠。例如，10 天内付款，货款折扣为 2%；20 天内付款，货款折扣为 1%；30 天内全价付款。销售折扣发生在销货之后，是一种集销售与融资为一体的行为，销售折扣实际上是一种融资的财务费用，因此销售折扣不得从销售额中减除。

企业在使用折扣销售时（折扣额应在“金额”栏中注明，在“备注”栏中注明的，折扣额不得在销售额中减除），切记要把销售额和折扣额开在同一张发票上，这样可以按照折扣后的余额作为销售额计算增值税。根据《国家税务总局关于纳税人折扣折让行为开具红字增值税专用发票问题的通知》(国税函〔2006〕1279号)的规定，纳税人销售货物并向购买方开具增值税专用发票后，由于购货方在一定时期内累计购买货物达到一定数量，或者由于市场价格下降等原因，销货方给予购货方相应的价格优惠或补偿等折扣折让行为，销货方可以按有关规定开具红字增值税专用发票。

企业应明确折扣销售与销售折扣的不同，以免将可以扣减的折扣额计算到应缴增值税的销售额中。从企业税负角度考虑，折扣销售方式优于销售折扣方式。如果企业面对的是一个信誉良好的客户，销售货款回收风险较小，那么企业可以考虑通过修改销售合同，将销售折扣方式转化为折扣销售方式。

企业应尽量将实物折扣转化为折扣销售。实物折扣按规定是要视同销售的，如果将实物折扣转化为折扣销售，企业可以减轻税负。例如，某客户购买了10件商品，销售方应给予该客户2件商品的折扣，在开发票的时候按12件商品开具销售数量和金额，然后在同一张发票上的另一行用红字开具折扣2件商品的折扣金额。这样按照税法的规定，折扣的部分在计税时就可以从销售额中扣减，不需要计算增值税，从而节约了税款支出。

【案例2-3】折扣销售的税收筹划。

某"营改增"企业与客户签订的合同约定，不含税销售额为200 000元，合同中约定的付款期为50天。如果对方企业可以在25天内付款，企业给予对方3%的销售折扣，即6 000元。由于企业采取的是销售折扣方式，因此折扣额不能从销售额中扣除，该企业应该按照200 000元的销售额计算增值税销项税额。这样增值税销项税额为26 000元（200 000×13%）。请提出该企业的税收筹划方案。

【筹划方案】

该企业可以选择以下两种方案实现税收筹划。

方案一：该企业在承诺给予对方3%价格折扣的同时，将合同中约定的付款期限缩短为25天。这样就可以在给对方企业开具增值税专用发票时，将以上折扣额与销售额开在同一张发票上，使该企业按照折扣后的销售额计算销项税额。

增值税销项税额=200 000×(1-3%)×13%=25 220（元）

这样该企业的收入没有降低，但节省了780元的增值税。当然，这种方法也有缺点，如果对方企业没有在25天内付款，该企业就会遭受损失。

方案二：该企业主动压低该批服务的价格，将合同金额降低为194 000元，相当于给予对方3%折扣后的金额。与此同时，该企业在合同中约定，对方企业超过25天付款加收6 780元商业滞纳金（相当于6 000元的销售额和780元的增值税）。这样该企业的收入并没有受到实质影响，而且节省了780元的增值税。如果对方企业在25天之内付款，可以按照194 000元的价款给对方企业开具增值税专用发票，并计算25 220元的增值税销项税额。如果对方企业没有在25天内付款，该企业可以向对方企业收取6 780元商业滞纳金，并以"全部价款和价外费用"200 000元计算销项税额。此举也符合税法的要求。

2. 手续费代销与视同买断代销

代理销售有两种不同的方式：一是收取代理手续费方式，即受托方以代理销售商品的全价与委托方结算，然后收取一定金额的手续费。如果受托方是一般纳税人，这笔代理服务收入应按6%的税率计算缴纳增值税。二是视同买断方式，即委托方以较低价格将货物交由受托方代销，受托方加价后向市场销售，受托方应按其获得的增值额计算缴纳增值税，适用税率为13%（或9%）。

在受托方收到的代理服务收入（不含税）与视同买断取得的差额收入（不含税）相同的情况下，由于两种不同代销方式下委托方、受托方的税务处理不同，因此这两种代销方式下各自的税负也不相同。对于受托方来说，收取手续费方式适用的增值税税率低于买断方式适用的增值税税率，因此收取手续费方式的增值税税负较低。对于委托方来说，收取手续费方式下的代销价格高于视同买断方式下的代销价格，因此收取手续费方式的增值税税负较高。从委托方、受托方两者合计税负来看，两种代销方式下的税负完全相同，只是由于不同的代销方式影响了两者各自承担的税负份额。

因此，从税负的角度来看，委托方应尽量采用视同买断方式，而受托方应尽量采用收取手续费方式。为平衡两者税负的差异，税负较低的一方可以给予税负较高的一方一定的价格补偿。

【案例2-4】委托代销方式的税收筹划。

红星商贸公司按照视同买断的方式为中华制衣厂代销品牌服装，中华制衣厂以1 000元/件出售服装给红星商贸公司，红星商贸公司再按1 200元/件对外销售。红星商贸公司共销售服装100件。假设本月中华制衣厂购进货物的进项税额为8 000元，请设计增值税节税方案（以上均为不含税收入，暂不考虑地方教育费附加）。

【筹划方案】

在现行方案下，双方的涉税处理如下：

红星商贸公司应缴增值税=1 200×100×13%−1 000×100×13%=2 600（元）

红星商贸公司应缴城建税及教育费附加=2 600×(7%+3%)= 260（元）

中华制衣厂应缴增值税=1 000×100×13%−8 000=5 000（元）

中华制衣厂应缴城建税及教育费附加=5 000×(7%+3%)= 500（元）

两公司共缴纳货物与劳务税以及附加税费=2 860+5 000+500=8 360（元）

假设红星商贸公司用收取手续费的方式为中华制衣厂代销品牌服装，销售单价为1 200元/件，每销售一件收取手续费200元。红星商贸公司共销售服装100件，收取手续费20 000元（其他资料不变），则双方的涉税处理如下：

红星商贸公司应缴增值税=20 000×6%=1 200（元）

红星商贸公司应缴城建税及教育费附加=1 200×(7%+3%)= 120（元）

中华制衣厂应缴增值税=1 200×100×13%−8 000−1 200=6 400（元）

中华制衣厂应缴城建税及教育费附加=6 400×(7%+3%)= 640（元）

两公司共缴纳货物与劳务税以及附加税费=1 200+120+6 400+640=8 360（元）

比较上述两种方式，在视同买断方式下，红星商贸公司多缴增值税1 400元，多缴城市维护建设税及教育费附加140元。但从两公司合计税负角度来看，在两种方式下的应纳税费是相等的。因此，在代理销售业务中，受托方应选择收取手续费方式。如果采用视同买断方式代销，受托方需要多缴纳一部分增值税，委托方则少缴纳一部分增值税，因此双方可以在协议价格上做一些调整，比如委托方适当降低价格，以使受托方多缴的增值税在制定协议价格时得到补偿，最终使双方的税负水平趋于合理。

（三）销售价格的税收筹划

销售价格的税收筹划主要是利用关联企业之间的转让定价，目的是使企业的总税负最低。税法规定，关联企业是指与企业有以下关系之一的公司、企业和其他经济组织：

（1）在资金、经营、购销等方面，存在直接或间接的拥有或控制关系。

（2）直接或间接地同为第三者拥有或控制。

（3）其他利益上相关联的关系。

转让定价又称转移定价，是指在经济活动中有经济联系的企业各方（可为两方或多方）为均摊利润或转移利润而在产品交换或买卖过程中，不依照市场买卖规则和市场价格进行交易，而是根据其共同利益或最大限度地维护其利益进行的产品或非产品转让。在这种转让中，产品的转让价格根据双方的意愿，可高于或低于市场上供求关系决定的价格。利用转让定价对增值税进行税收筹划可以起到递延税款缴纳的作用。

因此，使用销售价格的税收筹划方法应注意以下两个方面：一方面，关联企业各方可以通过压低前期环节销售价格的方式，把增值额累积在最后的销售环节，以实现增值税的递延纳税。与此同时，关联企业各方结合进项税额的情况，通过制定合理的关联转让价格，使关联企业各方的留抵税额最小化。另一方面，关联企业各方可以利用不同地区税率水平之间的差异，通过前后环节销售价格的差异，将利润尽可能地保留在低税率地区。

【案例 2-5】关联企业销售价格的税收筹划。

红星集团公司下设三个独立核算的企业甲、乙、丙，彼此存在购销关系。甲企业为乙企业提供原材料，乙企业生产的产品是丙企业的半成品，丙企业进一步加工后向市场销售。请比较不同结算价格下的增值税税负。甲、乙、丙三企业的销售情况见表 2-3（金额均含税）。

表 2-3　甲、乙、丙三企业的销售情况

企业名称	增值税税率/%	销售数量/件	正常市场价格/元	转移价格/元	所得税税率/%
甲	13	1 000	1 000	900	25
乙	13	1 000	1 100	1 000	25
丙	13	1 000	1 200	1 200	25

【筹划方案】

假设甲企业的进项税额为 80 000 元，如果三个企业均按正常市场价结算货款，应纳增值税计算如下：

甲企业应纳增值税 = 1 000÷(1+13%)×13%×1 000−80 000
= 115 044.25−80 000 = 35 044.25（元）
乙企业应纳增值税 = 1 100÷(1+13%)×13%×1 000−115 044.25
= 126 548.67−115 044.25 = 11 504.42（元）
丙企业应纳增值税 = 1 200÷(1+13%)×13%×1 000−126 548.67
= 138 053.10−126 548.67 = 11 504.43（元）
集团公司合计应纳增值税 = 35 044.25+11 504.42+11 504.43
= 58 053.10（元）

如果三个企业采用转移价格销售，应纳增值税计算如下：

甲企业应纳增值税 = 900÷(1+13%)×13%×1 000−80 000
= 103 539.82−80 000 = 23 539.82（元）
乙企业应纳增值税 = 1 000÷(1+13%)×13%×1 000−103 539.82
= 115 044.25−103 539.82 = 11 504.43（元）
丙企业应纳增值税 = 1 200÷(1+13%)×13%×1 000−115 044.25
= 138 053.10−115 044.25 = 23 008.85（元）
集团公司合计应纳增值税 = 23 539.82+11 504.43+23 008.85
= 58 053.10（元）

如果从静态总额看，前后两种情况应纳的增值税是完全一样的，但考虑到税款的支付时间，两者的税额便存在差异。由于三个企业的生产有连续性，这使得本应由甲企业当期应缴的增值税税款相对减少 11 504.43 元（35 044.25−23 539.82），即递延至第二期缴纳（通过乙企业）；乙企业原应缴纳的税款又通过转移价格递延至第三期并由丙企业缴纳。如果考虑到折现因素，则红星集团公司的整体税负相对下降。

（四）结算方式的税收筹划

1. 结算方式的税法规定

企业产品的具体销售形式是多种多样的，但总体上有两种类型：现销方式和赊销方式。不同结算方式的纳税义务的发生时间是不同的，不仅会涉及税款的时间价值，还会对企业的现金流产生影响。增值税法规定，企业采取直接收款方式销售的，不论货物是否发出，均为收到销售款项或取得索取销售款项凭据的当天；先开具发票的，为开具发票的当天。这意味着在销售货物的时候，如果卖方与买方办理了货款结算手续，或者为对方开具了增值税专用发票，无论对方是否提货，都要计算缴纳增值税。如果企业在销售货物时改变了结算方式，如采用赊销或分期收款的方式，则可在合同约定的收款日期开具增值税专用发票，这样可以避免提前纳税，获得该税款的时间价值。同时，对于买方来说，其只能在合同约定的收款日期得到增值税专用发票的抵扣，因此可以促使买方及时付款。

若采取委托代销方式，委托方先将商品交付给受托方，受托方应根据合同要求，将商品出售后给委托方开具代销清单。此时，委托方才可以确认销售收入的实现。按照这一原理，如果企业的产品销售对象是商业企业，并且产品以销售后付款结算方式销售，企业可以采用委托代销结算方式，根据实际收到的货款分期计算的销项税额，从而延缓纳税时间。

相反，如果销货方采取托收承付和委托银行收款方式销售货物，根据税法的规定，其纳税义务发生时间为发出货物并办妥托收手续的当天，这样就会出现销货方在还没有收到货款的情况下需要提前垫付税款的情况。

2. 结算方式的税收筹划要点

企业应在充分考虑销售风险的情况下，选择有利于企业延缓税款缴纳、充分利用货币时间价值的结算方式。企业在销售时就应该考虑到风险的存在，在购销合同中进行有效的事先防范：第一，企业应强调销货方风险的存在，求得采购方的配合与谅解。第二，在求得采购方谅解的基础上，企业应采用货款不到不开发票的方式，达到推迟纳税的目的。第三，企业应避免采用托收承付和委托收款结算的方式销售货物，防止垫付税款，尽可能采用支票、银行本票和汇兑结算的方式销售货物。第四，在购销合同中，企业应注明以付款额作为销售额，余额作为借款。第五，企业应采用赊销方式，分期收款结算，收多少款，开多少发票。

3. 结算方式选择应该注意的问题

（1）考虑买方的情况。购买方的情况主要包括购买方所在的行业、购买方企业的产品去向、购买方对以往合同的履行情况和付款情况、购买方今后的发展态势及现金流转情况、购买方所购买的产品数量及金额在企业产品销售中的重要性等。企业可以根据在生产经营过程中所签订合同的履行情况以及财务中应收账款的情况，建立客户关系数据库。通过建立客户关系数据库，企业可以根据不同客户的情况采取不同的收款方式。如果购买方的资信、现金流转、以往合同的履行情况等比较好，企业就可以采用现款方式或银行托收的方式销售货物；如果购买方的资信、以往合同的履行情况等比较好，只是近期现金周转有一定的问题，企业可以采用分期收款方式销售货物；如果购买方以往合同的履行情况比较差，则企业在销售过程中可以考虑采用降低销售价格、预收货款或及时结清的方式销售货物。

（2）考虑产品市场的整体走势。产品市场的整体走势不同，企业所面临的销售压力不同，结算方式就不同。当市场行情火爆时，企业可以采用预收货款的结算方式，这样不但可以完全避免其他结算方式下潜在的税收损失，而且可以确保企业货款的回收，同时还可以达到占用购买方货款、获得资金时间价值的目的。

（3）做好合同管理工作。企业在签订合同时要做好签约前的准备工作，明确合同条款，特别是明确结算方式及准确的收款时间。需要注意的是，企业销售结算方式的税收筹划在一定程度上会影响企业的会计账面利润。很多企业在进行绩效考核时，往往以利润额作为主要的考核指标，这就会在一定程度上影响销售结算方式的税收筹划。

【案例 2-6】赊销、分期收款方式的税收筹划。

甲企业 9 月 1 日销售机床一台，价值为 3 000 万元，产品成本为 2 500 万元，适用 13%的增值税税率。因为购货企业的资金困难，货款无法一次收回。甲企业应该如何签订收款协议才能节税呢？

【筹划方案】

如果按照直接收款方式销售产品，甲企业 9 月实现的该机床的销项税额为 390

万元；如果甲企业与购货企业达成分期收款的协议，协议中注明 10 个月收回货款，每月 30 日前购货企业支付货款 300 万元，则每个月的销项税额为 39 万元。显然，采用分期收款的方式能使企业实现分期纳税，减轻企业的税收压力，使增值税税负趋于均衡。

【案例 2-7】结算方式的税收筹划。

某企业属于增值税一般纳税人，当月发生销售业务五笔，共计应收货款为1 800 万元（含税价）。其中，前三笔销售业务共计 1 000 万元，货款两清；第四笔销售业务为 300 万元，两年后一次付清；第五笔销售业务为 500 万元，一年后付 250 万元，一年半后付 150 万元，余款 100 万元两年后结清。该企业是应采取直接收款方式还是应采取赊销和分期收款方式？

【筹划方案】

该企业若采取直接收款方式，则应在当月全部计算销售。

计提的销项税额 = 1 800÷(1+13%)×13% = 207.08（万元）

该企业若对未收到的销售业务不记账，则违反了税法规定。

少计的销项税额 = 800÷(1+13%)×13% = 92.04（万元）

这种行为属于偷税行为。

该企业若对未收到的 300 万元和 500 万元应收账款分别在货款结算中采取赊销和分期收款方式，就可以延缓纳税。因为这两种结算方式都是以合同约定日期为纳税义务发生时间。

第四笔和第五笔两年后付清货款的销项税额 = (300+100)÷(1+13%)×13%
= 46.02（万元）

第五笔一年后付清货款的销项税额 = 250÷(1+13%)×13% = 28.76（万元）

第五笔一年半后付清货款的销项税额 = 150÷(1+13%)×13% = 17.26（万元）

由此可以看出，采用赊销和分期收款方式，可以为企业获得资金的时间价值，并为企业节约大量的流动资金。

（五）不动产销售的税收筹划

不动产销售一般分为房地产开发企业销售自行开发的房地产与一般纳税人转让不动产两种业务，其中房地产开发企业开发的工程项目分为老项目和新项目两部分。对于老项目，在 2016 年 5 月 1 日之后发生纳税义务时，企业可以采用增值税简易计税方法，即按照 5%的征收率计算应纳税额。企业销售“营改增”试点后开工的新项目，或者销售未选择简易计税方法的老项目，适用一般计税方法，税率为 9%，但可以从销售额中扣除上缴政府的土地价款。小规模纳税人适用 5%的征收率。

采用一般计税方法时，增值税应纳税额计算如下：

应纳税额 = (全部价款和价外费用 − 当期允许扣除的土地价款)÷(1+9%)×9% − 进项税额

采用简易计税方法时，增值税应纳税额计算如下：

应纳税额 = 销售额÷（1+5%）×5%

在两种计税方法下的增值税应纳税额不同，企业应根据自己的具体情况选择税负较低的计税方法。企业的税收筹划思路如下：

第一，如果已开发的项目在整个开发项目中占的比例很低，且有大量的进项发票可以抵扣增值税，企业可以选择增值税一般计税方法，按照9%的税率计算增值税。

第二，如果已开发的项目在整个开发项目中所占的比例较高，企业已经收到了大部分采购发票（增值税普通发票），增值税进项抵扣很少，企业应选择适用简易计税方法按照5%的征收率计算增值税。

（六）租赁业务的税收筹划

1. 租赁业务的类型

（1）融资租赁是指具有融资性质和所有权转移特点的租赁活动，即出租人根据承租人所要求的规格、型号、性能等条件购入有形动产或不动产租赁给承租人，合同期内租赁物的所有权属于出租人，承租人只拥有使用权，在合同期满付清租金后，承租人有权按照残值购入租赁物，以拥有其所有权。不论出租人是否将租赁物销售给承租人，均属于融资租赁。

《企业会计准则第21号——租赁》规定，融资租赁是指实质上转移了与租赁资产所有权有关的几乎全部风险和报酬的租赁。租赁资产所有权最终可能转移，也可能不转移。

一项租赁存在下列一种或多种情形的，通常分类为融资租赁：

①在租赁期届满时，租赁资产的所有权转移给承租人。

②承租人有购买租赁资产的选择权，所订立的购买价款与预计行使选择权时租赁资产的公允价值相比足够低，因此在租赁开始日就可以合理确定承租人将行使该选择权。

③资产的所有权虽然不转移，但租赁期占租赁资产使用寿命的大部分。

④在租赁开始日，租赁收款额的现值几乎相当于租赁资产的公允价值。

⑤租赁资产性质特殊，如果不做较大改造，只有承租人才能使用。

一项租赁存在下列一种或多种迹象的，也可能分类为融资租赁：

①若承租人撤销租赁，撤销租赁对出租人造成的损失由承租人承担。

②资产余值的公允价值波动所产生的利得或损失归属于承租人。

③承租人有能力以远低于市场水平的租金继续租赁至下一期间。

按照标的物的不同划分，融资租赁服务可以分为有形动产融资租赁服务和不动产融资租赁服务。

按照租赁程序的不同划分，融资租赁服务可以分为融资性直租业务和融资性售后回租业务。融资性直租是指出租人根据承租人所要求的规格、型号、性能等条件购入有形动产或不动产直接租赁给承租人；融资性售后回租是指承租人以融资为目的，将资产出售给从事融资性售后回租业务的企业后，从事融资性售后回租业务的企业将该资产出租给承租人的业务活动。

（2）经营租赁是指在约定时间内将有形动产或不动产转让他人使用且租赁物所有权不变更的业务活动。按照标的物的不同划分，经营租赁服务可以分为有形动产经营租赁服务和不动产经营租赁服务。

2. 租赁业务的涉税处理

（1）计税依据及税率。

①经营租赁。从事经营租赁服务的，其销售额为取得的全部价款和价外费用。

纳税人提供经营租赁服务，按租赁服务税目计算缴纳增值税，适用的增值税税率为13%（有形动产租赁）或9%（不动产租赁）。

纳税人将建筑物、构筑物等不动产或飞机、车辆等有形动产的广告位出租给其他单位或个人用于发布广告，按照经营租赁服务缴纳增值税。

车辆停放服务、道路通行服务（包括过路费、过桥费、过闸费等）等，按照不动产经营租赁服务缴纳增值税。

水路运输的光租业务、航空运输的干租业务属于经营租赁。

光租业务是指运输企业将船舶在约定的时间内出租给他人使用，不配备操作人员，不承担运输过程中发生的各项费用，只收取固定租赁费的业务活动。

干租业务是指航空运输企业将飞机在约定的时间内出租给他人使用，不配备机组人员，不承担运输过程中发生的各项费用，只收取固定租赁费的业务活动。

②融资租赁。融资租赁包括融资性直租和融资性售后回租。

融资性直租。融资性直租以取得的全部价款和价外费用，扣除支付的借款利息（包括外汇借款和人民币借款利息）、发行的债券利息和车辆购置税后的余额为销售额。纳税人提供融资性直租服务，按租赁服务税目计算缴纳增值税，适用的增值税税率为13%（有形动产租赁）或9%（不动产租赁）。

融资性售后回租。出租方以取得的全部价款和价外费用（不含本金），扣除对外支付的借款利息（包括外汇借款和人民币借款利息）、发行的债券利息后的余额作为销售额，承租方出售资产的行为不属于增值税征收范围，不征收增值税。融资性售后回租是指承租方以融资为目的，将资产出售给从事融资性售后回租业务的企业后，从事融资性售后回租业务的企业将该资产出租给承租方的业务活动。融资性售后回租业务按照贷款服务缴纳增值税，适用税率为6%。

经营租赁和融资租赁的增值税规定如表2-4所示。

表2-4　经营租赁和融资租赁的增值税规定

类别	业务		现行税法规定			
			税目	应税销售额	税率/%	承租方的进项税额
经营租赁	有形动产经营租赁		租赁服务	全部价款+价外费用	13	可抵扣
	不动产经营租赁		租赁服务	全部价款+价外费用	9	可抵扣
融资租赁	融资性直租	有形动产	租赁服务	全部价款+价外费用，扣除利息、车辆购置税	13	可抵扣
		不动产			9	
	融资性售后回租	有形动产	贷款服务	全部价款+价外费用（不含本金），扣除利息	6	不可抵扣
		不动产				

（2）计税方法。

①一般纳税人出租不动产。一般纳税人出租其2016年4月30日前取得的不动

产，可以选择适用简易计税方法，按照5%的征收率计算应纳税额。不动产所在地与机构所在地不在同一县（市、区）的，纳税人应按照上述计税方法向不动产所在地主管税务机关预缴税款，向机构所在地主管税务机关申报纳税。不动产所在地与机构所在地在同一县（市、区）的，纳税人向机构所在地主管税务机关申报纳税。

一般纳税人出租其2016年5月1日后取得的不动产，适用一般计税方法计税。不动产所在地与机构所在地不在同一县（市、区）的，纳税人应按照3%的预征率向不动产所在地主管税务机关预缴税款，向机构所在地主管税务机关申报纳税。不动产所在地与机构所在地在同一县（市、区）的，纳税人应向机构所在地主管税务机关申报纳税。一般纳税人出租其2016年4月30日前取得的不动产适用一般计税方法计税的，按照上述规定执行。

②小规模纳税人出租不动产。单位和个体工商户出租不动产（不含个体工商户出租住房），按照5%的征收率计算应纳税额。个体工商户出租住房，按照5%的征收率减按1.5%计算应纳税额。不动产所在地与机构所在地不在同一县（市、区）的，纳税人应按照上述计税方法向不动产所在地主管税务机关预缴税款，向机构所在地主管税务机关申报纳税。不动产所在地与机构所在地在同一县（市、区）的，纳税人应向机构所在地主管税务机关申报纳税。

其他个人出租不动产（不含住房），按照5%的征收率计算应纳税额，向不动产所在地主管税务机关申报纳税。其他个人出租住房，按照5%的征收率减按1.5%计算应纳税额，向不动产所在地主管税务机关申报纳税。

（3）纳税义务发生时间。纳税人提供租赁服务采取预收款方式的，其纳税义务发生时间为收到预收款的当天。

3. 租赁业务的税收筹划要点

（1）不动产租赁计税方法的选择。一般纳税人提供不动产租赁服务适用的增值税税率为9%，其进项税额可以抵扣。小规模纳税人提供不动产租赁服务适用增值税征收率，其进项税额不可以抵扣。

一般纳税人出租2016年4月30日前取得的不动产，可以选择适用简易计税方法，按照5%的征收率计算应纳税额。在计税方法可以选择的情况下，纳税人可以根据企业不动产租赁服务的增值率或抵扣率的情况，选择应纳税额较少的计税方法。

由表2-1和表2-2可知，含税销售额无差别平衡点增值率为57.67%，不含税销售额无差别平衡点增值率为55.56%。当不动产租赁服务的增值率高于无差别平衡点增值率，纳税人应选择简易计税方法；反之，纳税人应选择一般计税方法。

【案例2-8】不动产租赁计税方法的选择。

某企业为增值税一般纳税人，现有一栋2010年购置的办公楼闲置，并准备出租。该企业预计年租金收入（不含税收入）2 000万元，维修等支出预计会产生进项税额20万元。该企业选择何种计税方法的增值税税负较低？

【筹划方案】

该企业的可抵扣进项较少，应选择简易计税方法。具体计算如下：

一般计税方法应纳税额=2 000×9%-20=160（万元）

简易计税方法应纳税额=2 000×5%=100（万元）

因此，简易计税方法比一般计税方法节税 60 万元。

需要注意的是，在简易计税方法下，由于 20 万元的进项税额不能进行抵扣而增加成本 20 万元，这样会减少利润 20 万元，进而抵减企业所得税 5 万元。因此，企业在选择筹划方案时应综合考虑筹划方案对企业总体税负及净利润、现金流量的影响。

（2）有形动产租赁方式的选择。交通运输企业出租运输工具可以分为两种模式：一种是只出租运输工具，实质上是让渡资产的使用权，如水路运输服务的光租和航空运输服务的干租；另一种是将配备操作人员的运输工具出租，实质上是提供运输服务，如水路运输服务的程租、期租和航空运输服务的湿租。

水路运输服务的光租业务是指运输企业将船舶在约定的时间内出租给他人使用，不配备操作人员，不承担运输过程中发生的各项费用，只收取固定租赁费的业务活动。

航空运输的服务干租业务是指航空运输企业将飞机在约定的时间内出租给他人使用，不配备机组人员，不承担运输过程中发生的各项费用，只收取固定租赁费的业务活动。

水路运输的光租业务、航空运输的干租业务属于经营租赁。

水路运输服务的程租业务是指运输企业为租船人完成某一特定航次的运输任务并收取租赁费的业务。

水路运输服务的期租业务是指运输企业将配备有操作人员的船舶承租给他人使用一定期限，承租期内听候承租方调遣，不论是否经营，均按天向承租方收取租赁费，发生的固定费用均由船东负担的业务。

水路运输服务的程租业务、期租业务属于水路运输服务。

航空运输服务的湿租业务是指航空运输企业将配备有机组人员的飞机承租给他人使用一定期限，承租期内听候承租方调遣，不论是否经营，均按一定标准向承租方收取租赁费，发生的固定费用均由承租方承担的业务。

程租、期租和湿租属于交通运输服务，适用 9%的增值税税率；而干租和光租属于有形动产租赁，适用 13%的增值税税率。从表面上看，两者的税率存在 4 个百分点的差距，但前者由于包含操作人员的工资等固定成本，因此价格会相应提高。那么，在什么情况下将有形动产租赁转为交通运输服务可以减轻增值税税负呢？

以水路运输服务为例，假设光租的含税销售额为 A，期租的固定成本为 B（B 不含税，相应的含税收入将增加固定成本），进项税额均为 W（操作人员的工资无进项税额，不考虑购进能源等材料的进项税额）。令两者利润相等，可得：

$$\frac{A}{1+13\%}-\left(A\times\frac{13\%}{1+13\%}-W\right)\times(7\%+3\%)$$

$$=\left(\frac{A}{1+9\%}+B\right)-B-\left[\left(\frac{A}{1+9\%}+B\right)\times 9\%-W\right]\times(7\%+3\%)$$

解得：

$B=3.96A$

若 $B>3.96A$，则选择光租更为有利；若 $B<3.96A$，则选择期租更为有利。

【案例 2-9】程租、期租业务的税收筹划。

位于市区的乙公司为增值税一般纳税人，主要从事货物运输服务，此外还将公司闲置的车辆用于对外经营租赁。乙公司可抵扣的进项税额为 500 万元，其他税费仅考虑城市维护建设税及教育费附加。假设以下两种经营模式发生的费用都相等，乙公司应如何进行增值税税收筹划呢?

经营模式一：乙公司每月取得不含税经营租赁业务收入 8 000 万元。

经营模式二：乙公司配备司机出租，收取不含税收入 8 020 万元，其中 20 万元为司机的工资支出。

【筹划方案】

方案一：如果乙公司某月取得不含税经营租赁业务收入 8 000 万元。

租赁业务应纳增值税税额 = 8 000×13%−500 = 540（万元）

应缴纳的城市维护建设税及教育费附加 = 540×(7%+3%) = 54（万元）

合计应纳税额 = 540+54 = 594（万元）

方案二：如果乙公司在对外出租车辆的同时，还为出租的车辆配备司机，并收取不含税收入 8 020 万元（含司机的工资支出 20 万元），则此项收入由原来的有形动产租赁转变为交通运输业服务的增值税，适用税率由原来的 13%降为 9%。

租赁业务应纳增值税税额 = 8 020×9%−500 = 221.8（万元）

应缴纳的城市维护建设税及教育费附加 = 221.8×(7%+3%) = 22.18（万元）

合计应纳税额 = 221.8+22.18 = 243.98（万元）

可见，第二种经营模式比第一种经营模式少缴税款 350.02 万元（594−243.98）。

（3）融资租赁方式的税收筹划。当企业遇到融资困难时，不仅可以向银行等传统金融企业融资，还可以与融资租赁企业合作进行融资。融资方式有融资性直租和融资性售后回租。

税法规定，经中国人民银行、中国银保监会或商务部批准从事融资租赁业务的试点纳税人中的一般纳税人，提供有形动产融资租赁服务和有形动产融资性售后回租服务，对其增值税实际税负超过 3%的部分实行增值税即征即退政策。商务部授权的省级商务主管部门及国家经济技术开发区批准的从事融资租赁业务和融资性售后回租业务的试点纳税人中的一般纳税人，2016 年 5 月 1 日后实收资本达到 1.7 亿元的，从达到标准的当月起按照上述规定执行；2016 年 5 月 1 日后实收资本未达到 1.7 亿元但注册资本达到 1.7 亿元的，在 2016 年 7 月 31 日前仍可按照上述规定执行，2016 年 8 月 1 日后开展的有形动产融资租赁业务和有形动产融资性售后回租业务不得按照上述规定执行。

融资性直租属于有形动产租赁，适用 13%的增值税税率。融资性售后回租属于贷款服务，适用 6%的增值税税率。两者都是以差额确定销售额，但融资性售后回租服务的销售额中不含本金，融资租赁服务的销售额中含本金，这是两者的又一个区别（究其原因，融资租赁服务中购买设备有进项税额可以抵扣，而融资性售后回租没有相应的进项税额）。由于两种租赁方式适用的税率不同，这就为税收筹划提供了空间。当融资租赁企业的实收资本达到 1.7 亿元时，按照前文所述增值税即征即退政策，当两种服务的增值税税负超过 3%时，两种服务的实际应纳增值税相等。

但是，当企业的实收资本未达到1.7亿元时，融资性售后回租方式的税负较轻。

【案例2-10】融资租赁方式的筹划。

A融资租赁公司为一般纳税人，且其实收资本、注册资本均不足1.7亿元。B公司为制造业一般纳税人，并与A公司签订了为期三年的融资租赁合同，由A公司向C公司购买不含税销售额为3 600万元的机床（取得增值税专用发票），再租给B公司，B公司三年后一次性付给A公司4 000万元。在合同到期后，B公司收购该机床。请提出增值税税收筹划方案。

【筹划方案】

如果采用融资性直租模式。

应纳增值税=4 000×13%-3 600×13%=52（万元）

如果采用融资性售后回租模式，由B公司向C公司以延期付款方式购买不含税销售额为3 600万元的机床，然后与A公司签订售后回租合同，向A公司融资3 600万元并将款项归还C公司，三年后一次性向A公司支付4 000万元。在合同到期后，B公司收购该机床。该方式应纳增值税24万元［(4 000-3 600)×6%］，节税28万元（52-24）。

需要注意的是，如果承租方采用售后回租模式，则出租方只能开具普通发票，因此承租方不得抵扣进项税额。如果承租方是一般纳税人，则需要考虑融资性售后回租模式对承租方增值税的影响。

二、进项税额的税收筹划

（一）增值税进项税额的规定

进项税额是指纳税人购进货物，加工、修理修配劳务，服务，无形资产或不动产，支付或负担的增值税额。

1. 可抵扣进项税额

下列进项税额准予从销项税额中抵扣：

（1）从销售方取得的增值税专用发票（含税控机动车销售统一发票，下同）上注明的增值税额。

（2）从海关取得的海关进口增值税专用缴款书上注明的增值税额。

（3）购进农产品，取得一般纳税人开具的增值税专用发票或海关进口增值税专用缴款书的，以增值税专用发票或海关进口增值税专用缴款书上注明的增值税额为进项税额；从按照简易计税方法依照3%征收率计算缴纳增值税的小规模纳税人取得增值税专用发票的，以增值税专用发票上注明的金额和9%（或10%）的扣除率计算进项税额；取得（开具）农产品销售发票或收购发票的，以农产品销售发票或收购发票上注明的农产品买价和9%（或10%）的扣除率计算进项税额。

计算公式如下：

进项税额=买价×扣除率

纳税人购进用于生产销售或委托受托加工13%税率货物的农产品，扣除率为10%。

纳入农产品增值税进项税额核定扣除试点范围的纳税人购进农产品，按照《农产品增值税进项税额核定扣除试点实施办法》（财税〔2012〕38 号）规定的方法核定增值税进项税额。

（4）从境外单位或个人购进服务、无形资产或境内的不动产，自税务机关或扣缴义务人取得的代扣代缴税款的完税凭证上注明的增值税额。

2. 不得抵扣进项税额

不允许从销项税额中抵扣进项税额的项目如下：

（1）纳税人购进货物、劳务、服务、无形资产、不动产，取得的增值税扣税凭证（增值税专用发票、海关进口增值税专用缴款书、农产品收购发票、农产品销售发票和税收缴款凭证）不符合法律、行政法规或国家税务总局有关规定的，其进项税额不得从销项税额中抵扣。纳税人凭税收缴款凭证抵扣进项税额的，应当具备书面合同、付款证明和境外单位的对账单或发票；资料不全的，其进项税额不得从销项税额中抵扣。

（2）用于简易计税方法计税项目，免征增值税项目，集体福利或个人消费的购进货物、劳务、服务、无形资产和不动产。其中涉及的固定资产、无形资产、不动产，仅指专用于上述项目的固定资产、无形资产（不包括其他权益性无形资产）、不动产。

（3）非正常损失的购进货物以及相关的劳务和交通运输服务。

（4）非正常损失的在产品、产成品所耗用的购进货物（不包括固定资产）、劳务和交通运输服务。

（5）非正常损失的不动产以及该不动产所耗用的购进货物、设计服务和建筑服务。

（6）非正常损失的不动产在建工程所耗用的购进货物、设计服务和建筑服务。

（7）购进的贷款服务、餐饮服务、居民日常服务和娱乐服务。

（8）纳税人接受贷款服务向贷款方支付的与该笔贷款直接相关的投融资顾问费、手续费、咨询费等费用，其进项税额不得抵扣。

（9）财政部和国家税务总局规定的其他情形。

需要说明的是，第（5）项和第（6）项所称货物，是指构成不动产实体的材料和设备，包括建筑装饰材料和给排水、采暖、卫生、通风、照明、通信、煤气、消防、中央空调、电梯、电气、智能化楼宇设备及配套设施。

固定资产是指使用期限超过 12 个月的机器、机械、运输工具以及其他与生产经营有关的设备、工具、器具等有形动产。

非正常损失是指因管理不善造成货物被盗、丢失、霉烂变质以及因违反法律法规造成货物或不动产被依法没收、销毁、拆除的情形。

（二）供应商选择的税收筹划

由于税法规定以增值税专用发票为抵扣凭证，因此一般计税方法纳税人的进货渠道不同，可抵扣的比例就不同，从而影响其实际税收负担。一般计税方法纳税人采购物品的渠道主要有以下两种：一是选择一般计税方法纳税人为供货单位，其可以开具应税项目适用税率的增值税专用发票；二是选择简易计税方法纳税人为供货单位，其只能开具应税项目适用征收率的增值税专用发票。因此，企业在选择购货对象时，必然要考虑到以上税收规定的差异。

由于适用一般计税方法纳税人从适用简易计税方法纳税人处采购的货物或接受的劳务、服务、无形资产或不动产不能进行抵扣，或者只能抵扣3%或5%，因此作为供货商的简易计税方法纳税人，有时为了挽留客户，愿意在价格上给予一定程度的优惠。此时，作为采购方，究竟多大的折让幅度才能弥补增值税抵扣额的减少所带来的损失呢？这里就存在一个价格折让临界点。其计算公式的推理过程如下：

假设企业从一般计税方法纳税人处购进货物、接受应税劳务或服务、购进无形资产或不动产的价格（含税）为A，从简易计税方法纳税人处购进货物、接受应税劳务或服务、购进无形资产或不动产的价格（含税）为B，为使两者扣除货物和劳务税后的销售利润相等，可建立下列等式：

$$\text{销售额(不含税)}-\frac{A}{1+\text{增值税税率}}-\left[\text{销售额(不含税)}-\frac{A}{1+\text{增值税税率}}\right]\times$$
$$\text{增值税税率}\times(\text{城市维护建设税税率}+\text{教育费附加征收率})=\text{销售额(不含税)}-$$
$$\frac{B}{1+\text{征收率}}-\left[\text{销售额(不含税)}\times\text{增值税税率}-\frac{B}{1+\text{征收率}}\times\text{征收率}\right]\times$$
$$(\text{城市维护建设税税率}+\text{教育费附加征收率})$$

故：

$$\frac{A}{1+\text{增值税税率}}-\frac{A}{1+\text{增值税税率}}\times(\text{城市维护建设税税率}+\text{教育费附加征收率})=$$
$$\frac{B}{1+\text{征收率}}-\frac{B}{1+\text{征收率}}\times\text{征收率}\times(\text{城市维护建设税税率}+\text{教育费附加征收率})$$

当城市维护建设税税率为7%、教育费附加征收率为3%时，有

$$\frac{A}{1+\text{增值税税率}}-\frac{A}{1+\text{增值税税率}}\times\text{增值税税率}\times(7\%+3\%)=$$
$$\frac{B}{1+\text{征收率}}-\frac{B}{1+\text{征收率}}\times\text{征收率}\times(7\%+3\%)$$

或：

$$\frac{A}{1+\text{增值税税率}}\times(1-\text{增值税税率}\times10\%)=\frac{B}{1+\text{征收率}}\times(1-\text{征收率}\times10\%)$$

$$B=\frac{(1+\text{征收率})\times(1-\text{增值税税率}\times10\%)}{(1+\text{增值税税率})\times(1-\text{征收率}\times10\%)}\times A$$

当增值税税率为13%、征收率为3%时，有

$$B=\frac{(1+3\%)\times(1-13\%\times10\%)}{(1+13\%)\times(1-3\%\times10\%)}\times A=A\times90.24\%$$

也就是说，当简易计税方法纳税人的价格为一般计税方法纳税人价格的90.24%时，或者说价格优惠幅度为90.24%时，无论是从简易计税方法纳税人处采购还是从一般计税方法纳税人处采购，企业取得的收益都是相等的。当简易计税方法纳税人报价的折扣率低于该比率时，企业从一般计税方法纳税人处采购获得增值税专用发票可抵扣的税额将大于简易计税方法纳税人的价格折扣。只有当简易计税方法纳税人报价的折扣率高于该比率时，企业从简易计税方法纳税人处采购才可以

获得比从一般计税方法纳税人处采购更多的税后利益。

企业如果从简易计税方法纳税人处不能取得增值税专用发票，即没有任何抵扣，则价格优惠临界点如表 2-5 所示。

表 2-5　价格优惠临界点　　单位:%

一般计税方法纳税人开具的增值税专用发票上的税率	简易计税方法纳税人开具的增值税专用发票上的税率	价格优惠临界点（含税）
13	3	90.24
13	0	87.35
9	3	93.93
9	0	90.92
6	3	96.88
6	0	93.77

对于小规模纳税人来说，其进项税额不能进行抵扣，只要比较含税采购价格就可以决定采购对象。因此，供应商选择的税收筹划可以从以下两个方面入手：一是对于购货方为一般纳税人的，在含税采购价格相同的情况下，企业应选择从一般纳税人处采购，可抵扣进项税额高，不含税采购成本低；如果小规模纳税人的含税采购价格低于一般纳税人的含税采购价格，就要比较小规模纳税人的价格折扣程度是否能够弥补其进项税额较低（或无法抵扣进项税额）而产生的差额，进而决定供货方。二是对于购货方为小规模纳税人的，企业应选择含税价格较低的一方为供货方。

（三）购进固定资产、无形资产与不动产用途的税收筹划

根据“营改增”税收政策的规定，用于简易计税方法计税项目，免征增值税项目，集体福利或个人消费的购进货物，加工、修理修配劳务，服务，无形资产和不动产所产生的进项税额不得从销项税额中抵扣。其中，涉及的固定资产、无形资产、不动产仅指专用于上述项目的固定资产、无形资产（不包括其他权益性无形资产）、不动产。也就是说，对于固定资产、无形资产（不包括其他权益性无形资产）与不动产，如果是兼用于允许抵扣项目和上述不允许抵扣项目情况的，其进项税额准予全部抵扣。同时，纳税人购进其他权益性无形资产，无论是专用于简易计税方法计税项目、免征增值税项目、集体福利或个人消费，还是兼用于上述不允许抵扣项目，均可以抵扣进项税额。

因此，一般计税方法纳税人在购入固定资产、无形资产、不动产后，只要不是专门用于简易计税方法计税项目、免征增值税项目、集体福利或个人消费的，其增值税进项税额可以全部抵扣。例如，企业购进一栋楼房全部用于职工食堂，则其进项税额不能抵扣，但如果企业在职工食堂中设定一定的场所用于存放库存商品或设立会议室，就可以抵扣全部进项税额。

（四）兼营简易计税方法计税项目、免税项目进项税额核算的税收筹划

1. 是否准确划分简易计税方法计税项目或免税项目进项税额的选择

增值税一般纳税人兼营简易计税方法计税项目或免征增值税项目，应当正确划

分其不得抵扣的进项税额。应税项目与简易计税方法计税项目或免征增值税项目的进项税额可以划分清楚的，用于生产应税项目产品的进项税额可以按规定进行抵扣；用于生产简易计税方法计税项目或免征增值税项目产品的进项税额不得抵扣。

不能准确划分进项税额的，纳税人按下列公式计算不得抵扣的进项税额：

不得抵扣的进项税额 = 当期无法划分的进项税额 ×（当期简易计税项目销售额 + 当期免税项目销售额）÷ 全部销售额

纳税人可以将按照上述公式计算出的不得抵扣的进项税额与实际简易计税方法计税项目或免征增值税项目不得抵扣的进项税额进行对比。如果前者大于后者，则应准确划分两类不同的进项税额，并按规定转出进项税额；如果前者小于后者，则无需准确划分，而是按公式计算结果确定不得抵扣的进项税额。同时要注意，纳税人如果选择分开核算，还应保存好相关的财务资料，以备税务机关的审查。

【案例 2-11】是否准确划分简易计税项目或免征增值税项目进项税额核算的筹划。

某网球馆（增值税一般纳税人）既销售网球相关器械，又提供网球场地及器械以供网球爱好者活动。某月，该网球馆从体育器械公司购进网球相关器械，取得的增值税专用发票上注明价款 100 万元，增值税税款 13 万元。当月，该批器械的 50% 用于销售，取得不含税收入 200 万元；另外 50% 用于网球爱好者的活动，取得含税收入 900 万元。该网球馆应如何核算，才能减轻增值税税负（暂不考虑增值税进项税额加计抵扣扣除政策）?

【筹划方案】

一般纳税人提供文化体育服务，可以选择简易计税方法计税，适用 3% 的征收率。

方案一：纳税人如果对于该项文化体育服务选择一般计税方法计税，进项税额可以全部抵扣。

应纳增值税 = 900÷(1+6%)×6%+200×13%−13 = 63.94（万元）

方案二：纳税人如果对于该项文化体育服务选择简易计税方法计税，根据进项税额是否准确划分来确定不得抵扣的进项税额的金额。

①不能准确划分不得抵扣进项税额。

不得抵扣进项税额 = 13×900÷(1+3%)÷[200+900÷(1+3%)] = 10.58（万元）

应纳增值税 = 900÷(1+3%)×3%+200×13%−(13−10.58) = 49.79（万元）

②能够准确划分不得抵扣进项税额。

不得抵扣进项税额 = 13×50% = 6.5（万元）

应纳增值税 = 900÷(1+3%)×3%+200×13%−(13−6.5) = 45.71（万元）

由此可见，若准确划分两类不同项目的进项税额可以节省 4.08 万元（10.58−6.5）。之所以会出现这种结果，是因为用于出售的器械占购进器械的 50%，而这部分收入只占 18.63%。如果出售器械的收入所占比例提高，则结果相反。另外，无论进项税额是否分开核算，选择简易计税方法均比选择一般计税方法节税。

2. 兼营简易计税方法计税项目、免税项目进项税额核算的税收筹划要点

根据《增值税暂行条例》及其实施细则和“营改增”税收政策的相关规定，一

般纳税人对用于简易计税方法计税项目、免税项目的进项税额可以在其用于该类用途时，从原来在购进时已做抵扣的进项税额中通过“应交税费——应交增值税（进项税额转出）”科目转出，即转入相关资产或产品成本。在实践中，有不少企业为避免进项税额核算出现差错，便通过设立“其他材料”等科目单独计算用于简易计税方法计税项目、免税项目的进项税额，将其直接计入材料成本。

在一般情况下，材料从购进到生产领用都存在一个时间差，对简易计税方法计税项目、免税项目进项税额的不同核算方法决定了企业能否充分利用这个时间差。企业如果单独设立相关科目直接计算该类进项税额，直接计入材料成本，说明在原材料购入时未做进项税额抵扣，该期缴纳了增值税。反之，企业如果在材料购进时并不做区分，与应税项目的进项税额一并做抵扣，直到领用原材料用于简易计税方法计税项目、免税项目时再做进项税额转出，则会产生递延缴纳增值税的效果。

【案例2-12】兼营简易计税方法计税项目、免税项目进项税额核算的税收筹划。

某市大型钢铁生产企业设有医院、食堂、宾馆、浴池、学校、工会、物业管理等常设非独立核算的单位和部门，还有一些在建工程项目和日常维修项目。这些单位、部门及项目耗用的外购材料金额较大，为了保证正常的生产经营，必须不间断地购进材料以补充被领用的部分，保持一个相对平衡的余额。假设企业购买这部分材料的平均金额为 2 260 万元，如果单独设立“其他材料”科目记账，将取得的进项税额直接计入材料成本，就不存在进项税额转出的问题，从而简化了财务核算。但是，如果所有材料都不单独记账，而是准备用于增值税应税项目，企业在取得增值税专用发票时就可以申报并从销项税额中抵扣，领用时再做进项税额转出。虽然核算复杂了一些，但企业在生产经营中能有一部分税款向后递延。该企业应如何进行税收筹划呢?

【筹划方案】

假如上述单位、部门及项目耗用的材料不间断地被购进、领用，形成一条滚动链，始终保持 2 260 万元的余额，这样就可以申报抵扣进项税额 260 万元，少缴增值税 260 万元、城市维护建设税 18.2 万元、教育费附加 7.8 万元。显然，当这部分资金作为税款缴纳时，企业如需流动资金，就需要向金融机构贷款，以贷款年利率 9%计算，增加财务费用 25.74 万元［(260+18.2+7.8)×9%］。

由此可见，对简易计税方法计税项目、免税项目进项税额采用不同的核算方式就会产生递延税款缴纳的效应，可以使企业获得递延缴纳税款的资金的时间价值。

（五）抵扣时间的税收筹划

增值税进项税额实行凭合法的抵扣凭证进行认证抵扣制度。纳税人购进货物或接受应税劳务、应税服务，未按照规定取得并保存增值税扣税凭证，或者增值税扣税凭证上未按照规定注明增值税税额及其他有关事项的，其进项税额不得从销项税额中抵扣。纳税人应尽早取得合法抵扣凭证，实现进项税额抵扣的极早化和极大化。

因此，抵扣时间的税收筹划需要做到：第一，在采购时尽量做到分期付款、分期取得发票。一般企业在采购过程中采用款项付清后取得发票的方式，如果材料已实际验收入库，但货款尚未全部付清，销货方企业不予开具增值税专用发票。在这种情况下，企业无法及时抵扣进项税额，将会使增值税税负增大。因此，在原材料购买环节中，企业应采用分期付款取得增值税专用发票的方式，及时抵扣进项税额，缓解税收压力，提高企业的资金利用率。第二，在采购时尽早取得增值税专用发票。采购结算方式可以分为赊购和现金采购。一般来说，销售结算方式由销售方自主决定，采购结算方式的选择权取决于采购方与销售方两者之间的谈判。如果产品供应量充足甚至过剩，再加上采购方信用度高、实力强，在结算方式的谈判中，采购方往往可以占据主动地位，可以在付款前先取得对方开具的发票，以实现进项税额的提前抵扣。

（六）加工方式选择的税收筹划

企业在生产经营过程中，往往由于生产技术或生产能力的限制，需要将部分零部件委托其他企业加工。企业的加工方式有自行加工和委托加工两种。在自行加工方式下，企业购进原料应做进项处理，自行加工所需的原料和加工费应作为企业生产成本。在委托加工方式下，在加工完毕后的提货环节，委托方要支付加工环节的增值税，因此企业不仅需要计提原料的进项税额，还需要对支付的加工费计提进项税额。由于两种加工方式下的增值税进项税额不同，其应纳增值税税额也不尽相同。

【案例 2-13】加工方式选择的税收筹划。

假设 A 企业收购木材，收购凭证上注明的价款是 20 万元；B 企业为加工企业；A 企业和 B 企业适用的增值税税率都为 13%；实木地板按照 5%的税率征收消费税，不考虑其他因素。现在 A 企业要将买来的木材加工成高级实木地板，有以下两种方案：

方案一：A 企业委托 B 企业将木材加工成实木地板，支付加工费 8 万元，收回后发票上注明的增值税税额为 1.04 万元。A 企业继续加工花费人工等总计 2 万元。A 企业在生产完成后将实木地板出售，价款 50 万元（不含税）。

方案二：A 企业买回木材后自己加工成高级实木地板，花费成本共计 10 万元，售价 50 万元（不含税）。

从增值税角度来看，A 企业应选择哪种方案（实木地板按照 5%的税率征收消费税，不考虑其他税种）？

【筹划方案】

方案一：

木材成本 = 20×(1-10%) = 18（万元）

A 企业收购木材的增值税进项税额 = 20×10% = 2（万元）

B 企业代收代缴的消费税 = (18+8)÷(1-5%)×5% = 1.368（万元）

A 企业支付加工费的增值税进项税额 = 8×13% = 1.04（万元）

A 企业需补缴的消费税 = 50×5% - 1.368 = 1.132（万元）

A 企业增值税销项税额 = 50×13% = 6.5（万元）

A 企业应纳增值税额 = 6.5-2-1.04 = 3.46（万元）

毛利润 = 50-18-8-2.5-2 = 19.5（万元）

方案二：

木材成本 = 20×(1-10%) = 18（万元）

A 企业收购木材的增值税进项税额 = 20×10% = 2（万元）

A 企业需缴纳的消费税 = 50×5% = 2.5（万元）

A 企业增值税销项税额＝50×13%＝6.5（万元）

A 企业应纳增值税额＝6.5−2＝4.5（万元）

毛利润＝50−18−2.5−10＝19.5（万元）

比较两种方案，A 企业增值税的应纳税额不同，毛利润相同。增值税不直接影响利润，但会通过城市维护建设税及教育费附加间接影响利润，因此从税后利润角度而言，A 企业应该选择应纳增值税税额较少的方案一。

第三节　增值税税率的税收筹划

一、增值税税率的规定

我国现行增值税有七个档次的税率：销售货物，提供加工、修理修配劳务和有形动产租赁服务或进口货物的一般纳税人适用税率 13%；销售或进口特定货物的一般纳税人以及销售交通运输服务、邮政服务、基础电信服务、建筑服务、不动产租赁服务、不动产，转让土地使用权的一般纳税人适用税率 9%；销售现代服务（有形动产租赁服务除外）、增值电信服务、金融服务、生活服务、无形资产（土地使用权除外）的一般纳税人适用税率 6%；一般纳税人选择简易计税方法计税的不动产销售等特殊项目适用 5%的征收率；出口货物、跨境应税行为适用零税率；小规模纳税人适用 3%和 1%的征收率（见表 2-6）。

表 2-6　增值税税率表

适用范围	税率/%	备注
①销售货物，提供加工、修理修配劳务，有形动产租赁服务或进口货物	13	另有规定的除外
②销售或进口特定货物； ③销售交通运输服务、邮政服务、基础电信服务、建筑服务、不动产租赁服务、不动产，转让土地使用权	9	特定货物如下： ①粮食等农产品、食用植物油、食用盐； ②自来水、暖气、冷气、热水、石油液化气、天然气、二甲醚、沼气、居民用煤炭制品； ③图书、报纸、杂志、音像制品、电子出版物； ④饲料、化肥、农药、农机、农膜； ⑤国务院规定的其他货物
④销售现代服务（有形动产租赁服务除外）、增值电信服务、金融服务、生活服务、无形资产（土地使用权除外）	6	研发和技术服务、信息技术服务、文化创意服务、物流辅助服务、鉴证咨询服务、广播影视服务、商务辅助服务、增值电信服务、贷款服务、直接收费金融服务、保险服务、金融商品转让、文化体育服务、教育医疗服务、旅游娱乐服务、餐饮住宿服务、居民日常服务
⑤一般纳税人的一些特殊项目	5	征收率
⑥出口货物； ⑦跨境应税行为（销售国务院规定范围内的服务、无形资产）	0	国际运输服务、航天运输服务等

表2-6(续)

适用范围	税率/%	备注
⑧小规模纳税人	3	征收率
	1	阶段性减免小规模纳税人增值税政策

纳税人销售货物，提供加工、修理修配劳务，销售服务，无形资产或不动产适用不同税率或征收率的，应当分别核算适用不同税率或征收率的销售额，未分别核算销售额的，从高适用税率。

二、兼营行为

根据《增值税暂行条例》及其实施细则和“营改增”政策法规，纳税人销售货物，提供加工、修理修配劳务，销售服务，无形资产或不动产适用不同税率或征收率的，应当分别核算适用不同税率或征收率的销售额；未分别核算销售额的，按照以下方法适用税率或征收率：

第一，兼营不同税率的应税项目，从高适用税率。

第二，兼营不同征收率的应税项目，从高适用征收率。

第三，兼营不同税率和征收率的应税项目，从高适用税率。

为了避免从高适用税率或征收率而加重企业税收负担的情况，兼营不同税率或征收率的货物、应税劳务或应税服务的企业，应将各自的销售额分别核算。例如，某处于城乡接合部的商店既销售各类日用百货，又销售农药、农具、农膜等农业生产用品。如果该商店将这两类商品的销售额分别核算，则日用百货的销售额按13%的税率计税，农药、农具、农膜等农业生产用品的销售额按9%的税率计税；如果不能分别核算，后者也会一并按13%的税率计税。显然，分别核算两类商品的销售额对该商店来讲是至关重要的税收筹划思路。

【案例2-14】兼营行为的税收筹划①。

甲公司是一个服装生产企业，为增值税一般纳税人。甲公司除了生产销售服装之外，还将空置的仓库用于提供仓储服务。甲公司取得的服装销售收入为1 500万元，仓储服务收入为600万元。当年可抵扣的增值税进项税额为180万元。根据相关规定，销售服装适用的税率为13%，仓储服务适用的税率为6%。假设上述收入均不含税，如何核算才能减轻税负？

【筹划方案】

如果甲公司在进行会计核算时未对这两类收入分别核算，则：

应纳增值税税额=(1 500+600)×13%-180=93（万元）

如果甲公司在进行会计核算时对这两类收入分别核算，则：

应纳增值税税额=1 500×13%+600×6%-180=51（万元）

可见，甲公司分别核算两类收入要比未分别核算两类收入少交增值税42万元(93-51)。因此，当纳税人兼有不同税率或征收率的销售货物、提供应税劳务或应税服务时，要完善自己的财务核算，对不同收入分类核算，避免从高适用税率或征收率而给企业增加不必要的税收负担。

【案例 2-15】兼营行为的税收筹划②。

某物流有限公司为增值税一般纳税人，在提供装卸搬运服务的同时，还为一家体育器械公司提供一部分交通运输服务。某月，该公司取得交通运输收入 100 万元（含税），装卸搬运服务收入 50 万元（含税）。该公司应如何进行税收筹划才能减轻增值税税负呢?

【筹划方案】

其应纳税额的计算如下：

①未分别核算。在“营改增”后，交通运输业适用的增值税税率为 9%，装卸搬运服务适用的税率为 6%。如果未分别核算，该公司从高适用税率。

应纳增值税 =（100+50）÷（1+9%）×9% = 12.39（万元）

②分别核算。

应纳增值税 = 100÷（1+9%）×9%+50÷（1+6%）×6% = 11.09（万元）

因此，分别核算可以节税 1.3 万元（12.39-11.09）。

三、混合销售行为

全面“营改增”后，一项销售行为如果既涉及货物又涉及服务，为混合销售。从事货物的生产、批发或零售的单位和个体工商户的混合销售行为，按照销售货物缴纳增值税；其他单位和个体工商户的混合销售行为，按照销售服务缴纳增值税。上述从事货物的生产、批发或零售的单位和个体工商户，包括以从事货物的生产、批发或零售为主（纳税人每年的货物销售额与服务销售额合计数中，货物的销售额超过 50%）并兼营销售服务的单位和个体工商户。

应注意，纳税人销售活动板房、机器设备、钢结构件等自产货物的同时提供建筑、安装服务，不属于《营业税改征增值税试点实施办法》（财税〔2016〕36 号）第四十条规定的混合销售，应分别核算货物和建筑服务的销售额，分别适用不同的税率或征收率。一般纳税人销售自产机器设备的同时提供安装服务，应分别核算机器设备和安装服务的销售额，安装服务可以按照甲供工程选择适用简易计税方法计税。

【案例 2-16】混合销售行为的税收筹划。

A 公司下设两个非独立核算的业务经营部门：供电器材加工工厂和工程安装施工队。供电器材加工工厂主要生产和销售货物（适用税率为 13%），工程安装施工队主要提供输电设备的安装服务（适用税率为 9%）。A 公司销售收入为 3 300 万元（不含税），销售货物的同时取得安装服务收入为 2 398 万元（含税），购买生产用原材料 2 000 万元（不含税），可抵扣的进项税额为 260 万元。A 公司为一般纳税人，因为 A 公司货物销售额达到总销售额的 50%，所以按照销售货物缴纳增值税。A 公司应缴增值税情况如下：

增值税销项税额 =（3 300+2 398÷1.13）×13% = 704.88（万元）

增值税进项税额 = 260（万元）

应纳税额 = 704.88-260 = 444.88（万元）

A 公司应如何进行税收筹划才可以降低税负呢?

【筹划方案】

分析发现，A公司的安装服务收入比例较高，但没有相应的进项税额可以抵扣。在进行税收筹划后，A公司可以将工程安装施工队单独组建成一个独立核算的乙公司，将供电器材加工工厂组建成为甲公司，各自独立纳税，工程安装施工队适用9%的税率。税收筹划后纳税情况如下：

甲公司应纳增值税＝3 300×13%－260＝169（万元）

乙公司应纳增值税＝2 398÷(1+9%)×9%＝198（万元）

合计应纳税额＝169+198＝367（万元）

税收筹划后比税收筹划前少纳税款＝444.88－367＝77.88（万元）

第四节　增值税减免税的税收筹划

一、增值税减免税的规定

（一）免征增值税项目

1.《增值税暂行条例》及相关法律法规规定的免税项目

（1）农业生产者销售的自产农产品，即直接从事种植业、养殖业、林业、牧业、水产业的单位和个人销售的自产的农业产品。

（2）避孕药品和用具。

（3）古旧图书，即向社会收购的古书和旧书。

（4）直接用于科学研究、科学试验和教学的进口仪器、设备。

（5）外国政府、国际组织无偿援助的进口物资和设备。

（6）由残疾人组织直接进口供残疾人专用的物品。

（7）销售的自己使用过的物品，即其他个人销售的自己使用过的物品。

（8）财政部、国家税务总局规定的以下其他免税项目：

①自2016年5月1日起，社会团体收取的会费，免征增值税。社会团体开展经营服务性活动取得的其他收入，照章缴纳增值税。

②免征蔬菜流通环节（包括批发、零售）增值税。

③粕类产品。除豆粕外的粕类饲料免征增值税。

④制种行业。制种企业生产、销售种子，属于农业生产者销售自产农业产品，免征增值税。

⑤节能服务公司将项目中的货物转让给用能企业，免征增值税。

⑥图书销售。自2018年1月1日起至2020年12月31日止，图书批发、零售环节免征增值税。

⑦电影产业的电影发行收入免征增值税。

⑧2017年1月1日至2019年12月31日，广播电视运营服务企业收取的有线数字电视基本收视维护费和农村有线电视基本收视费免征增值税。

⑨科普单位的门票收入以及县级及以上党政部门和科协开展科普活动的门票收入免征增值税。

⑩境外教育机构与境内从事学历教育的学校开展中外合作办学，提供学历教育服务取得的收入免征增值税。

⑪社保基金会及养老基金投资管理机构在国务院批准的投资范围内，运用养老基金投资过程中，提供贷款服务取得的全部利息及利息性质的收入和金融商品转让收入免征增值税。社保基金会、社保基金投资管理人在运用社保基金投资过程中，提供贷款服务取得的全部利息及利息性质的收入和金融商品转让收入免征增值税。

2.《财政部 国家税务总局关于全面推开营业税改征增值税试点的通知》关于过渡政策的免税项目

（1）托儿所、幼儿园提供的保育和教育服务。

（2）养老机构提供的养老服务。

（3）残疾人福利机构提供的育养服务。

（4）婚姻介绍服务。

（5）殡葬服务。

（6）残疾人员本人为社会提供的服务。

（7）医疗机构提供的医疗服务。

（8）从事学历教育的学校提供的教育服务。

（9）学生勤工俭学提供的服务。

（10）农业机耕、排灌、病虫害防治、植物保护、农牧保险以及相关技术培训业务，家禽、牲畜、水生动物的配种和疾病防治。

（11）纪念馆、博物馆、文化馆、文物保护单位管理机构、美术馆、展览馆、书画馆、图书馆在自己的场所提供文化体育服务取得的第一道门票收入。

（12）寺院、宫观、清真寺和教堂举办文化、宗教活动的门票收入。

（13）行政单位之外的其他单位收取的符合《营业税改征增值税试点实施办法》第十条规定条件的政府性基金和行政事业性收费。

（14）个人转让著作权。

（15）个人销售自建自用住房。

（16）台湾航运公司、航空公司从事海峡两岸海上直航、空中直航业务在大陆取得的运输收入。

（17）纳税人提供的直接或间接国际货物运输代理服务。

（18）符合条件的利息收入，如国家助学贷款等。

（19）被撤销金融机构以货物、不动产、无形资产、有价证券、票据等财产清偿债务。

（20）保险公司开办的一年期以上人身保险产品取得的保费收入。

（21）符合条件的金融商品转让收入。

（22）金融同业往来利息收入。

（23）符合条件的担保机构从事中小企业信用担保或再担保业务取得的收入（不含信用评级、咨询、培训等收入）三年内免征增值税。

（24）国家商品储备管理单位及其直属企业承担商品储备任务，从中央或地方财政取得的利息补贴收入和价差补贴收入。

（25）纳税人提供技术转让、技术开发和与之相关的技术咨询、技术服务。

（26）符合条件的合同能源管理服务。

（27）政府举办的从事学历教育的高等、中等和初等学校（不含下属单位），举办进修班、培训班取得的全部归该学校所有的收入。

（28）政府举办的职业学校设立的主要为在校学生提供实习场所，并由学校出资自办、由学校负责经营管理、经营收入归学校所有的企业，从事现代服务（不含融资租赁服务、广告服务和其他现代服务）、生活服务（不含文化体育服务、其他生活服务和桑拿、氧吧）业务活动取得的收入。

（29）家政服务企业由员工制家政服务员提供家政服务取得的收入。

（30）福利彩票、体育彩票的发行收入。

（31）军队空余房产租赁收入。

（32）为了配合国家住房制度改革，企业、行政事业单位按房改成本价、标准价出售住房取得的收入。

（33）将土地使用权转让给农业生产者用于农业生产。

（34）涉及家庭财产分割的个人无偿转让不动产、土地使用权。

（35）土地所有者出让土地使用权和土地使用者将土地使用权归还给土地所有者。

（36）县级以上地方人民政府或自然资源行政主管部门出让、转让或收回自然资源使用权（不含土地使用权）。

（37）随军家属就业。

（38）军队转业干部就业。

（二）增值税的即征即退优惠

对于软件产品，增值税一般纳税人销售其自行开发生产的软件产品，按 13%的法定税率征收增值税后，对其增值税实际税负超过 3%的部分实行即征即退政策。

在安置残疾人就业增值税优惠方面，对安置残疾人的单位和个体工商户（以下称“纳税人”），实行由税务机关按纳税人安置残疾人的人数，限额即征即退增值税。安置的每位残疾人每月可退还的增值税具体限额，由县级以上税务机关根据纳税人所在区县（含县级市、旗，下同）适用的经省（含自治区、直辖市、计划单列市，下同）人民政府批准的月最低工资标准的 4 倍规定。

对于动漫产品，已进行资格备案符合条件的一般纳税人销售其自行开发生产的动漫产品，按 13%的法定税率征收增值税后，增值税实际税负超过 3%的部分，可以享受增值税即征即退优惠政策。

对于飞机维修劳务，增值税实际税负超过 6%的部分实行即征即退。

对于光伏发电，纳税人销售自产的利用太阳能生产的电力产品，实行增值税即征即退 50%的政策。

对于资源综合利用产品和劳务，纳税人销售自产的资源综合利用产品和提供资源综合利用劳务可享受增值税即征即退政策，具体规定可参考《资源综合利用产品和劳务增值税优惠目录》。

全面“营改增”试点过渡政策中规定：第一，一般纳税人提供管道运输服务，对其增值税实际税负超过3%的部分实行增值税即征即退政策。第二，经中国人民银行、中国银保监会或商务部批准从事融资租赁业务的试点纳税人中的一般纳税人，提供有形动产融资租赁服务和有形动产融资性售后回租服务，对其增值税实际税负超过3%的部分实行增值税即征即退政策。商务部授权的省级商务主管部门和国家经济技术开发区批准的从事融资租赁业务和融资性售后回租业务的纳税人中的一般纳税人，2016年5月1日后实收资本达到1.7亿元的，从达到标准的当月起按照上述规定执行；2016年5月1日后实收资本未达到1.7亿元但注册资本达到1.7亿元的，在2016年7月31日前仍可按照上述规定执行，2016年8月1日后开展的有形动产融资租赁业务和有形动产融资性售后回租业务不得按照上述规定执行。

（三）起征点

对于小规模纳税人中的个人（包括个体工商户和其他个人）来说，其销售货物、劳务或服务的销售额未达到增值税起征点的，免征增值税；达到增值税起征点的，按规定全额计算缴纳增值税。

现阶段，增值税起征点的规定如下：

（1）小规模纳税人发生增值税应税销售行为，合计月销售额未超过10万元（以1个季度为1个纳税期的，季度销售额未超过30万元，下同）的，免征增值税。

（2）小规模纳税人发生增值税应税销售行为，合计月销售额超过10万元，但扣除本期发生的销售不动产的销售额后未超过10万元的，其销售货物、劳务、服务、无形资产取得的销售额免征增值税。

（3）2021年3月5日，李克强总理在政府工作报告中指出，将小规模纳税人增值税起征点从月销售额10万元提高到15万元。

二、农产品免税优惠的税收筹划

农业生产者销售自产农产品免缴增值税，一般纳税人向农业生产者购买的免税农产品或向小规模纳税人购买的农产品，准予按扣除率计算进项税额，从当期销项税额中扣除。根据《财政部 国家税务总局关于简并增值税税率有关政策的通知》《财政部 税务总局 海关总署关于深化增值税改革有关政策的公告》的规定，自2019年4月1日起，纳税人购进农产品，原适用10%扣除率的，扣除率调整为9%。纳税人购进用于生产或委托加工13%税率货物的农产品，按照10%的扣除率计算进项税额。当一个企业的产品生产流程既包括农业生产活动，也包括工业生产活动，也就是所有流程都由一个企业完成，那么它很难划分哪一部分价值是由农业生产活动创造的、哪一部分价值是由工业生产活动创造的。因此，在计征增值税时，其所有价值都会作为工业生产产品价值一并计征增值税。如果企业将加工后仍是农产品的那部分独立出来设立一个农产品生产单位，由这个新设单位进行直接收购或初级加工，加工企业再从该企业购入所需原料，那么原来不能享受免税的价值就可以享受免税，原来不能进行抵扣的进项税额也可以抵扣了。如果纳税人有属于自己的农业生产基地，可以将该农业生产基地独立出来成立一个企业，这样不仅该农业生产基地可以享受“农业生产者销售自产农产品免征增值税”的优惠，加工企业也可以根据农业生产基地开具的普通发票（或收购凭证）计算、抵扣进项税额，实现降低税负的目的。

在实际操作过程中，企业要特别注意农产品生产单位与加工企业存在的关联关系。首先，农产品生产单位必须按照独立企业之间的正常售价销售产品给加工企业，而不能一味地为增加企业的进项税额擅自抬高物价。其次，设立单位所增加的费用必须小于或远远小于所带来的收益。总之，企业在考虑成本、收益的前提下，通过新设立独立核算单位进行原料收购及初加工活动，有利于增加进项税额、降低增值税税负。

三、增值税起征点的税收筹划

根据我国税法的相关规定，个人发生应税行为的销售额未达到增值税起征点的，免征增值税；达到起征点的，全额计算缴纳增值税（增值税起征点不适用于登记为一般纳税人的个体工商户）。根据《财政部 税务总局关于实施小微企业普惠性税收减免政策的通知》的规定，2019 年 1 月 1 日至 2021 年 12 月 31 日，主要包括小微企业、个体工商户和其他个人在内的小规模纳税人，增值税起征点提高到 10 万元。前已述及，2021 年 3 月 5 日，小规模纳税人增值税起征点从月销售额 10 万元提高到 15 万元。

因此，小规模纳税人需要注意让自己的月不含税销售额低于 15 万元，或者按季度纳税的小规模纳税人要注意让自己的季度不含税销售额低于 45 万元，以享受增值税免税政策。月不含税销售额超过 15 万元的小规模纳税人可以考虑将企业分立。

【案例 2-17】增值税起征点的税收筹划。

佳美机械维修店从事汽车维修业务，属于增值税小规模纳税人，增值税征收率为 3%，每月含税销售额为 140 000~200 000 元。佳美机械维修店应如何进行税收筹划，才能实现减轻增值税税负的目标？

【筹划方案】

根据增值税的相关规定，小规模纳税人月销售额不超过 150 000 元（含 150 000 元）的，免征增值税；超过 150 000 元的，全额计算征税。

上述规定中所指的销售额为不含税销售额。如果销售额是含税销售额，企业在确定销售额临界点时，应将不含税销售额换算为含税销售额。

含税销售额 = 150 000×(1+3%) = 154 500（元）

月含税销售额不超过 154 500 元的小规模纳税人免征增值税。

佳美机械维修店的月销售额在 140 000 ~ 200 000 元内，是不是销售额越多，可以获得的税后收入越高？对上述增值税税收优惠政策的分析如下：

第一，若月含税销售额在 154 500 元（含）以下，由于不超过免征增值税的销售额临界点，佳美机械维修店不用缴纳增值税，因此收入越多越好。

第二，若月含税销售额超过 154 500 元，佳美机械维修店则要考虑应负担的税收情况。由于超过 154 500 元要全额征税（同时，按增值税征收 7%的城市维护建设税和 3%的教育费附加，暂不考虑地方教育附加，综合税率为 3. 3%），这里就存在一个节税点的问题。

第三，我们计算月含税销售额为多少会使其税后收益与取得 154 500 元销售额的免税收益相等。我们设税后收益相等时的销售额为 X。

$X-X\div(1+3\%)\times3.3\%=154\ 500$

$X=159\ 613.84$（元）

也就是说，当纳税人的月含税销售额为 159 613.84 元时，其税后收益为154 500 元；当月含税销售额为 154 500~159 613.84 元时，其税后收益少于 154 500 元。在这种情况下，纳税人应尽量将月含税销售额控制在 154 500 元以内。若当月含税销售额大于 159 613.84 元时，纳税人的税后收益大于 154 500 元。在这种情况下，含税销售额越大，税后收益越大。

四、放弃减免税优惠的税收筹划

纳税人发生的应税行为适用免税、减税规定的，可以放弃免税、减税，依照相关规定缴纳增值税，纳税人放弃免税、减税后，36 个月内不得再申请免税、减税。

税法规定，纳税人购进专用于免税项目的货物，加工、修理修配劳务，应税服务，无形资产或不动产取得的增值税扣税凭证，一律不得抵扣。因此，若该免税项目的销项税额少于专用于该免税项目物资等的进项税额，显然纳税人放弃减免税优惠可以节税，更有利于利润最大化。

若未来 3 年的进项税额过大，纳税人可以选择放弃免税优惠政策。这种情况多发生于企业刚成立时或企业将购置大量资产设备开拓新业务时，此时有大量的进项税额可以抵扣而收入相对很少。属于“高抵低征”行业的纳税人最好也选择放弃免税，因为其需要较高的增值率才能使销项税额与进项税额持平，而一般情况下该类企业达不到这样的增值率。

【案例 2-18】放弃减免税的税收筹划①。

某小型航空运输企业将在未来 3 年内加大航空器材的投入，用于开拓货物运输业务，每年增加的进项税额比较大，而货物运输收入不大。经统计，该企业购买航空器材花费 1 亿元，取得增值税进项税额 1 300 万元，消耗航空油料以及后勤的进项税额为 700 万元，取得航空货物运输收入 1 000 万元（不含税），从事国际货物运输代理服务收入 555 万元。该企业应如何进行增值税税收筹划？

【筹划方案】

①如果该企业对从事国际货物运输代理服务收入选择免税。

国际货物运输代理服务收入应分摊的进项税额 $=(1\ 300+700)\times555\div(1\ 000+555)=713.83$（万元）

该企业应纳增值税税额 $=1\ 000\times9\%-(1\ 300+700-713.83)$

$=-1\ 196.17$（万元）

该企业应纳增值税税额小于 0，当期不用纳税。

②如果该企业对从事国际货物运输代理服务收入选择放弃免税。

销项税额 $=555\div(1+6\%)\times6\%=31.42$（万元）

该企业应纳增值税税额 $=1\ 000\times9\%+31.42-1\ 300-700=-1\ 878.58$（万元）

由此可以看出，该企业选择放弃免税，可以节税 682.41 万元（1 878.58－1 196.17或 713.83－31.42）。由于该企业在未来 3 年还要进行硬件投入，也就是进项税额比较大，而国际货物运输收入不会增加很多，因此在 3 年内放弃免税比较合理。

【案例 2-19】放弃减免税的税收筹划②。

某大米加工厂收购稻谷 100 万千克，收购单价为每千克 2.6 元，支付收购金额 260 万元，计提进项税额 23.4 万元。该大米加工厂生产并销售大米 52 万千克、细米 14 万千克、细糠 10 万千克、粗壳 22 万千克，加工消耗电力 3.39 万元，进项税额为 0.39 万元。大米的销售单价为 5 元/千克，细米及细糠的销售单价均为 4.5 元/千克，粗壳的销售单价为 2 元/千克。该大米加工厂应如何进行增值税税收筹划？

【筹划方案】

根据相关规定，细糠属于单一大宗饲料，为免税产品，该大米加工厂可以选择免税。

①如果该大米加工厂选择免税。

细糠应转出进项税额 = 45÷(45+260+63+44)×(23.4+0.39) = 2.6（万元）

②如果该大米加工厂放弃免税。

细糠收入增值税销项税额 = 4.5×10÷(1+9%)×9% = 3.72（万元）

由此可以看出，该大米加工厂选择免税，可以节税 1.12 万元（3.72−2.6）。

需要提醒的是，企业选择放弃免税，就可以开具增值税专用发票，其下游企业可以凭发票进行抵扣，从而使企业在销售中处于有利地位。因此，企业在决定是否选择免税时，要综合加以考虑。

第五节　增值税的反避税

合法节税的增值税筹划方案，与违法避税有本质性区别，如兼营行为交易，独立核算让利销售中的折扣销售和以赊销、分期收款方式销售货物，这三种方案无需纳税人实施特定的交易安排，属于纳税人绝对自由或当事人资质下的权利行使，以避免本就不需要承担的税负。因此，对于这类筹划方案，只要符合相关形式、要件，或者相关交易是真实的，税务机关应予以认同。然而，以下几种筹划方案有涉嫌违法避税的可能性，甚至涉嫌逃税，需要进行增值税反避税调查。

一、通过减少销项税额实现避税目的

因为企业销售额和增值税销项税额的计算具有直接关联，纳税主体为了尽可能降低销项税额，也许会适当降低售价，并和交易方达成共识，以减少应纳税额。与此同时，企业压低这部分售价有可能会通过其他途径寻求一定的补偿。这样一来交易双方都能够得到一定的利益，实现“双赢”，为双方利益而损害国家利益。一般而言，这类避税手法多见于关联企业之间。具体途径如下：

（1）在获取销售收入后，通过特别的方式进行结算，延长入账时间。

（2）对货物的随同包装物进行独立处理，而没有汇入销售收入之中。

（3）对销货之后得到的加价或价位补贴收入，进行处理以避免汇入销售收入。

（4）通过某种方式把销售回扣进行销售收入的冲减。

（5）投机取巧，增加支出并减少销售收入。

（6）对部分原本需要视同销售的、用作自身专项工程或福利设施的商品性货物，以降低评估价格及次品折让的手法，减少销售额，或者以继续生产加工的途径，减少对外销售。

（7）用货物换取货物。

（8）企业员工发放福利或奖品纪念品，降低价格出售或私自分发商品性货物不视同销售。

（9）出于公关目的，把一些合格的商品自发降级成残次品进行降价处理，卖给交易方或赠送给客户等。

二、钻某些模糊概念的空子

这类概念通常存在于税收优惠规则中，如可享受低税率优惠的农机概念。在农业货物中，存在农机及农业物品不同类型，而按照税法规定可适用9%的税率的农机是指农机的整机。至于其零部件并不能适用9%的税率，可是部分企业兼具农机生产及农机零部件销售的业务。它们能够将一些小型农机进行配装以后使之成为大型农机。现实生活中，无法严格划分整机销售及零部件销售的具体销售额。这些经过配装可以形成大农机的小农机，是否可以视为零部件而采取13%的税率征税的问题很难界定。因此，部分企业倾向于钻这些模糊概念的空子，以实现避税的目的。

三、挂靠享受税收优惠待遇

为了促进企业更好的发展，国家一般会制定一些税收优惠政策，但是一些并非先天性可以享受优惠的企业需要创造可能和条件使自身符合优惠政策的要求，从而实现避税目标，我们把这种方式称为挂靠。部分企业会利用一些非正当挂靠的方式使自己享受税收优惠，避免征收部分增值税。税法对免征增值税项目进行了一系列规定，这恰好为某些企业创造了可操作的空间。这些企业可以通过可行的方式在规定的数个项目下挂靠，暗地里经营的项目却是非免税的。

四、肆意开具农产品收购发票

根据《增值税暂行条例》的规定，农业生产者销售自产的农产品免征增值税；农业生产企业向农民收购自产农产品，可以自行开具收购发票，购进农产品可以按照农产品收购发票或销售发票上注明的农产品买价和9%（或10%）的扣除率计算进项税额。目前，农产品收购企业大多存在随意扩大农产品收购发票开票范围、开票金额，甚至捏造事实开具农产品收购发票的情况，以增加农业收购企业可以抵扣的进项税额。

目前，增值税避税已成为热点问题，日益为税务机关所关注，增值税反避税规定也在逐渐完善。因此，企业在进行相关税收筹划之前，需要警惕增值税避税风险，应在税务机关允许的范围内进行业务安排，以防付出更多的税收成本。然而部分缺乏长远眼光和综合考虑的企业领导对于增值税避税十分热衷，甚至指使会计人员做假账来偷税漏税。会计人员务必要坚守职业道德，向领导说明此行为会带来的后果，特别是虚开增值税专用发票，稍有不慎就会身陷图圄。在开具增值税专用发票时，企业领导和会计人员应时刻坚守法律与道德底线，敬畏法律，坚守职业道德，增强自身防范意识，切勿为了一点经济利益而被税务机关追责。

第三章
消费税筹划

【学习提示】

消费税是对特定的消费品和消费行为按流转额征收的一种商品税。消费税的征收范围具有选择性，且其计税方法具有灵活性，因此消费税的税收筹划要点在于纳税人、计税依据和税率的税收筹划。

第一节　消费税基本法律规定

一、纳税义务人

在中华人民共和国境内生产、委托加工和进口《中华人民共和国消费税暂行条例》（以下简称《消费税暂行条例》）规定的消费品的单位和个人以及国务院确定的销售《消费税暂行条例》规定的消费品的其他单位和个人为消费税的纳税人。消费税的纳税人应当依照《消费税暂行条例》缴纳消费税。

单位是指企业、行政单位、事业单位、军事单位、社会团体及其他单位。

个人是指个体工商户及其他个人。

在中华人民共和国境内是指生产、委托加工和进口属于应当缴纳消费税的消费品的起运地或所在地在境内。

二、税目

消费税的征收范围比较狭窄，目前消费税税目包括烟、酒、化妆品等 15 种商品，部分税目还进一步划分了若干子目。

（1）烟。凡是以烟叶为原料加工生产的产品，不论其使用何种辅料，均属于本税目的征收范围。烟包括卷烟（进口卷烟、白包卷烟、手工卷烟和未经国务院批准纳入计划的企业及个人生产的卷烟）、雪茄烟和烟丝。

“烟”税目下分“卷烟”等子目，“卷烟”又分“甲类卷烟”和“乙类卷烟”。其中，甲类卷烟是指每标准条（200 支，下同）调拨价格在 70 元（不含增值税）以上（含 70 元）的卷烟；乙类卷烟是指每标准条调拨价格在 70 元（不含增值税）以下的卷烟。

（2）酒。酒是指酒精度在 1 度以上的各种酒类饮料，包括白酒、黄酒、啤酒和其他酒。

啤酒每吨出厂价（含包装物及包装物押金）在 3 000 元（含 3 000 元，不含增值税）以上的是甲类啤酒，每吨出厂价（含包装物及包装物押金）在 3 000 元（不含增值税）以下的是乙类啤酒。税务机关对饮食业、商业、娱乐业举办的啤酒屋（啤酒坊）利用啤酒生产设备生产的啤酒，应当征收消费税。果啤属于啤酒，按啤酒征收消费税。

税务机关对以蒸馏酒或食用酒精为酒基，具有国食健字或卫食健字文号且酒精度低于 38 度（含），或者以发酵酒为酒基，酒精度低于 20 度（含）的配制酒，按“其他酒”10%适用税率征收消费税。税务机关对其他配制酒，按白酒税率征收消费税。

税务机关对葡萄酒按照“其他酒”征收消费税。

调味料酒不属于消费税的征税范围。

（3）高档化妆品。高档化妆品的征收范围包括高档美容、修饰类化妆品，高档护肤类化妆品和成套化妆品。高档美容、修饰类化妆品和高档护肤类化妆品是指生产（进口）环节销售（完税）价格（不含增值税）在 10 元/毫升（克）或 15 元/片（张）及以上的美容、修饰类化妆品和护肤类化妆品。

舞台、戏剧、影视化妆用的上妆油、卸妆油、油彩不属于消费税的征税范围。

（4）贵重首饰及珠宝玉石。贵重首饰及珠宝玉石包括以金、银、白金、宝石、珍珠、钻石、翡翠、珊瑚、玛瑙等高贵稀有物质以及其他金属、人造宝石等制作的各种纯金银首饰及镶嵌首饰和经采掘、打磨、加工的各种珠宝玉石。税务机关对出国人员免税商店销售的金银首饰征收消费税。

（5）鞭炮、焰火。“鞭炮、焰火”税目包括各种鞭炮、焰火。体育上用的发令纸、鞭炮药引线，不按本税目征收消费税。

（6）成品油。成品油包括汽油、柴油、石脑油、溶剂油、航空煤油、润滑油、燃料油 7 个子目；航空煤油暂缓征收消费税。

（7）小汽车。“小汽车”税目包括乘用车、中轻型商用客车和超豪华小汽车。

超豪华小汽车为每辆零售价格 130 万元（不含增值税）及以上的乘用车和中轻型商用客车。

电动汽车不属于本税目征收范围。沙滩车、雪地车、卡丁车、高尔夫车不属于消费税征收范围，不征收消费税。

（8）摩托车。摩托车包括轻便摩托车和摩托车两种。气缸容量 250 毫升（不含）以下的小排量摩托车不征收消费税。

（9）高尔夫球及球具。高尔夫球及球具包括高尔夫球、高尔夫球杆、高尔夫球包（袋）、高尔夫球杆的杆头、杆身和握把。

（10）高档手表。高档手表包括不含增值税售价每只在 10 000 元（含）以上的手表。

（11）游艇。

（12）木制一次性筷子。

（13）实木地板。实木地板含各类规格的实木地板、实木指接地板、实木复合地板及用于装饰墙壁、天棚的侧端面为榫、槽的实木装饰板以及未经涂饰的素板。

（14）电池。电池包括原电池、蓄电池、燃料电池、太阳能电池和其他电池。

（15）涂料。涂料是指涂于物体表面能形成具有保护、装饰或特殊性能的固态涂膜的一类液体或固体材料的总称。税务机关自2015年2月1日起对涂料征收消费税。施工状态下挥发性有机物（volatile organic compounds，VOC）含量低于420克/升（含）的涂料免征消费税。

三、税率

消费税采用比例税率和定额税率两种基本形式。

消费税税目、税率（额）表如表3-1所示。

表3-1　消费税税目、税率（额）表

税目	税率（额）
一、烟 1. 卷烟 （1）甲类卷烟（生产或进口环节）	56%加0.003元/支
（2）乙类卷烟（生产或进口环节）	36%加0.003元/支
（3）批发环节	11%加0.005元/支
2. 雪茄烟	36%
3. 烟丝	30%
二、酒 1. 白酒	20%加0.5元/斤
2. 黄酒	240元/吨
3. 啤酒 （1）甲类啤酒	250元/吨
（2）乙类啤酒	220元/吨
4. 其他酒	10%
三、高档化妆品	15%
四、贵重首饰及珠宝玉石 1. 金银首饰、铂金首饰和钻石及钻石饰品（零售环节）	5%
2. 其他贵重首饰及珠宝玉石（生产或进口环节）	10%
五、鞭炮、焰火	15%
六、成品油	1.2~1.52元/升
七、小汽车 1. 乘用车	1%~40%
2. 中轻型商用客车	5%
3. 超豪华小汽车（零售环节）	10%
八、摩托车	3%~10%
九、高尔夫球及球具	10%
十、高档手表	20%

表3-1（续）

税目	税率（额）
十一、游艇	10%
十二、木制一次性筷子	5%
十三、实木地板	5%
十四、电池	4%
十五、涂料	4%

纳税人兼营不同税率的应税消费品，应当分别核算不同税率应税消费品的销售额、销售数量。未分别核算销售额、销售数量，或者将不同税率的应税消费品组成成套消费品销售的，从高适用税率。对未分别核算的销售额按高税率计税，意在督促企业对不同税率应税消费品的销售额分别核算，准确计算纳税。

第二节　消费税纳税人的税收筹划

一、纳税人的具体分类

消费税纳税人具体包括以下几种情况：

（一）生产销售应税消费品的纳税人

生产销售应税消费品的纳税人是指从事应税消费品生产及销售的企业、单位和个体经营者。纳税人生产应税消费品并销售是消费税征收的主要环节。生产应税消费品并销售的，于销售时缴纳消费税。纳税人用生产的应税消费品换取生产资料、消费资料，投资入股，偿还债务都应视同销售缴纳消费税。另外，纳税人将生产的应税消费品用于继续生产应税消费品以外的其他方面都应计算缴纳消费税。

（二）委托加工应税消费品的纳税人

委托加工应税消费品是指由委托方提供原料和主要材料，受托方只收取加工费和代垫部分辅助材料加工的应税消费品。委托加工以委托方为纳税人，一般由受托方代收代缴消费税。但是，委托个人加工应税消费品的，一律于委托加工的应税消费品收回后，在委托方所在地缴纳消费税。委托加工的消费品在提货时已经缴纳消费税的，委托方收回后如以不高于受托方计税价格直接出售的，不再征收消费税；委托方以高于受托方计税价格出售的，不属于直接出售，需按规定申报缴纳消费税，在计税时准予扣除已代收代缴的消费税；委托方用于继续生产应税消费品的，其所缴税款可按规定扣除。

需要注意的是，对于由受托方提供原材料生产的应税消费品，或者受托方先将原材料卖给委托方，然后再接受加工的应税消费品以及由受托方以委托方的名义购进原材料生产的应税消费品。纳税人不论在财务上是否做销售处理，都不得作为委托加工应税消费品，而应当按照销售自制应税消费品缴纳消费税。

（三）进口应税消费品的纳税人

对于进口应税消费品的情况，货物进口人或代理人在进口报关时缴纳消费税。

（四）国务院确定的销售应税消费品的其他单位和个人

例如，零售金银首饰、铂金首饰和钻石及钻石饰品的单位和个人是消费税的纳税人，在中华人民共和国境内从事卷烟批发业务的单位和个人是消费税的纳税人，零售豪华小汽车的单位和个人是消费税的纳税人。

二、纳税人的税收筹划要点

由于消费税是针对特定纳税人的特定征税环节，因此可以通过企业的合并，递延纳税时间。税收筹划要点主要有以下两个方面：

一方面，企业合并会使原来企业间的购销环节转变为企业内部的原材料转让环节，从而递延部分消费税税款。如果两个合并企业之间存在着原材料供应的关系，则在合并前，这笔原材料的转让关系为购销关系，纳税人应该按照正常的购销价格缴纳消费税税款。在合并后，企业之间的原材料供应关系转变为企业内部的原材料转让关系，因此这一环节不用缴纳消费税，而是递延到销售环节再征收。

另一方面，如果后一环节的消费税税率较前一环节的消费税税率低，则可直接减轻企业的消费税税负。前一环节应该征收的税款延迟到后面环节再征收，如果后面环节税率较低，则合并前企业间的销售额在合并后适用了较低的税率而减轻了企业税负。

【案例 3-1】东方公司是一家药酒厂，过去一直从红星酒厂购进粮食白酒用于生产药酒。2020 年 3 月，东方公司从红星酒厂购进粮食白酒 500 吨，不含税售价为 5 元/斤。2020 年 5 月，东方公司销售药酒 300 吨，取得不含税销售收入 750 万元（白酒的消费税税率为 20%加 0.5 元/斤，药酒适用 10%的消费税税率）。

根据《消费税暂行条例》的规定，红星酒厂向东方公司出售粮食白酒属于消费税的征税范围，红星酒厂需要对此缴纳消费税。另外，东方公司生产、对外销售药酒同样需要缴纳消费税。

红星酒厂出售粮食白酒应纳消费税 $=(500\times2\ 000\times0.5+500\times2\ 000\times5\times20\%)\div10\ 000=150$（万元）

东方公司生产销售药酒应纳消费税 $=750\times10\%=75$（万元）

两者应纳消费税合计 $=150+75=225$（万元）

如何进行税收筹划才能减轻两家公司总体的消费税税负？

【筹划方案】

东方公司可以通过合并红星酒厂并将其作为非独立核算的白酒生产车间，以达到降低消费税税负的目的。

根据《消费税暂行条例》的规定，纳税人生产的应税消费品，于纳税人销售时纳税；纳税人自产自用的应税消费品，用于连续生产应税消费品的，不纳税。因此，东方公司合并红星酒厂后，原来东方公司从红星酒厂购入白酒的行为将转变为企业内部原材料的转移行为，将自产自用的应税消费品用于连续生产应税消费品不需要缴纳消费税，可以实现递延缴纳消费税税款。同时，由于流转环节的减少，白酒销售环节的消费税就免于缴纳了。

东方公司合并红星酒厂后，红星酒厂作为东方公司非独立核算的白酒生产车间，其向东方公司移送粮食白酒的过程是不需要征收消费税的，仅对东方公司对外销售药酒时才需要计算缴纳消费税。

东方公司应纳消费税＝750×10%＝75（万元）

可见，东方公司通过合并红星酒厂可以节约消费税税款150万元（225－75）。

第三节　消费税计税依据的税收筹划

一、计税依据的确定方法

按照税法的规定，消费税应纳税额的计算分为从价计征、从量计征和复合计征三种方法。

（一）从价计征

在从价计征，即从价定率计算方法下，应纳税额的多少取决于应税消费品的销售额和适用税率两个因素。计算公式如下：

应纳税额＝应税消费品的销售额×适用税率

1. 销售额的确定

销售额是纳税人销售应税消费品向购买方收取的全部价款和价外费用，包括消费税但不包括增值税。

价外费用是指价外收取的基金、集资费、返还利润、补贴、违约金（延期付款利息）和手续费、包装费、包装物租金、储备费、优质费、运输装卸费、代收款项、代垫款项以及其他各种性质的价外收费。承运部门的运费发票开具给购货方的，纳税人将该项发票转交给购货方的代垫运费不包括在内；同时，符合条件的代为收取的政府性基金或行政事业性收费也不包括在销售额内。

另外，白酒生产企业向商业销售单位收取的“品牌使用费”应属于白酒销售价款的组成部分。

2. 含增值税销售额的换算

消费税的销售额中如含有增值税，应换算为不含增值税的销售额。换算公式如下：

应税消费品的销售额＝含增值税的销售额（含价外费用）÷(1+增值税的税率或征收率)

上述公式中的增值税税率，基本税率为13%，征收率为3%。

3. 组成计税价格公式

（1）自产自用组成计税价格公式。所谓自产自用，就是纳税人生产应税消费品后，不是用于直接对外销售，而是用于自己连续生产应税消费品或用于其他方面。例如，企业把自己生产的应税消费品以福利或奖励等形式发给本厂职工。

纳税人自产自用的应税消费品，用于连续生产应税消费品的，不纳税。纳税人自产自用的应税消费品，除用于连续生产应税消费品外，凡用于其他方面，应当按照纳税人生产的同类消费品的销售价格计算纳税。没有同类消费品销售价格的，纳税人按照组成计税价格计算纳税。

组成计税价格=(成本+利润)÷(1-消费税比例税率)

=[成本×(1+成本利润率)]÷(1-消费税比例税率)

或:

组成计税价格=(成本+利润+自产自用数量×定额税率)÷(1-消费税比例税率)

=[成本×(1+成本利润率)+自产自用数量×定额税率]÷(1-消费税比例税率)

公式中的“成本”,是指应税消费品的产品生产成本。

公式中的“利润”,是指根据应税消费品的全国平均成本利润率计算的利润。应税消费品的全国平均成本利润率由国家税务总局确定。

(2)委托加工组成计税价格公式。委托加工的应税消费品是指由委托方提供原料和主要材料,受托方只收取加工费和代垫部分辅助材料加工的应税消费品。

委托加工的应税消费品按照受托方的同类消费品的销售价格计算纳税;没有同类消费品销售价格的,按照组成计税价格计算纳税。

组成计税价格=(材料成本+加工费)÷(1-消费税比例税率)

或:

组成计税价格=(材料成本+加工费+委托加工数量×定额税率)÷(1-消费税比例税率)

公式中的“材料成本”,是指委托方所提供加工材料的实际成本。如果加工合同上未如实注明材料成本,受托方所在地主管税务机关有权核定其材料成本。

公式中的“加工费”,是指受托方加工应税消费品向委托方所收取的全部费用(包括代垫辅助材料的实际成本),但不包括随加工费收取的增值税销项税额。

(二)从量计征

在从量计征,即从量定额计算方法下,应纳税额的多少取决于应税消费品的销售数量和单位税额两个因素。计算公式如下:

应纳税额=应税消费品的销售数量×单位税额

1. 销售数量的确定

销售数量是指纳税人生产、加工和进口应税消费品的数量。

(1)纳税人销售应税消费品的,销售数量为应税消费品的销售数量。

(2)纳税人自产自用应税消费品的,销售数量为应税消费品的移送使用数量。

(3)纳税人委托加工应税消费品的,销售数量为纳税人收回的应税消费品数量。

(4)纳税人进口应税消费品的,销售数量为海关核定的应税消费品进口征税数量。

2. 计量单位的换算标准

《消费税暂行条例》规定,黄酒、啤酒是以吨为税额单位的,汽油、柴油是以升为税额单位的。但是,在实际销售过程中,应税消费品的单位是多种多样的,因此要规范不同产品的计量单位,注意换算。

(三)复合计征

现行消费税的征税范围中,只有卷烟、白酒采用复合计征方法。计算公式如下:

应纳税额=应税销售数量×定额税率+应税销售额×比例税率

生产和销售卷烟、白酒从量定额计税依据为实际销售数量，进口、委托加工、自产自用卷烟、白酒从量定额计税依据分别为海关核定的进口征税数量、委托方收回数量、移送使用数量。

（四）计税依据的特殊规定

1. 自设非独立核算门市部销售应税消费品的计税规定

纳税人通过自设非独立核算门市部销售的自产应税消费品，应当按照门市部对外销售额或销售数量征收消费税。

2. 应税消费品用于换取生产资料和消费资料、投资入股和抵偿债务的计税规定

纳税人用于换取生产资料和消费资料，投资入股和抵偿债务等方面的应税消费品，应当以纳税人同类应税消费品的最高销售价格作为计税依据计算消费税。

3. 白酒最低计税价格的核定

白酒生产企业销售给销售单位的白酒，生产企业消费税计税价格低于销售单位对外销售价格（不含增值税，下同）70%以下的，税务机关应核定消费税最低计税价格。自 2015 年 6 月 1 日起，纳税人将委托加工收回的白酒销售给销售单位，消费税计税价格低于销售单位对外销售价格（不含增值税）70%以下的，也应核定消费税最低计税价格。

二、计税依据的税收筹划要点

（一）利用关联企业进行转让定价

税法所称的关联企业，是指与企业有如下之一关系的公司、企业和其他经济组织：

（1）在资金、经营、购销等方面，存在直接或间接的拥有或控制关系。

（2）直接或间接地同为第三者拥有或控制。

（3）其他在利益上相关联的关系。

转让定价是指关联企业之间在销售货物、提供劳务、转让无形资产等制定的价格。在现实中，关联企业各方为转移利润而在产品买卖过程中，不按照独立交易原则进行交易，而是根据它们之间的整体利益对产品价格进行相关调整，可以高于或低于市场上由供求关系决定的价格，以实现相互之间利益的最大化。

消费税的特点之一是其征税环节具有单一性，消费税的征税环节一般发生在生产领域而非流通领域。如果将生产销售环节的价格降低，纳税人可以直接取得节税的利益。因此，关联企业中生产（委托加工、进口）应税消费品的企业，如果以较低的价格将应税消费品销售给其独立核算的销售部门，则可以降低销售额，从而减少应纳消费税税额，而独立核算的销售部门由于处在销售环节，不缴纳消费税。企业也可以采用分设独立核算的经销部、销售公司的办法，降低生产环节的销售价格，经销部、销售公司再以正常价格对外销售。由于消费税主要在生产环节征收，因此这样做可以使企业整体的消费税税负下降。

【案例 3-2】红高粱酒厂主要生产粮食白酒，每月销往全国各地的批发商约为 2 000箱（每箱 12 瓶，每瓶 500 克，下同）。同时，本地的一些零售商、酒店、消费

者个人每月直接到红高粱酒厂购买白酒约 500 箱。企业销售给批发商的批发价为每箱（不含增值税，下同）1 300 元，销售给零售商、酒店及消费者个人的价格为每箱 1 500 元（粮食白酒的消费税税率为 20%加 0.5 元/500 克）。

因此，红高粱酒厂每月应缴纳的消费税共有两部分。

批发给批发商的粮食白酒应纳消费税税额计算如下：

应纳税额 = 1 300×2 000×20%+0.5×12×2 000 = 532 000（元）

直接销售给零售商、酒店、消费者个人的应纳消费税税额计算如下：

应纳税额 = 1 500×500×20%+0.5×12×500 = 153 000（元）

红高粱酒厂合计应缴纳消费税 685 000 元。

【筹划方案】

红高粱酒厂可以在本地设立一个独立核算的经销部，将白酒按销售给批发商的价格每箱 1 300 元销售给经销部，再由经销部销售给零售商、酒店及消费者个人。

红高粱酒厂批发给批发商的粮食白酒应纳消费税税额保持不变，仍为 532 000 元，但经由经销部再销售给零售商、酒店、消费者个人的应纳消费税税额计算如下：

应纳税额 = 1 300×500×20%+0.5×12×500 = 133 000（元）

合计应缴纳消费税 665 000 元。

节约消费税税额 = 685 000−665 000 = 20 000（元）

应当注意的是，由于独立核算的销售部门与生产企业属于关联企业，根据《税收征收管理法》的有关规定，中国企业或外国企业在中国境内设立的从事生产、经营的机构、场所与其关联企业之间的业务往来，应当按照独立企业之间的业务往来收取或支付价款、费用。不按照独立企业之间的业务往来收取或支付价款、费用，而减少其应纳税额的收入或所得的，税务机关有权进行合理调整。因此，关联企业在进行转让定价时，不能一味地压低价格，否则很容易引起税务机关的注意，进而被税务机关重新核定产品价格。

（二）选择恰当的销售方式

消费税纳税义务发生的时间根据货款结算方式或行为发生时间分别确定。

（1）纳税人销售应税消费品，其纳税义务发生时间的规定如下：

①纳税人采取赊销和分期收款结算方式的，其纳税义务发生时间为书面合同规定的收款日期的当天。书面合同没有约定收款日期或无书面合同的，其纳税义务发生时间为发出应税消费品的当天。

②纳税人采取预收货款结算方式的，其纳税义务发生时间为发出应税消费品的当天。

③纳税人采取托收承付和委托银行收款方式销售应税消费品，其纳税义务发生时间为发出应税消费品并办妥托收手续的当天。

④纳税人采取其他结算方式的，其纳税义务发生时间为收讫销售款或取得索取销售款凭据的当天。

（2）纳税人自产自用的应税消费品，其纳税义务发生时间为移送使用的当天。

（3）纳税人委托加工的应税消费品，其纳税义务发生时间为纳税人提货的当天。

（4）纳税人进口的应税消费品，其纳税义务发生时间为报关进口的当天。

由此可见，企业采用不同的销售方式，其纳税义务发生时间也是不同的。选择恰当的销售方式可以使企业合理地推迟纳税义务发生时间，从而递延缴纳税款，获得资金的时间价值。例如，A公司销售一批应税消费品给B公司，货款于货物发出的两个月后支付，那么就可以在双方签订合同时注明销售方式为赊销，从而推迟纳税义务发生时间，实现递延纳税。

【案例3-3】一家木材企业2020年9月1日销售一批实木地板，价值500万元，适用5%的消费税税率。因为购货方存在资金周转困难，该批货款无法一次性收回。如果按照直接收款方式销售该批实木地板，该企业9月产生的该批实木地板的消费税税额为25万元（500×5%）。该企业应如何签订合同才能节税呢？

【筹划方案】

该企业与其购货方应签订分期收款协议，协议中注明5个月收回货款，每月30日前购货方支付货款100万元，则每个月应纳消费税5万元（100×5%）。显然，采取分期收款方式能使企业在无法一次性收回全部货款时实现分期纳税，递延纳税时间，减轻企业的税款支付压力，使税负趋于均衡。

（三）自产自用应税消费品的税收筹划

企业用自产的应税消费品进行对外投资、换取生产资料和消费资料以及抵偿债务等，虽然没有直接发生销售行为，但仍是一种有偿转让应税消费品所有权的行为，应当视同销售应税消费品计算缴纳消费税。按照《消费税暂行条例》的规定，纳税人用应税消费品进行投资、换取生产资料和消费资料以及抵偿债务等，应当按纳税人销售同类应税消费品的最高销售价格作为计税依据，计算缴纳消费税。

因此，如果企业存在以应税消费品对外投资、换取生产资料和消费资料以及抵偿债务的情形，最好先做销售处理，而后再进行后续活动。

【案例3-4】2020年8月，南宇汽车厂以小汽车10辆向北城出租车公司进行投资。双方合同约定，每辆汽车作价18万元（不含增值税，下同）。已知，该类型的汽车正常销售价格为18万元，南宇汽车厂上月销售该类型小汽车的最高售价为20万元。该类型小汽车适用的消费税税率为5%。

在这项业务中，南宇汽车厂虽然没有直接发生销售行为，但以小汽车进行投资，属于有偿转让应税消费品，应当视同销售，按照其销售同类应税消费品的最高销售价格计算缴纳消费税。

南宇汽车厂该项业务应纳消费税税额＝20×10×5%＝10（万元）

南宇汽车厂应如何进行税收筹划呢？

【筹划方案】

南宇汽车厂可以先将这10辆小汽车按照市场价销售后，再以取得的价款对北城出租车公司进行投资。

南宇汽车厂销售小汽车应纳消费税税额＝18×10×5%＝9（万元）

税收筹划后节税额＝10－9＝1（万元）

（四）已纳消费税扣除的税收筹划

为了避免重复征税，税法规定，纳税人将外购应税消费品和委托加工收回的应税消费品继续生产应税消费品销售的，可以将外购应税消费品和委托加工收回应税消费品已缴纳的消费税扣除。

1. 外购应税消费品已纳税款的扣除

某些应税消费品是用外购已缴纳消费税的应税消费品连续生产出来的。在对这些连续生产出来的应税消费品计算征税时，税法规定企业应按当期生产领用数量计算准予扣除外购的应税消费品已纳的消费税税款。扣除范围如下：

（1）外购已税烟丝生产的卷烟。

（2）外购已税高档化妆品生产的高档化妆品。

（3）外购已税珠宝玉石生产的贵重首饰及珠宝玉石。

（4）外购已税鞭炮焰火生产的鞭炮焰火。

（5）外购已税杆头、杆身和握把为原料生产的高尔夫球杆。

（6）外购已税木制一次性筷子为原料生产的木制一次性筷子。

（7）外购已税实木地板为原料生产的实木地板。

（8）对外购已税汽油、柴油、石脑油、燃料油、润滑油用于连续生产应税成品油。

（9）从葡萄酒生产企业购进、进口葡萄酒连续生产应税葡萄酒。

扣税计算公式如下：

当期准予扣除的外购应税消费品已纳税款＝当期准予扣除的外购应税消费品（当期生产领用数量）买价×外购应税消费品适用税率

当期准予扣除的外购应税消费品买价＝期初库存的外购应税消费品买价＋当期购进的应税消费品买价－期末库存的外购应税消费品买价

2. 委托加工收回的应税消费品已纳税款的扣除

委托加工的应税消费品已由受托方代收代缴消费税，因此委托方收回货物后用于连续生产应税消费品的，其已纳税款准予按照规定从连续生产的应税消费品应纳消费税税额中抵扣。按照国家税务总局的规定，符合扣除条件的应税消费品范围大致与外购应税消费品的扣除范围相当，区别在于少了葡萄酒，多了摩托车。

【案例 3-5】振宏烟草股份有限公司（简称“振宏公司”）是一家专营乙类卷烟的国有烟厂。长期以来，该公司自己生产乙类卷烟所需烟丝，并将烟丝进一步加工成振宏牌乙类卷烟。随着人民生活水平的提高，消费者对卷烟质量的要求也不断提高，对甲类卷烟的需求明显增多。振宏公司为了拓展业务，扩大经营范围，决定生产甲类卷烟。但由于自身的技术有限，振宏公司无法生产甲类卷烟所需烟丝，因此只能委托其他烟厂加工。2020 年 6 月，振宏公司发生如下业务：

①振宏公司生产乙类卷烟烟丝 15 万元，其中 5 万元外销给其他烟厂，其余 10 万元直接用于本公司加工乙类卷烟。

②销售乙类卷烟 8 箱（每箱 50 000 支，下同），取得不含增值税价款 12 万元。

③振宏公司委托加工甲类卷烟的烟丝，价值 6 万元，已由加工单位代扣代缴消费税 1. 8 万元。振宏公司期初无库存的委托加工烟丝，期末库存的委托加工烟丝 2 万元。

④振宏公司销售甲类卷烟 4 箱，烟已发出，已收讫货款 10 万元（其中，烟丝的

比例税率为30%，甲类卷烟的复合税率为56%加0.003元/支，乙类卷烟的复合税率为36%加0.003元/支)。

6月末，振宏公司财务部门自行计算应缴纳的消费税＝15×30%＋(12×36%＋0.003×50 000×8÷10 000)＋(10×56%＋0.003×50 000×4÷10 000)＝14.6（万元）

振宏公司领导觉得税款过多，立即聘请有关税务专家进行审核。税务专家立刻指出振宏公司有两处多计算了应纳消费税。

【筹划方案】

正如税务专家指出的，振宏公司财务人员由于没有很全面地了解和深入地理解税法，因此在计算消费税时，多计算了应纳税额。

依据税法规定，纳税人自产自用的应税消费品，用于连续生产应税消费品的，不纳税；而用于其他方面的，则应视同销售缴纳消费税。振宏公司将10万元烟丝直接加工乙类卷烟，是生产最终应税消费品的直接材料，属于连续生产应税消费品，不纳税。因此，振宏公司只需就直接销售的5万元烟丝缴纳消费税。

业务①应纳消费税＝5×30%＝1.5（万元）

根据《消费税暂行条例》的规定，委托加工的应税消费品已由受托方代收代缴消费税，因此准予扣除委托加工的应税消费品已纳的消费税税款。依据该规定，振宏公司委托加工收回的烟丝加工成甲类卷烟出售，可以按当期生产领用数量扣除委托加工环节已代收代缴的消费税。由于期末仍有库存的2万元加工收回的烟丝，因此当期振宏公司只动用了部分委托加工收回的烟丝，受托加工方所代扣代缴的1.8万元消费税不能全部扣除。

业务③可扣除的消费税＝(6－2)×30%＝1.2（万元）

振宏公司由于不了解税法中关于委托加工收回的已税消费品如连续生产应税消费品，已纳消费税可按生产领用数量扣除的规定，少抵扣税款1.2万元。

综合考虑以上两点，振宏公司多计算应纳消费税4.2万元。

实际应纳税额＝5×30%＋(12×36%＋0.003×50 000×8÷10 000)＋(10×56%＋0.003×50 000×4÷10 000)－(6－2)×30%＝10.4（万元）

（五）加工方式的税收筹划

纳税人生产销售应税消费品时，在具备一定的生产条件下，可以由自己的生产加工车间来直接生产销售应税消费品。但企业、单位或个人由于设备、技术、人力等方面的局限或其他方面的原因，常常要委托其他单位代为加工应税消费品，然后将加工好的应税消费品收回，直接销售或自己使用。这是生产应税消费品的另一种形式，称为委托加工，也需要纳入消费税的征税范围。

委托加工以委托方为纳税人，一般由受托方代收代缴消费税。委托加工的应税消费品，按照受托方的同类消费品的销售价格计算纳税。没有同类消费品销售价格的，应税消费品按照组成计税价格计算纳税。

由于酒类生产企业自制应税消费品和委托加工应税消费品在用于连续生产应税消费品时，税法规定的征免税项目不同。因此，对于酒类产品生产企业来说，很有必要对委托加工和自制应税消费品的经营方式进行税收筹划，以便节约税收成本，增强企业在市场中的竞争能力。

【案例 3-6】A 酒业有限责任公司 2020 年 5 月收到了一笔高档瓶装白酒的销售订单，需要原材料大米 50 吨，金额为 40 万元（不含增值税，下同），加工成粮食白酒 30 吨，用于连续生产高档瓶装白酒。粮食白酒的复合税率为 20%加 0.5 元/斤。

【筹划方案】

方案一：A 酒业有限公司委托 B 加工厂加工散装粮食白酒一批，双方已按规定签订了委托加工合同。合同上注明：委托方提供原材料大米 50 吨，金额为 40 万元；同时，委托方支付受托方加工费 8 万元。假设受托方没有同类白酒的销售价格。

粮食白酒的组成计税价格 = (40+8+0.5×50×2 000÷10 000)÷(1−20%)

= 66.25（万元）

受托方应代收代缴的消费税 = 66.25×20%+0.5×50×2 000÷10 000

= 18.25（万元）

委托加工粮食白酒的生产成本 = 40+8+18.25 = 66.25（万元）

方案二：A 酒业有限公司不委托其他企业进行加工，由本公司自己生产加工散装粮食白酒 30 吨。假设 A 酒业有限公司支付给工人的工资等其他费用和委托加工一样，也是 8 万元。根据税法的规定，纳税人用于连续生产应税消费品的，不纳税。因此，A 酒业有限公司自己加工生产的这批粮食白酒无需缴纳消费税。

自行加工粮食白酒的生产成本 = 40+8 = 48（万元）

从以上两种方案的分析、计算可以得知，第二种方案比第一种方案节约生产成本 18.25 万元（66.25−48）。节约的生产成本正好等于第一种方案缴纳的消费税 18.25 万元。也就是说，方案二比方案一少缴消费税 18.25 万元。

如果企业把委托加工的或外购的粮食白酒用于企业连续生产应税消费品，在这种情况下，这批粮食白酒就要缴纳两道消费税。第一道是在委托加工或生产环节；第二道是在企业委托加工收回后再加工，或者购进后用于加工生产，然后再销售时。显然，自制的白酒比委托加工和购进的白酒生产成本低得多。由此可见，自制白酒比委托加工和购进白酒更划算。

（六）包装物的税收筹划

根据《中华人民共和国消费税暂行条例实施细则》的规定，实行从价定率办法计算应纳税额的应税消费品连同包装物销售的，无论包装物是否单独计价，也不论在会计上如何核算，均应并入应税消费品的销售额中征收消费税。如果包装物不作价随同产品销售，而是收取押金，此项押金则不应并入应税消费品的销售额中征税。但因逾期未收回的包装物不再退还的或已收取的时间超过 12 个月的押金，应并入应税消费品的销售额，按照应税消费品的适用税率缴纳消费税。

对既作价随同应税消费品销售，又另外收取押金的包装物的押金，纳税人凡在规定的期限内没有退还的，均应并入应税消费品的销售额，按照应税消费品的适用税率缴纳消费税。

酒类产品生产企业销售酒类产品（黄酒、啤酒除外）而收取的包装物押金，无论押金是否返还及在会计上如何核算，均应并入酒类产品销售额中征收消费税。

对包装物进行税收筹划的关键是企业可以通过先销售、后包装的形式降低应税销售额，从而降低消费税税负。

【案例 3-7】海蓝化妆品厂拟在 2020 年 8 月销售成套高档化妆品 2 000 件，每件不含税售价为 1 000 元，每件成套化妆品耗用包装物的不含税价为 100 元。已知高档化妆品的消费税税率为 15%。

【筹划方案】

方案一：采取成套高档化妆品连同包装物一并销售的方式。包装物作价随同产品销售的，应并入应税消费品的销售额中征收消费税。

应纳消费税税额 = 2 000×(1 000+100)×15% = 330 000（元）

方案二：采取收取包装物押金的方式。企业对每件包装物单独收取押金 113 元，则此项押金不并入应税消费品的销售额中征税。包装物押金收回的时间不同，又存在以下两种情况：

情况一：包装物押金 12 个月内收回。

应纳消费税税额 = 2 000×1 000×15% = 300 000（元）

企业可节省消费税 = 330 000－300 000 = 30 000（元）

情况二：包装物押金逾期未收回。

企业销售成套化妆品时应纳消费税税额 = 2 000×1 000×15% = 300 000（元）

一年后企业未收回押金，则需补缴消费税 = 2 000×113÷(1+13%)×15%

= 30 000（元）

由此可见，企业采用方案二时，将 15 万元的消费税的纳税期限延缓了一年，充分利用了资金的时间价值。

因此，企业可以考虑在情况允许时，不将包装物作价随同产品出售，而是采用收取包装物押金的方式，达到递延缴纳税款的目的。

第四节　消费税税率的税收筹划

消费税采用比例税率和定额税率两种形式，以适应不同应税消费品的实际情况。比例税率中最高比例税率为 56%，最低比例税率为 1%。定额税率最高为每征税单位 250 元。

消费税根据不同的税目或子目确定相应的税率或单位税额。大部分应税消费品适用比例税率。例如，烟丝的适用税率为 30%，摩托车的适用税率为 3%等；黄酒、啤酒、成品油按单位重量或单位体积确定单位税额；卷烟、白酒采用比例税率和定额税率双重征收形式。

消费税按不同的消费品划分税目，税率在税目的基础上采用“一目一率”的方法，每种应税消费品的消费税税率各不相同，这种差别为税收筹划提供了客观条件。

一、包装方式的税收筹划

税法规定，纳税人兼营不同税率的应税消费品，应当分别核算不同税率应税消费品的销售额、销售数量；未分别核算销售额、销售数量，或者将不同税率的应税消费品组成成套消费品销售的，从高适用税率。这种情况无疑会增加企业的税收负担。

按照上述规定，消费税的纳税人同时经营两种以上税率的应税消费品，应分别核算。例如，某卷烟厂既生产甲类卷烟又生产乙类卷烟，两种不同类型的卷烟比例税率分别为56%和36%，则企业应分别核算甲类卷烟和乙类卷烟的销售额；若未分别核算，那么全部卷烟都应按照甲类卷烟的适用税率56%加0.003元/支，计算缴纳消费税。

另外，消费税纳税人将两种不同税率的应税消费品组成套装销售，应尽量采取先销售后包装的形式。例如，某化妆品公司将其生产的高档化妆品和普通护肤品用礼盒精美包装后再一起出售，高档化妆品的税率为15%，虽然普通护肤品不属于消费税征税范围，无需计算缴纳消费税，但在计税时应将两种消费品的销售额合计，按高档化妆品15%的税率统一征收消费税。

【案例3-8】为了进一步扩大销售，鸿丰酒厂采取多样化销售方案，将生产的粮食白酒和药酒组成精品套装后再对外销售。2020年6月，鸿丰酒厂对外销售500套上述精品美酒套装，单价200元/套（不含增值税，下同）。礼盒中，分别有粮食白酒2瓶、药酒1瓶，每瓶均为1斤装。若将套装分拆，单独出售，则粮食白酒价格为60元/瓶，药酒价格为80元/瓶。假设此包装的包装费可以忽略不计，那么鸿丰酒厂对此项销售策略应当如何进行税收筹划（粮食白酒的复合税率为20%加0.5元/斤，药酒的比例税率为10%）？

【筹划方案】

多数公司在进行礼盒促销时，通常做法是将产品先包装好后再进行销售。根据税法规定，将不同税率的应税消费品组成成套消费品销售的，要从高适用税率。如此一来，鸿丰酒厂的这款礼盒中的药酒不仅按20%的高税率从价计税，还要按0.5元/斤的定额税率从量计税。

先包装后销售应纳消费税＝200×500×20%＋500×(2＋1)×0.5＝20 750（元）

如果鸿丰酒厂采取先销售后包装的方式，先将上述礼盒中的粮食白酒和药酒分别单独销售给零售商，之后再经由零售商包装成礼盒后对外销售。此时，粮食白酒按照复合税率20%加0.5元/斤计算缴纳消费税，而药酒就仅需按照10%的比例税率纳税。

先销售后包装应纳消费税＝500×2×60×20%＋500×2×0.5＋500×1×80×10%
＝16 500（元）

通过比较，“先销售后包装”比“先包装后销售”节税4 250元（20 750－16 500）。

二、制定合理的销售价格

一些应税消费品的等级不同，消费税的税率也随之不同。不同等级的税法确定标准是单位定价。一般来说，等级越高，单位定价越高，税率也越高。因此，纳税人可以根据市场供需关系和税负的轻重来制定一个合理的价格，进而获得税收利益。

例如，卷烟分为甲类卷烟和乙类卷烟。其中，甲类卷烟是指每标准条（200支，下同）调拨价格在70元（含70元，不含增值税）以上的卷烟；乙类卷烟是指每标准条调拨价格在70元（不含增值税）以下的卷烟。啤酒每吨出厂价（含包装物及包装物押金）在 3 000 元（含 3 000 元，不含增值税）以上的是甲类啤酒，每吨出厂价（含包装物及包装物押金）在 3 000 元（不含增值税）以下的是乙类啤酒。

又如，高档手表仅仅是指销售价格（不含增值税）每只在 10 000 元（含 10 000 元）以上的各类手表。若低于此价格，则不属于高档手表，不征收消费税。

【案例 3-9】泰华手表厂（增值税一般纳税人）2020 年研发了一款新型手表，外形独特，做工精良，市场调查结果显示前景良好。泰华手表厂决定将手表定价 1.1 万元（不含增值税，下同）上市销售，并于 2020 年 9 月成功销售 1 000 只。财务主管发现利润情况并不理想。请运用税法知识分析一下税负和收益情况。

泰华手表厂销售的这批手表价格为 1.1 万元，根据税法的规定，销售价格（不含增值税）每只在 1 万元（含 1 万元）以上的手表为高档手表，需要按照 20%的比例税率征收消费税。因此，泰华手表厂需要就此项销售行为缴纳的税费如下：

增值税 = 1.1×1 000×13% = 143（万元）

消费税 = 1.1×1 000×20% = 220（万元）

城市维护建设税和教育费附加 = (143+220)×(7%+3%) = 36.3（万元）

实际收益 = 1.1×1 000−220−36.3 = 843.7（万元）

每只手表实际收益只有 8 437 元。

【筹划方案】

若泰华手表厂将这批手表的价格进行调整，降低售价，使售价低于 1 万元，则这批手表就不属于高档手表，无需对其缴纳消费税。假设泰华手表厂把每只手表的价格降低至 0.9 万元，则泰华手表厂需要就此项销售行为缴纳的税费如下：

增值税 = 0.9×1 000×13% = 117（万元）

城市维护建设税和教育费附加 = 117×(7%+3%) = 11.7（万元）

实际收益 = 0.9×1 000−11.7 = 888.3（万元）

每只手表实际收益为 8 883 元。

可见，合理制定应税消费品的销售价格，使其不处于消费税的征税范围或处于低税率范围，可使应税消费品的实际收益得到提高。

第五节 消费税的反避税

消费税是 1994 年税制改革时在流转税中新设置的一个税种。在对货物普遍征收增值税的基础上，选择对少数消费品再征收一道消费税，是国家贯彻消费政策、引导消费结构从而引导产业结构，保证国家财政收入的重要手段。税务机关对消费税的反避税检查，除了同增值税一样检查其销售收入外，还需要重点检查其适用的税率及委托加工的产品。

一、对利用税率避税的检查

目前，消费税是按照不同产品分别设计高低不同的税率，税率档次较多；同一产品规模不同、征税环节不同，其税率也不尽相同。当企业为一个大型企业集团时，内部各分公司、子公司在彼此间购销商品、进行连续加工或销售时，通过内部定价，便可以微妙而有效地达到整个集团企业避税的目的。例如，当适用高税率的分公司将其产品卖给适用低税率的分公司时，通过制定较低的内部价格，便把商品原有的一部分价值由税率高的部门转到税率低的部门。如此一来，适用高税率的企业，销售收入减少，应纳税额减少；而适用低税率的企业，产品销售收入不变，应纳税额不变，从总体上达到避税效果。

对此，税务机关必须了解集团企业下属各分公司、子公司之间彼此购销产品的价格是否与该种产品的市场价格相符。若相差悬殊，有避税之嫌，在征税时，应要求企业内部各分公司、子公司之间购销商品按市场价格计算销售收入，并据以计算缴纳消费税。

二、对委托加工产品的反避税检查

有一些企业为了减轻税收负担，逃避消费税的缴纳，运用各种手段将自制产品伪装成委托加工产品，以此来减轻税负。例如，当企业按照合同为其他企业加工定做产品时，先将本企业生产该产品所需要耗用的原材料“卖给对方”，待产品生产出来后，不作为销售处理，而是向购货方收取材料成本和加工费；或者，企业在采购原材料时，就直接以购货方的名义采购等。

为堵塞漏洞，税法明确规定，委托加工的应税消费品是指由委托方提供原料和主要材料，受托方只收取加工费和代垫部分辅助材料加工的应税消费品。对于由受托方提供原材料生产的应税消费品，或者受托方先将原材料卖给委托方，再接受加工的应税消费品以及由受托方以委托方的名义购进原材料生产的应税消费品，不论在财务上是否作为销售处理，都不得作为委托加工应税消费品，而应当按照销售自制应税消费品缴纳消费税。

另外，税务机关要有效地对这种行为给予纠正和制裁，还需要加强对纳税人经济业务的检查。税法意义上的委托加工要求受托方与委托方签订委托加工产品的合同，委托方带来的原材料，受托企业一般要在“委托加工来料备查簿”中登记，而不记入往来账等本企业账中。因此，若企业有委托加工业务，税务机关先要审查其是否有委托加工合同，同时审查往来账，看往来账上是否有原材料，并核实原材料是否属于企业自用的材料。这样税务机关便可以进一步确定企业的委托加工业务是否真实可靠，便于据实征收消费税。

由于我国一般仅在单一环节征收消费税，企业利用关联交易规避消费税税款缴纳的情况较为常见。除酒类生产企业以外，卷烟、化妆品、小汽车、高尔夫球及球具等消费品生产企业也应当注意其纳税行为的合法性，防范税务法律风险。立法机关也应积极完善法律制度，填补法律漏洞，避免税款流失。

信用是市场经济的基石，人无信不立，业无信不兴，国无信则衰。税收信用作为纳税人履行税收义务的客观反映，直接体现纳税人对社会、对国家的信用。国家税务总局相继出台了《纳税信用管理办法》《国家税务总局关于纳税信用评价有关事项的公告》等文件。

对此，纳税人应积极响应国家政策号召，在进行税收筹划时，必须掌握各种必要的税收知识，树立依法纳税的观念。纳税人在进行税收筹划前要关注信用承诺，对填报信息的真实性、准确性、完整性等作出承诺，将信用承诺书纳入企业信用记录；在进行税收筹划过程中，要注重诚实守信，不得违反相关法律法规，不得违背诚实守信原则，更要禁止偷税、骗税等失信行为；在税收筹划方案实施后，要关注反馈结果，如有失信行为，要立马修正或重新设计方案，消除不良信用影响。

【案例 3-10】2012 年 11 月 20 日，有微博用户爆料称，泸州老窖股份有限公司（以下简称“泸州老窖”）、宜宾五粮液股份有限公司（以下简称“五粮液”）2011 年度分别缴纳消费税 51 958. 26 万元及 115 909. 10 万元，占白酒收入比分别为 6. 31%及 6. 27%，低于标准 10%，并据此推测该两家公司存在偷逃消费税嫌疑。

泸州老窖于 2012 年 11 月 27 日在深圳证券交易所发布《泸州老窖股份有限公司关于 2011 年消费税情况的澄清公告》（以下简称“《公告》”），称上述报道不实。泸州老窖在《公告》中称，“公司将部分产品定点授权给专业化的第三方灌装生产企业，在泸州酒业集中发展区包装生产成品”，希望借此说明被指责少缴的部分消费税实际已由该第三方灌装生产企业代收代缴。

实际上，上述 10%的标准是根据国家税务总局于 2009 年 7 月 27 日发布的《国家税务总局关于加强白酒消费税征收管理的通知》（国税函〔2009〕380 号，以下简称“《通知》”）计算得出。《通知》规定，白酒生产企业销售给销售单位的白酒，生产企业消费税计税价格低于销售单位对外销售价格（不含增值税，下同）70%以下的，消费税最低计税价格由税务机关根据生产规模、白酒品牌、利润水平等情况在销售单位对外销售价格 50%~70%范围内自行核定。其中，生产规模较大、利润水平较高的企业生产的需要核定消费税最低计税价格的白酒，税务机关核价幅度原则上应选择在销售单位对外销售价格 60%~70%范围内。

正如泸州老窖在《公告》中所说，10%的标准并未考虑企业采取委托加工方式生产时的税务处理。根据《消费税暂行条例》的规定，委托加工的应税消费品，除受托方为个人外，由受托方在向委托方交货时代收代缴税款。因此，泸州老窖委托第三方灌装生产企业加工生产的白酒，其委托加工环节的消费税由该第三方企业代收代缴。除此之外，《消费税暂行条例》还对不同酒类产品，如白酒、黄酒、啤酒等适用不同的计税依据及税率。另外，企业采用不同的生产销售方式将对其应纳税额产生不同影响。10%的标准未曾将这些具体情况纳入考虑范围。

综上所述，10%的标准片面地简化了税务机关核定消费税最低计税价格的过程且未考虑多方面因素的影响。因此，虽然泸州老窖缴纳消费税额与酒类营业收入之比低于 10%，但并不能直接得出泸州老窖偷漏消费税的结论。

最后，关于此次事件，税务机关应多方面、多角度进行综合调查。例如，根据泸州老窖发布的《公告》，第三方灌装企业生产出的成品全部销售给泸州老窖下属控股子公司。该销售行为是否有可能被认定为计税价格明显偏低并无正当理由，是否需经税务机关核定消费税最低计税价格，才是应当关注的焦点。若税务机关经审查，认定泸州老窖的酒类消费品计税价格明显偏低，符合由税务机关核定其消费税最低计税价格的条件，则泸州老窖应当按照税务机关核定的计税价格补缴消费税税款及滞纳金。

第四章
企业所得税筹划

【学习提示】

企业所得税是对我国境内的企业和其他取得收入的组织的生产经营所得和其他所得征收的一种税。企业所得税是国家参与企业利润分配的重要手段，也是我国税收收入的主体税种之一。本章主要介绍企业所得税纳税人的税收筹划、计税依据的税收筹划、税率的税收筹划、税前扣除项目的税收筹划、税收优惠政策的税收筹划等。通过对本章的学习，学生不仅要熟悉《中华人民共和国企业所得税法》的基本规定，掌握企业所得税筹划的基本操作方法，而且要结合案例从企业所得税的纳税人、计税依据、税率、税收优惠等方面进行税收筹划操作。

第一节　企业所得税纳税人的税收筹划

一、企业所得税纳税人

企业所得税纳税人包括我国境内的企业和其他取得收入的组织。《中华人民共和国企业所得税法》（以下简称“《企业所得税法》”）第一条规定，除个人独资企业、合伙企业不适用《企业所得税法》外，凡在我国境内，企业和其他取得收入的组织（以下统称“企业”）为企业所得税纳税人。

企业所得税纳税人依据属地兼属人的税收管辖权（地域管辖权和居民管辖权），分为居民企业和非居民企业。划分标准为注册地或实际管理机构在中国境内，两者满足其一即为居民企业。

在现行税收制度下，不一样的企业组织形式享受不一样的税收待遇，这是由国家宏观经济调控的意图决定的。因此，企业可以通过合理合法的税收筹划安排，选择既有利于业务发展，又能够在一定程度上减轻税收负担的组织形式。

企业可以分为三类：个人独资企业、合伙企业和公司制企业。个人独资企业、合伙企业不具备法人资格，不是我国企业所得税纳税人，国家对个人独资企业、合伙企业比照个体工商户的生产、经营所得，适用五级超额累进税率仅征收个人所得税。公司制企业要依照规定先就企业所得缴纳企业所得税，再就个人投资者取得的股息、红利缴纳个人所得税。显然，公司制企业存在经济性重复课税现象，投资者承担双重税负。因此，对于即将设立企业的投资者来讲，选择不同的纳税主体身份，避免成为企业所得税纳税人，避免经济性重复课税，是实现税收筹划的有效途径。

当然，纳税人在进行此类税收筹划时，应充分考虑各方面的因素，因为选择不同性质的企业形式，其经营风险不同。个体工商户相对规模小，个人独资企业和合伙企业虽然不用缴纳企业所得税，但需承担无限责任，风险较大，而有限责任公司只承担有限责任，风险相对较小。还需注意的是，在实际操作中，税务部门判断承包、承租人对企业经营成果是否拥有所有权，一般是按照对经营成果的分配方式进行的。如果是定额上交，成果归承包、承租人，则属于承包、承租所得；如果对经营成果按比例分配，或者承包、承租人按定额取得成果，其余成果上交则属于工资、薪金所得。因此，纳税人可以根据预期的经营成果测算个人所得税税负，然后确定具体的承包分配方式，以达到降低税负的目的。

【案例 4-1】有五位个人投资者，计划每人出资 500 万元设立一家水产批发有限责任公司，注册资本为 2 500 万元，预计该企业年应纳税所得额为 2 000 万元（假设公司税后利润全部作为红利平均分配给五个投资者）。

若设立有限责任公司，则公司需缴纳企业所得税。

企业所得税 = 2 000×25% = 500（万元）

五个股东每人还需再就个人取得的股息红利缴纳个人所得税。

个人所得税 = 2 000×(1−25%)÷5×20% = 60（万元）

五个股东共计 300 万元的个人所得税，两税合计共需缴纳税款 800 万元。

从税收筹划角度考虑，有没有更好的经营方案呢？

【筹划方案】

五位个人投资者订立合伙协议，设立合伙企业，则不需要缴纳企业所得税，仅需缴纳个人所得税。

假设合伙企业的利润平均分配，则五个合伙人每人需缴纳个人所得税。

个人所得税 = 2 000÷5×35%−6.55 = 133.45（万元）

合计纳税 = 133.45×5 = 667.25（万元）

与有限责任公司（公司制企业）相比，合伙企业少负担所得税 132.75 万元(800−667.25)。因此，若只考虑税负因素，投资者应选择合伙企业的组织形式。

【案例 4-2】小明同学大学毕业后响应政府号召返乡创业，在家乡某小学附近开办了一家餐馆——“小饭桌”，性质为个体工商户。小明同学每年可以取得经营所得（应纳税所得额）90 万元。2020 年度，小明同学有以下三个方案可供选择：

方案一：“小饭桌”继续保持个体工商户的性质。

方案二：将“小饭桌”注册为一人有限责任公司，税后利润全部分配。

方案三，将“小饭桌”注册为一人有限责任公司，税后利润保留在公司，不进行分配。

小明同学应选择哪个经营方案呢？

经营所得的个人所得税税率如表 4-1 所示。

表 4-1 经营所得的个人所得税税率

级数	全年含税应纳税所得额	税率/%	速算扣除数/元
1	不超过 30 000 元的部分	5	0
2	30 000~90 000 元的部分	10	1 500

表4-1(续)

级数	全年含税应纳税所得额	税率/%	速算扣除数/元
3	90 000~300 000 元的部分	20	10 500
4	300 000~500 000 元的部分	30	40 500
5	超过 500 000 元的部分	35	65 500

【筹划方案】

方案一：小明同学需缴个人所得税=90×35%-6.55=24.95（万元）

方案二：“小饭桌”公司需要缴纳企业所得税=90×25%×20%=4.5（万元）

小明同学取得税后利润需缴纳个人所得税=(90-4.5)×20%=17.1（万元）

合计纳税=4.5+17.1=21.6（万元）

方案三：“小饭桌”公司需要缴纳企业所得税=90×25%×20%=4.5（万元）。

因此，小明同学应选择方案三。

【案例4-3】张先生所在的集体工厂经营不景气，主管部门决定将该集体工厂对外承包。通过竞投，张先生承包该集体工厂，该集体工厂将全部资产租赁给张先生使用，张先生每年上交租赁费15万元，租赁后的经营成果全部归张先生个人所有。张先生年生产经营所得为50万元，假设张先生雇用了一位员工，每月支付其7 000元工资。张先生应如何选择纳税人类型进行税收筹划呢？

【筹划方案】

方案一：如果张先生仍使用原集体工厂的营业执照，按税法规定其经营所得应缴纳企业所得税，而且其税后所得还要再按承包、承租经营所得缴纳个人所得税。在不考虑其他因素的情况下，企业纳税情况如下：

企业所得税=500 000×25%=125 000（元）

张先生承包经营所得=500 000-150 000-125 000=225 000（元）

张先生应纳个人所得税=(225 000-7 000×12)×20%-10 500=17 700（元）

张先生实际获得的税后利润=225 000-7 000×12-17 700=123 300（元）

方案二：如果张先生将原集体工厂的工商登记变更为个体工商户，则其承包经营所得只需缴纳个人所得税。在不考虑其他调整因素的情况下，张先生纳税状况如下：

张先生应纳个人所得税=(500 000-150 000-7 000×12)×20%-10 500
=42 700（元）

张先生获得的税后利润=500 000-150 000-7 000×12-42 700=223 300（元）

通过比较，张先生的纳税身份由企业改变为个体工商户后，多获利100 000元(223 300-123 300)。其原因在于，方案一中企业同时面临企业所得税和个人所得税的双重负担，相当于对其收益重复征税；而方案二中个体工商户仅缴纳个人所得税，税负相对较轻。

二、居民企业与非居民企业的税收筹划

（一）居民企业

居民企业是指依法在中国境内成立，或者依照外国（地区）法律成立但实际管

理机构在中国境内的企业。

实际管理机构是指对企业的生产经营、人员、账务、财产等实施实质性全面管理和控制的机构。

（二）非居民企业

非居民企业是指依照外国（地区）法律成立且实际管理机构不在中国境内，但在中国境内设立的机构、场所；或者依照外国（地区）法律成立且实际管理机构不在中国境内，在中国境内未设立机构场所，但有来源于中国境内所得的企业。

居民企业承担全面纳税义务（或无限纳税义务），就其来源于中国境内、境外的全部所得纳税；非居民企业承担有限纳税义务，只就其来源于中国境内的所得以及发生在中国境外但与其在中国境内所设机构、场所有实际联系的所得纳税。

由于非居民企业的税收政策相对复杂，且使用较为复杂的税率制度，这里对非居民企业适用的税率做简单归纳（见图4-1）。

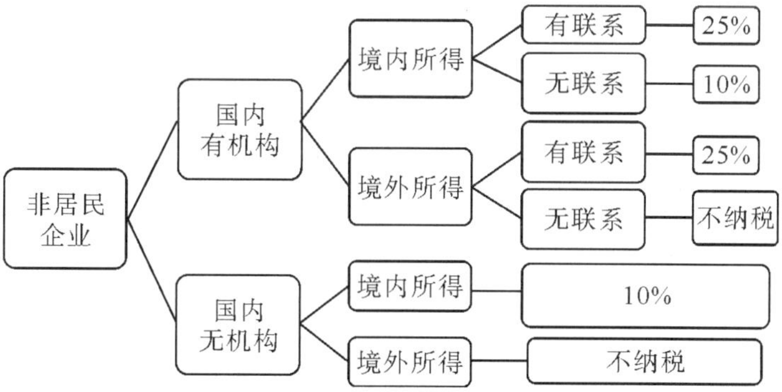

图4-1 非居民企业适用税率

由于居民企业较非居民企业的纳税义务更多，因此外国企业［一般依照外国（地区）法律成立］可以通过不在中国境内设立实际管理机构成为非居民纳税人，从而适用有限纳税义务的税收政策；或者不在中国境内设立机构场所，从而适用低税率，降低企业所得税税负。

【案例4-4】甲公司为在美国成立的跨国公司，其计划在中国设立一个分支机构（非实际管理机构）。该分支机构主要负责甲公司的专利、商标等特许权在中国的许可运营，预计每年取得各类特许权使用费1 600万元。请比较甲公司设立分支机构与不设立分支机构的企业所得税负担。

【筹划方案】

方案一：如果甲公司设立分支机构，则每年缴纳企业所得税＝1 600×25%＝400（万元）

方案二：如果甲公司不设立分支机构，则每年缴纳企业所得税＝1 600×10%＝160（万元）

因此，若设立分支机构与不设立分支机构的收入和其他开支基本相当，甲公司就不应该在中国设立分支机构。

三、子公司与分公司的税收筹划

在市场经济条件下，许多公司发展到一定规模后，基于稳定供货渠道、开辟新的地域市场或方便客户等方面的考虑，不可避免地需要在异地设立分支机构，这也是企业扩张的必由之路，但这就面临分公司与子公司的选择问题。不同性质的分支机构，税收政策及纳税义务不同，因此对分支机构的选择进行税收筹划非常必要。

（一）子公司的设立

“子公司”是与“母公司”相对应的一个概念。当一个公司拥有另一个公司一定比例以上的股份并足以对其实施控制时，该公司即为母公司，而相应受控制的公司即为子公司。

子公司税收筹划有如下特点：

（1）就法律地位而言，子公司与母公司均为独立法人，各自以其名义独立对外进行经营活动。子公司有法人资格，依法独立承担民事责任，当然也包括独立纳税的义务。

（2）在财产责任上，母公司与子公司各自以其独立的财产承担责任，互不连带。子公司拥有独立的财产权，一般独立对外开展经营活动，与母公司之间没有风险连带责任，子公司的税务风险责任不会给母公司造成影响。

（3）子公司因独立承担企业所得税的纳税义务而被所在国视为居民企业，通常要履行与该国其他居民企业一样的全面纳税义务，其他各项税收的计算和缴纳也都与母公司分别进行。

（4）子公司作为独立法人主体可享有东道国给其居民企业同等的税收优惠政策，如免税期、低税率、减免退税等权利。

（5）母公司作为子公司的控股公司，仅在控股权基础上对子公司行使权利，享有对子公司重大事务的决定权。子公司的利润分配形式灵活且不受母公司的干涉。

（6）子公司向母公司支付的诸如特许权、利息、其他间接费等，要比分公司向总公司支付更容易得到税务机关的认可。

（7）子公司利润汇回母公司要比分公司利润汇回总公司灵活得多，这等于母公司的投资所得、资本利得可以保留在子公司，或者可以选择税负较轻的时候汇回，得到额外的税收利益。

（8）母公司转售境外子公司的股票利得通常可享有免税照顾，而出售分公司资产取得的资本利得要被征税。

（9）许多国家对子公司向母公司支付的股息，规定减征或免缴预提税。

（10）某些国家子公司适用的所得税税率比分公司低。

但是建立子公司一般需要复杂的手续，并需要具备一定的条件，财务制度较为严格，必须独立开设账簿，还需要复杂的审计和证明，经营亏损不能冲抵母公司利润，与母公司的交易往往是税务机关反避税审查的重点内容。

（二）分公司的设立

分公司是指总公司下辖的独立核算的、进行全部或部分经营业务的分支机构，如分厂、分店等。分公司是总公司的组成部分，可以有自己的名称，但不具有独立的法人资格，没有独立的财产权，其民事责任由总公司承担。

根据《企业所得税法》的规定，居民企业在中国境内设立不具有法人资格的营业机构，应当汇总计算并缴纳企业所得税。汇总纳税是指一个企业总机构及其分支机构的经营所得，通过汇总纳税申报的办法实现所得税的汇总计算和缴纳。因此，设立分支机构，使其不具有法人资格，就可由总公司汇总缴纳所得税，可以实现总公司、分公司之间盈亏互抵，合理减轻税收负担。

分公司税收筹划有如下特点：

（1）分公司作为总公司统一体中的一部分，其业务活动由总公司控制，一切法律责任由总公司承担，分公司要接受总公司的统一管理，损益共计。

（2）分公司因不具有独立的法人资格，很难享受到所在地区的税收优惠待遇。

（3）在税收上，分公司只就增值税等流转税在业务发生地缴纳，所得税需汇总到总公司统一缴纳，这样其亏损或损失可以冲抵总公司的利润。尤其在经营初期，企业往往会出现亏损，分公司的亏损可以冲抵总公司的利润，减轻企业整体的税收负担。

（4）设立分公司没有那么多的手续，许多国家一般不要求分公司在从事业务活动前缴纳注册登记税，总公司拥有分公司的资本，在东道国通常也不必缴纳资本税或印花税。

（5）分公司与总公司之间的资本转移，因不涉及所有权变动，不必缴纳税款。

综上所述，子公司和分公司各有利弊，不可一概而论。纳税人在确定公司形式时，还有许多需要考虑的因素，如公司的发展规律、预期盈亏状况、当地税率高低、税基宽窄、资金控制以及税收优惠条件等。一般情况下，纳税人可以进行如下选择：

（1）机构初设时的选择。企业开始设立分支机构，在外地拓展业务初期会遇到一定的困难，经费开支也较大，因此容易发生亏损。此时如果总分支机构的税率一致，企业适宜选择分公司形式，以便用分公司的亏损冲抵总公司的利润，从而减轻企业整体税负。

（2）扭亏为盈后的选择。分支机构扭亏为盈后，企业应适时将分公司转换为子公司，这样子公司因具有独立法人资格，可以享受当地税收优惠政策。

（3）分支机构所在地可以享受税收优惠时的选择。税收优惠的地区（如西部地区）对具有独立法人地位的投资者会给予税收优惠待遇。因此，企业在税收优惠地区设立分支机构适宜选择子公司的形式。这样子公司可以利用其独立核算、独立纳税享受低税负待遇；同时，还可以通过转让定价的方法将处于高税率区域的总公司的利润转移至低税率区域，以使整个利益集团的税负最低。

（4）总机构所在地可以享受税收优惠时的选择。如果总公司所在地可以享受税收优惠，而分支机构设在高税率地区，那么企业可以设立分公司汇总纳税，这样分支机构仍可以按总公司所在地享受税收优惠政策，从而降低企业整体税负。

现实中的情况往往较为复杂，但企业只要在规模扩张时正确运用现行税收政策，通过税收筹划，科学预测、理性决策，就可以合理、合法地降低税收成本，争取到更多发展资金，更快、更好地走良性发展的道路，这也符合国家的政策导向。

【案例 4-5】甲公司计划 2021 年在 A 地设立销售代表处。预计未来 3 年内，A

销售代表处可能处于持续亏损状态，预计第一年将亏损 200 万元，同年总部将盈利 600 万元。不考虑应纳税所得额的调整因素，企业所得税税率为 25%。甲公司应如何进行税收筹划？

【筹划方案】

①甲公司采取子公司形式设立 A 销售代表处——母子公司各自独立申报所得税。

2021 年甲公司总部（母公司）应纳企业所得税 = 600×25% = 150（万元）

A 销售代表处当年亏损不需要缴纳企业所得税，其亏损额留至下一年度税前弥补。

②甲公司采取分公司形式设立 A 销售代表处——由总公司汇总计算缴纳所得税。

2021 年甲公司总部应纳企业所得税 =（600−200）×25% = 100（万元）

甲公司如果将 A 销售代表处设立为分公司，则 A 销售代表处亏损在发生当年就可以由公司总部弥补，与设立为子公司相比较，甲公司获得了提前弥补亏损的税收利益。

甲公司如果将 A 销售代表处设立为子公司，则 A 销售代表处经营初期的亏损只能由以后年度的盈余弥补。由于预计未来 3 年内，A 销售代表处可能都会面临亏损，如果将其设立为子公司，A 销售代表处面临着不能完全弥补亏损的风险，可能会失去弥补亏损的抵税收益。

因此，甲公司将 A 代表处设立为分公司更为有利。

【案例 4-6】2021 年 A 集团总公司年利润为 8 000 万元，下属 B 公司的年利润为 900 万元，下属 C 公司的年利润为−300 万元。不考虑应纳税所得额的调整因素，企业所得税税率为 25%。

①若 B、C 为子公司，A 集团如何缴纳企业所得税？

②若 B、C 为分公司，A 集团如何缴纳企业所得税？

【筹划方案】

①若 B、C 为子公司，则 A、B、C 分别纳税。

A 集团需纳所得税 = 8 000×25%+900×25% = 2 225（万元）

②若 B、C 为分公司，则 A、B、C 合并纳税。

A 集团需纳所得税 =（8 000+900−300）×25% = 2 150（万元）

因此，从税收角度考虑，A 集团在分支机构的选择上，应选择分公司，企业整体应纳税款更低。

【案例 4-7】2021 年某公司在外地设立一分支机构。该公司在设立分支机构之前进行了调研分析，认为该分支机构在设立当年即可盈利，但盈利额不会太高，预计该分支机构每年盈利 90 万元。请为该公司在分支机构的选择上进行税收筹划（假设小型子公司和分公司形式的差异对于生产经营活动不会产生较大影响，并且该子公司三年盈利水平与分公司相似）。

【筹划方案】

①由于分公司没有独立法人资格，若分支机构选择作为分公司，需要与总公司

合并纳税。在总公司和分公司均盈利的情况下，该分公司每年需要缴纳企业所得税为 $90\times25\%=22.5$ 万元。

②由于该分支机构每年盈利 90 万元，符合《企业所得税法》小型微利企业的标准，因此若该分支机构作为子公司，可以独立纳税，且能够享受小型微利企业的税收优惠。该子公司每年只需要缴纳企业所得税为 $90\times25\%\times20\%=4.5$ 万元。通过税收筹划每年减少税额为 $22.5-4.5=18$ 万元。因此，该分支机构应选择作为子公司。

第二节　企业所得税计税依据的税收筹划

应纳税所得额是企业所得税的计税依据，按照《企业所得税法》的规定，应纳税所得额为企业每一个纳税年度的收入总额，减除不征税收入、免税收入、各项扣除以及允许弥补的以前年度亏损后的余额。基本公式如下：

应纳税所得额=收入总额-不征税收入-免税收入-各项扣除-允许弥补的以前年度亏损=(收入总额-不征税收入-免税收入)-(各项扣除+允许弥补的以前年度亏损)=应税收入-税法认可的扣除

企业应纳税所得额的计算以权责发生制为原则，属于当期的收入和费用，不论款项是否收付，均作为当期的收入和费用；不属于当期的收入和费用，即使款项已经在当期收付，均不作为当期的收入和费用。应纳税所得额的正确计算直接关系到国家财政收入和企业的税收负担，并且同成本、费用核算关系密切。《企业所得税法》对应纳税所得额的计算做了明确规定，主要内容包括收入总额、扣除范围和标准、资产的税务处理、亏损弥补等。在其他因素不变、税率相同的情况下，企业的应纳税所得额越低，应纳税额越低。因此，企业可以通过合理合法的方式降低应纳税所得额，进行税收筹划。一般来说，对应纳税所得额的筹划包括两个方面：一是降低应税收入，二是增加税前可扣除项目。

一、收入的税收筹划

应税收入=收入总额-不征税收入-免税收入

由公式可知，以降低应税收入为切入点进行税收筹划，具体可以从降低收入总额，利用不征税收入、免税收入来进行筹划。

企业的收入总额包括以货币形式和非货币形式从各种来源取得的收入，具体包括销售货物收入，提供劳务收入，转让财产收入，股息、红利等权益性投资收入，利息收入，租金收入，特许权使用费收入，接受捐赠收入和其他收入。

国家为了扶持和鼓励某些特殊的纳税人与特定的项目，或者避免因征税影响企业的正常经营，对企业取得的某些收入予以不征税或免税的特殊政策，以减轻企业的负担，促进经济的协调发展。国家准予企业抵扣应纳税所得额，或者对专项用途的资金作为非税收入处理，减轻企业的税负，增加企业的可用资金。

不征税收入为收入总额中的下列收入：财政拨款；依法收取并纳入财政管理的

行政事业性收费、政府性基金；国务院规定的其他不征税收入。

免税收入为收入总额中的下列收入：国债利息收入；符合条件的居民企业之间的股息、红利等权益性投资收益；在中国境内设立机构、场所的非居民企业从居民企业取得与该机构、场所有实际联系的股息、红利等权益性投资收益；符合条件的非营利组织的收入。

（一）收入确认金额的税收筹划

1. 不同销售方式的税收筹划

销售是企业实现盈利目的重要环节，无论是商品零售商还是制造商，或者是服务业务提供商，都在想方设法扩大销售额。目前的市场已经成为买方市场，商家总是想方设法来推销自己的商品。折扣销售、销售折扣、“买一送一”等手段是多数商业企业经常使用的促销方法。在日常财务处理过程中，销售额的确定是一个问题，销货退回、折扣销售、销售折扣与折让以及视同销售等各种业务的处理，税法与会计政策存在差异。从税收的角度讲，不同的促销方式对应不同的税收政策，同时也存在很大的税收筹划空间。因此，纳税人在进行税收筹划时需要对不同营销方案做综合分析。

【案例 4-8】某大型商场为增值税一般纳税人，企业所得税实行查账征收方式，适用税率为 25%。假定每销售 200 元商品，其平均商品成本为 120 元。2020 年年末，商场决定开展促销活动，从税收角度考虑，商场应如何制订最优促销方案。

【筹划方案】

方案一：购物满 200 元，8 折商业折扣，即销售 200 元商品收取 160 元，只需在发票金额栏上注明折扣额，销售收入可按折扣后的金额计算。假设商场适用的增值税税率为 13%，企业所得税税率为 25%。

应纳增值税 = 160÷(1+13%)×13%-120÷(1+13%)×13% = 4.60（元）

销售毛利润 = 160÷(1+13%)-120÷(1+13%) = 35.40（元）

应纳企业所得税 = 35.40×25% = 8.85（元）

税后净收益 = 35.40-8.85 = 26.55（元）

方案二：购物满 200 元，赠送折扣券 40 元（不可兑换现金，下次购物可代币结算），即销售 200 元商品，收取 200 元，但赠送折扣券 40 元。如果规定折扣券占销售商品总价值不高于 40%（该商场销售毛利率为 40%，折扣券占商品总价 40% 以下，可避免收取款项低于商品进价），则顾客相当于获得了下次购物的折扣期权。

应纳增值税 = 200÷(1+13%)×13%-120÷(1+13%)×13% = 9.20（元）

销售毛利润 = 200÷(1+13%)-120÷(1+13%) = 70.80（元）

应纳企业所得税 = 70.80×25% = 17.7（元）

税后净收益 = 70.80-17.7 = 53.1（元）

当顾客下次使用折扣券时，商场就会出现按方案一计算的纳税及获利情况，因此与方案一相比，方案二仅比方案一多了流入资金增量部分的时间价值而已，也可以说是“延期”折扣。

方案三：顾客购物满 200 元，商场返还现金“大礼”40 元。

商场返还现金行为也属于商业折扣，与方案一相比只是定率折扣与定额折扣的区别，相关计算同方案一。

方案四：购物满 200 元，加量不加价，顾客可再选购价值 40 元商品，实行捆绑式销售，总价不变。

按此方案，商场的销售收入没有变化，但由于实行捆绑式销售，避免了无偿赠送，因此加量部分成本可以正常列支。相关计算如下：

应纳增值税＝200÷(1+13%)×13%－120÷(1+13%)×13%－24÷(1+13%)×13%＝6.44（元）

销售毛利润＝200÷(1+13%)－120÷(1+13%)－24÷(1+13%)＝49.56（元）

应纳企业所得税＝49.56×25%＝12.39（元）

税后净收益＝49.56－12.39＝37.17（元）

因此，从税后收益最大化的角度看，方案二最好。

2. 投资方式的选择

企业投资的方式有很多，依据具体投资对象的不同，投资又可分为股票投资、债券投资以及其他金融资产投资等。企业投资依据所投资证券的具体种类不同还可做进一步划分，如债券投资又可以细分为国库券投资、金融债券投资、公司债券投资等。

根据《企业所得税法》的规定，企业取得的国债利息收入免征企业所得税，而购买其他债券所取得的利息收入需要缴纳企业所得税。因此，企业在进行间接投资时，除了要考虑投资风险和投资收益等因素外，还必须考虑相关税收规定的差别，以便全面权衡和合理决策。对企业而言，在没有时间和精力经营股票投资的情况下，购买国债既可以获得稳定的投资收益，又可以享受国债利息收入免企业所得税的优惠。

【案例 4-9】有两种长期债券：一种是企业债券，年利率为 6%；另一种是国债，年利率为 5%。在其他因素相似的前提下，请分析企业应该投资哪一种债券？

【筹划方案】

从表面上看，企业债券的利率要高于国债的利率，但是由于前者要被征收 25% 的企业所得税，而后者不用缴纳企业所得税，实际的税后收益应该通过计算来评价和比较。

若投资于企业债券，则税后收益为 6%×(1－25%)＝4.5%<国债的利率（5%）。

也就是说，企业债券的税后收益要低于国债的税后收益，因此在其他因素相似的前提下，进行国债投资更为划算。事实上，只有当其他债券利率大于 6.66%［5%÷(1－25%)］时，其税后收益才大于利率为 5%的国债收益。

（二）收入确认的时间及其税收筹划

根据税收政策的规定，不同的商品销售方式对应不同的收入确认时间，因此企业可以通过合理合法的方式推迟收入的确认，从而推迟纳税义务，获取资金的时间价值，降低税收负担，实现相对税收筹划。

企业销售收入的确认，必须遵循权责发生制原则和实质重于形式原则，符合收入确认条件。

（1）商品销售收入。

①企业销售商品采用托收承付方式的，在办妥托收手续时确认收入。

②企业销售商品采取预收款方式的，在发出商品时确认收入。

③企业销售商品需要安装和检验的，在购买方接受商品以及安装和检验完毕时确认收入。如果安装程序比较简单，企业可以在发出商品时确认收入。

④企业销售商品采用支付手续费方式委托代销的，在收到代销清单时确认收入。

（2）劳务收入。

①安装费。企业应根据安装完工进度确认收入。安装工作是商品销售附带条件的，安装费在确认商品销售实现时确认收入。

②宣传媒介的收费。企业应在相关的广告或商业行为出现于公众面前时确认收入。广告的制作费应根据制作广告的完工进度确认收入。

③软件费。企业为特定客户开发软件的收费，应根据开发的完工进度确认收入。

④服务费。包含在商品售价内可区分的服务费，在提供服务期间分期确认收入。

⑤特许权使用费。属于提供设备和其他有形资产的特许权使用费，在交付资产或转移资产所有权时确认收入；属于提供初始及后续服务的特许权使用费，在提供服务时确认收入。

（3）接受捐赠收入。企业按照实际收到捐赠资产的日期确认收入的实现。

（4）股息、红利等权益性投资收益。除国务院财政、税务主管部门另有规定外，企业按照被投资方作出利润分配决定的日期确认收入的实现。

（5）利息收入。企业按照合同约定的债务人应付利息的日期确认收入的实现。

（6）租金收入。企业按照合同约定的承租人应付租金的日期确认收入的实现。如果协议中规定租赁期限跨年度且租金提前一次性支付，企业可以对上述已确认的收入，在租赁期内，分期均匀计入相关年度收入。

（7）特许权使用费收入。企业按照合同约定的特许权使用人应付费用的日期确认收入的实现。

（8）企业取得财产（包括各类资产、股权、债权等）转让收入、债务重组收入、接受捐赠收入、无法偿付的应付款收入等，不论是以货币形式还是非货币形式体现，除另有规定外，均应一次性计入确认收入的年度计算缴纳企业所得税。

【例 4-10】明达公司将其闲置的房产出租，与承租方签订的房屋出租合同中约定：租赁期为 2019 年 9 月至 2020 年 9 月，租金为 400 万元，承租方应于 2019 年 12 月 20 日和 2020 年 6 月 20 日各支付租金 200 万元。

依据合同，明达公司应于 2019 年 12 月 20 日将 200 万元的租金确认为收入，并计入 2019 年度的应纳税所得额；应于 2020 年 6 月 20 日将 200 万元的租金确认为收入，并在 2020 年 7 月 15 日前计算预缴企业所得税。

【筹划方案】

明达公司在订立合同时可以根据公司实际情况合理改变租金支付的时间，如果将租金支付时间分别改为 2020 年 1 月和 2020 年 7 月，那么就可以合理地将与租金相关的两笔所得税纳税义务延迟至下月，获得税收递延利益。

【案例 4-11】2020 年，某企业属于增值税一般纳税人，当月发生销售业务3 笔，共计应收货款 2 000 万元。其中，有一笔 1 200 万元，10 日内货款两清；一笔 300 万元，购销双方协商两年后一次付清；一笔 500 万元，购销双方协商一年后付 250 万元，一年半后付 150 万元，余款 100 万元两年后结清。该企业增值税进项税额为 130 万元，毛利率为 15%，所得税税率为 25%。

【筹划方案】

方案一：企业采取直接收款方式。

当期销项税额=2 000÷(1+13%)×13%=230.09（万元）

实际缴纳增值税=230.09-130=100.09（万元）

依据企业毛利计算所得税=2 000÷(1+13%)×15%×25%=66.37（万元）

方案二：企业采用分期收款方式，对未收到的应收账款分别在货款结算中采取赊销和分期收款结算方式。

当期销项税额=1 200÷(1+13%)×13%=138.05（万元）

实际缴纳增值税=138.05-130=8.05（万元）

依据毛利率计算所得税=1 200÷(1+13%)×15%×25%=39.82（万元）

由于收入确认的方法不同，方案二较方案一少垫付增值税 92.04 万元（100.09-8.05），少垫付所得税 26.55 万元（66.37-39.82）。因此，企业在不能及时收到货款的情况下，采用赊销或分期收款结算方式，可以避免垫付税款。

二、扣除项目的税收筹划

《企业所得税法》规定，企业实际发生的与取得收入有关的、合理的支出，包括成本、费用、税金、损失和其他支出，准予在计算应纳税所得额时扣除。

税法认可的扣除=各项扣除+允许弥补的以前年度亏损

纳税人通过合理合法的方式尽量早、尽量多确认费用，就可以减少税基，从而降低税负，获取资金的时间价值，实现税收筹划的目的。

（一）扣除项目及其标准

（1）合理据实的工资、薪金支出。

（2）职工福利费：不超过工资、薪金总额 14%的部分准予扣除，超过部分不得扣除。

（3）工会经费：不超过工资、薪金总额 2%的部分准予扣除，超过部分不得扣除。

（4）职工教育经费：不超过工资、薪金总额 8%的部分准予扣除，超过部分结转以后纳税年度扣除。

（5）社会保险费。

①按照国家有关规定的范围和标准缴纳的“五险一金”，准予扣除。

②企业为投资者或职工支付的补充养老保险费、补充医疗保险费，在国务院财税部门规定的范围和标准内，准予扣除。

③企业参加财产保险，按照规定缴纳的保险费，准予扣除。

④企业为投资者或职工支付的商业保险费，不得扣除；企业依照国家有关规定为特殊工种职工支付的人身安全保险费和符合国务院财政、税务主管部门规定可以扣除的商业保险费准予扣除。

（6）业务招待费：企业发生的与生产经营活动有关的业务招待费支出，按照发生额的60%扣除，但最高不得超过当年销售（营业）收入的5‰。

（7）广告费和业务宣传费：企业发生的符合条件的广告费和业务宣传费支出，除国务院财政、税务主管部门另有规定外，不超过当年销售（营业）收入15%的部分，准予扣除；超过部分，准予在以后纳税年度结转扣除。

（8）公益性捐赠：企业发生的公益救济性捐赠，在年度利润总额12%以内的部分，准予在计算应纳税所得额时扣除；超过部分，准予在以后3年内结转扣除。

（9）利息费用。

①非金融企业向金融企业借款的利息支出、金融企业的各项存款利息支出和同业拆借利息支出、企业经批准发行债券的利息支出，可据实扣除。

②非金融企业向非金融企业借款的利息支出，不超过按照金融企业同期同类贷款利率计算的数额的部分，准予扣除；超过部分，不得扣除。

（10）企业按照规定计算的固定资产折旧费用，准予扣除。

（11）企业按照规定计算的无形资产摊销费用，准予扣除。

（12）企业发生的下列支出，作为长期待摊费用，按照规定摊销的，准予扣除：已足额提取折旧的固定资产的改建支出、租入固定资产的改建支出、固定资产的大修理支出、其他应当作为长期待摊费用的支出。

（13）允许弥补的以前年度亏损。《企业所得税法》规定，纳税人发生年度亏损的，可以用下一纳税年度的所得弥补；下一纳税年度的所得不足弥补的，可以逐年延续弥补，但是最长不得超过5年。

（二）不能税前扣除的项目

（1）向投资者支付的股息、红利等权益性投资收益款项。

（2）企业所得税税款。

（3）税收滞纳金。

（4）罚金、罚款和被没收财物的损失。

（5）未经核定的准备金支出。

（6）企业发生与生产经营活动无关的各种非广告性质的赞助支出。

（7）企业之间支付的管理费、企业内营业机构之间支付的租金和特许权使用费以及非银行企业内营业机构之间支付的利息。

（8）与取得收入无关的其他支出。

（三）扣除项目的税收筹划要点

1. 业务招待费的税收筹划

业务招待费是商业活动中为了经营业务的需要而支付的应酬费用。长期以来，企业滥用业务招待费的情况时有发生，不仅扩大支出，而且常常由于处理不当，增加不必要的税负。业务招待费是一项比较敏感的支出，被称为各国公司税法中滥用扣除最严重的领域。业务招待费税收筹划的重要条件是把握真实性与合理性。企业想让自己的业务招待费被税务机关认可并顺利地在税前扣除，首先必须保证业务招待费支出的真实性，即以充分、有效的资料和证据来证明这部分支出是真实的支出。此外，企业列支的业务招待费必须是合理的，即与经营活动直接相关并且是正常的和必要的，企业当期列支的业务招待费应与当期的业务成交量相吻合。

（1）设立独立核算分支机构。业务招待费以销售（营业）收入作为扣除基数，企业可以通过下设独立核算的分支机构的方式来提高费用限额的扣除基数。例如，企业将销售部门设立成一个独立核算的销售公司，通过将产品销售给销售公司，再由销售公司实现对外销售，可以直接带来成倍的销售收入，费用限额扣除的基数可以获得提高。设立独立核算分支机构虽然可以直接起到节税作用，但也会给企业带来额外的管理成本，并可能影响企业的整体战略布局。因此，企业是否要设立这样的分支机构，需要将节税利益和企业的长远效益结合起来综合考虑、科学决策。

（2）合理运用扣除比例。《中华人民共和国企业所得税法实施条例》（以下简称"《企业所得税法实施条例》"）第四十三条规定，企业发生的与生产经营活动有关的业务招待费支出，按照发生额的60%扣除，但最高不得超过当年销售（营业）收入的5‰。对业务招待费采用双标准限额扣除是为了区分业务招待费中的商业招待和个人消费，防止有些企业为了不调增业务招待费，就采用多找餐费发票，甚至找假发票充当业务招待费，造成业务招待费虚高的情况。

那么，如何才能达到既能充分使用业务招待费的限额，又可以最大限度地减少纳税调整事项呢？我们不妨设个方程式看看。我们设某企业当期销售（营业）收入为 x，当期列支业务招待费为 y，那么按照规定，当期允许税前扣除的业务招待费金额为 $60\%y$，同时要满足 $\leqslant 5‰x$ 的条件。我们由此可以推算出，在 $60\%y = 5‰x$ 时，同时满足企业既能充分使用业务招待费的限额又可以最大限度地减少纳税调整事项的要求。对上述等式变形后可以得 $8.3‰x = y$，即在当期列支的业务招待费等于销售（营业）收入的8.3‰这个临界点上时，企业就可能充分利用好上述政策。有了这个数据，企业在预算业务招待费时可以先估算当期的销售（营业）收入，然后按8.3‰这个比例就可以大致测算出合适的业务招待费预算值。

（3）合理分流业务招待费。在实务中，业务招待费支出的动机是通过必要的招待活动达到维护企业形象、促进销售的目的。业务宣传费也具有与此类似的动机。按照税法的规定，业务宣传费的扣除限额为销售（营业）收入的15%，是业务招待费的30倍，具有更大的限额空间。企业可以考虑将原有在业务招待费方面的开支，分流到业务宣传费上，从而达到节税的目的。例如，企业经常向客户赠送烟酒、茶叶、土特产等礼品，这部分开支应纳入业务招待费的范畴。但如果企业改为赠送自行生产或委托加工的产品，则这些礼品起到了推广宣传的作用，可以作为业务宣传费列支。由此推广开来，企业可以通过改变支出项目性质的方法，将业务招待费分流到扣除限额较大或没有扣除比率限额的项目中核算，为企业减轻税负。

（4）准确核定扣除基数。《国家税务总局关于企业所得税执行中若干税务处理问题的通知》（国税函〔2009〕202号）规定，企业在计算业务招待费、广告费和业务宣传费等费用的扣除限额时，其销售（营业）额应包括规定的视同销售（营业）收入。销售（营业）收入包括主营业务收入、其他业务收入以及视同销售（营业）收入三大部分。《国家税务总局关于企业处置资产所得税处理问题的通知》（国税函〔2008〕828号）规定，企业将资产（自制或外购）用于市场推广或销售、交际应酬、职工奖励或福利、对外捐赠、其他改变资产所有权属的用途等移送他人的情形，应按规定视同销售确认为收入。上述视同销售行为，应及时调增当期销售收入，以扩大当期销售（营业）收入净额，从而提高业务招待费扣除比例。

值得注意的是，销售（营业）收入作为招待费用的扣除基数，仅为纳税人的申报数，而不包括税务机关查增的收入。因此，企业瞒报或漏报的收入也需要填入纳税调整增加额，增加本期应纳税所得，但并不扩大费用的扣除基数。因此，企业应如实申报视同销售收入，避免瞒报漏报带来的纳税风险，准确核定业务招待费的扣除基数。

（5）设置支出明细科目。企业在“管理费用”科目下设置“业务招待费”和“业务宣传费”明细科目，用于核算平时发生的业务招待费和业务宣传费，以防年终申报或在税务机关检查时对近似项目产生不必要的争议。企业应随时将“业务招待费”和“业务宣传费”明细科目核算的费用数额与已实现的销售（营业）收入净额（总额）比较，如发现其中某一项费用超支时，及时用两者近似项目进行调整。

【案例4-12】长江公司2020年度销售收入为800万元，发生会务费、差旅费共计18万元，业务招待费12万元。其中，部分会务费的会议邀请函及相关凭证等保存不全，导致6万元的会务费无法扣除。

【筹划方案】

根据税法的规定，如凭证票据齐全，则18万元的会务费、差旅费可以全部扣除，但其中凭证不全的6万元会务费只能算作业务招待费，而该企业年度可扣除的业务招待费限额为4万元（800×5‰）。超过的14万元（12+6-4）不得扣除，也不能转到以后年度扣除。仅此项超支费用企业需缴纳企业所得税3.5万元（14×25%）。

因此，企业应加强财务管理，各种会务费、差旅费都按税法规定保留完整合法的凭证，则至少可以少缴纳企业所得税3.5万元；同时，还可进行事先税收筹划，将业务招待费尽量控制在4万元以内。

【案例4-13】广东某企业每年举行一次产品宣传会，往年的产品宣传会，公司都外购10万元左右的“文房四宝”作为礼物赠送给重要客户，该笔支出按规定计入业务招待费。2020年，由于公司业务招待费已经超过税法规定的限额，如果还按照以往的做法，外购礼品赠送给客户计入业务招待费则不能税前扣除，需调增应纳税所得额缴纳企业所得税。请为该企业的产品宣传会进行税收筹划。

【筹划方案】

为控制业务招待费的金额，该企业可以将外购的“文房四宝”改为委托外单位加工，且外包装印上本公司的标识。经此操作，将该项支出列入业务宣传费，从而使业务招待费控制在税法规定的限额之内，则可节税2.5万元（10×25%）。

税法规定，纳税人申报扣除的业务招待费，主管税务机关要求提供证明材料的，应提供真实、有效的凭证或材料。会议费证明材料包括会议时间、地点、出席人员、内容、目的、费用标准、支付凭证等。

2. 广告宣传费的税收筹划

《企业所得税法实施条例》第四十四条规定，企业发生的符合条件的广告费和业务宣传费支出，除国务院财政、税务主管部门另有规定外，不超过当年销售（营业）收入15%的部分，准予扣除；超过部分，准予在以后纳税年度结转扣除。企业可选用的广告形式很多，除了报纸、杂志、广播和电视等媒体广告外，还有橱窗广告、霓虹灯广告、路牌广告、交通广告、电子广告、传真广告、网络广告等。但在税务处理上，广告费必须同时满足下列三个条件：

（1）广告是通过经工商部门批准的专门机构制作的。

（2）已实际支付费用，并已取得相应发票。

（3）通过一定的媒体传播。

需要注意的是，尽管广告宣传费超出比例部分可无限期向以后纳税年度结转，但是过度的广告费支出，不仅会抵减年度利润，而且会因超出比例而调增当年应纳税所得额。这就意味着要提前纳税，从而加重当期税收负担。因此，企业除应正确选择广告形式，优化广告费、业务宣传费支出外，税收筹划的重点是扩大广告费的扣除限额。其通常的做法是成立单独核算的销售子公司，这样就增加了一道营业收入，在整个集团利润总额不变的情况下，可以提高费用限额扣除的标准。同时，企业应结合自身所处的行业、经营规模以及经营条件，根据国家相关税收政策，筛选对企业有效的广告形式和方案，切忌片面追求低税负而顾此失彼。一个好的税收筹划方案，不仅是纳税额最小，而且应当是充分考虑了成本效益原则，对企业的可持续发展有利。

【案例 4-14】A 企业为啤酒生产企业，2020 年年初计划推出新产品，预计销售额为 5 000 万元，广告费预算为 1 500 万左右。请为该企业做产品宣传的税收筹划方案。

【筹划方案】

方案一：A 企业以传统的手段，通过新闻媒体做广告，年广告费支出 1 500 万元。

广告费税前扣除限额为当年销售收入的 15%，扣除限额 750 万元（5 000×15%），需调增应纳税所得额 750 万元（1 500−750），负担所得税 187.5 万元（750× 25%）。

方案二：A 企业派出 400 名雇员，身穿特制服装，服装上印制本企业商标和本企业名以及宣传口号，到需要宣传的地区的各大酒店和商场促销一年，此方案服装制作费需 90 万元，400 名雇员每月支付工资 3 000 元，两项合计支出 1 530 万元（90+400×3 000×12÷10 000）。

印制本企业商标及宣传口号的服装制作费可以作为业务宣传费，90 万元<750 万元，不超限额，准予扣除；该项雇员工资按税法规定可以全额扣除（根据规定，企业发生的合理的工资、薪金支出，准予全额扣除）。

因此，相对于方案一而言，方案二不需纳税调整，有税收利益。

3. 企业捐赠的税收筹划

目前，国内企业公益性捐赠模式可以分为六类：一是企业纯现金捐赠模式，二是“企业现金捐赠+个人捐赠模式”，三是“企业现金捐赠+实物捐赠模式”，四是企业纯实物捐赠模式，五是“企业实物捐赠+个人捐赠模式”，六是公益基金捐赠模式。

从税收角度来看，企业现金捐赠模式没有额外成本，但有 12% 的扣除比例上限；个人捐赠模式不增加企业纳税负担，但对个人有扣除比例上限；实物捐赠模式因视同销售或转让财产，需缴纳增值税等流转税及企业所得税；公益基金捐赠没有限额，也完全免税，但企业要自己设立并运作公益性基金会，相关要求很高，其运作成本也不低。视企业情况和捐赠项目情况的不同，有以下几种税收筹划思路可供参考：

（1）区分捐赠对象与捐赠中介。企业的捐赠应通过税法规定的公益性社会团体和政府机关捐赠，而不是直接向受赠人捐赠。

（2）把握捐赠的时机。企业的捐赠应兼顾企业的盈利情况，盈利多的年度多捐赠，盈利少的年度少捐赠，不盈利的年度则考虑暂停捐赠。

（3）捐赠手续与程序的完备。企业进行捐赠税前扣除申报，不仅应附送由具有捐赠税前扣除资格的非营利的公益性社会团体、基金会和县及县以上人民政府及其组成部门出具的公益救济性捐赠票据，同时还应当附送接受捐赠或办理转赠的公益性社会团体、基金会的捐赠税前扣除资格证明材料等。

（4）小型微利企业的年应纳税所得额或资产总额在临界点附近时，可以通过适当的捐赠降低利润总额或资产总额，从而达到税法规定的小型微利企业标准。

（5）企业的捐赠超过当年扣除上限时，可以由企业的大股东或高管个人捐赠一部分，其捐赠的效果没有本质区别。

（6）集团企业捐赠，可以在母子公司之间、子公司之间分配捐赠额，以控制捐赠额不突破 12%的扣除上限。

（7）具备条件的大企业，可以设立并通过公益性基金会进行捐赠。

【案例 4-15】2018 年，某工业企业资产总额 2 800 万元，在职员工为 70 人，预计当年会计利润为 50.5 万元（假设不存在其他纳税调整事项）。按规定，该企业当年应按 25%的税率缴纳企业所得税。请为该企业进行税收筹划。

【筹划方案】

若该企业增加一笔 1 万元的公益性捐赠支出，则可以被认定为小型微利企业，所得税税率降为 20%。捐赠前后的计算如下：

捐赠前：

应纳所得税额＝50.5×25%＝12.625（万元）

企业净利润＝50.5－12.625＝37.875（万元）

捐赠后：

应纳所得税额＝(50.5－1)×20%＝9.9（万元）

企业净利润＝50.5－1－9.9＝39.6（万元）

可见，捐赠 1 万元后，企业的净利润反而比不捐赠多了 1.725 万元。

【案例 4-16】甲公司 2020 年度计划向灾区捐赠 500 万元，预计全年实现会计利润总额为 3 000 万元（已扣除上述捐赠 500 万元）。假设甲公司除此以外无其他纳税调整项目，请对其进行税收筹划。

纳税人直接向受赠人的捐赠不允许在计算应纳税所得额时扣除。

企业通过公益性社会团体或县级（含县级）以上人民政府及其部门，用于《中华人民共和国公益事业捐赠法》规定的公益事业的捐赠支出（公益性捐赠支出），在年度利润总额 12%以内的部分，准予在计算应纳税所得额时扣除；超过年度利润总额12%的部分，准予结转以后三年内在计算应纳税所得额时扣除。

企业在选择捐赠方式时，应当首先选择公益性捐赠，其次选择直接向受赠人进行捐赠。

【筹划方案】

方案一：直接向受赠人进行捐赠，则捐赠不允许在计算应纳税所得额时扣除。

应纳企业所得税＝(3 000+500)×25%＝875（万元）

方案二：通过公益性社会团体进行捐赠，则捐赠支出在年度利润总额12%以内的部分，准予在计算应纳税所得额时扣除。

捐赠支出的扣除限额＝3 000×12%＝360（万元）

纳税调增＝500−360＝140（万元）

应纳企业所得税＝(3 000+140)×25%＝785（万元）

方案二比方案一少缴纳企业所得税90万元（875−785），因此，仅从税收的角度讲，甲公司应当选择方案二。

4. 借款利息支出的税收筹划

依据税法的规定，企业在生产、经营活动中发生的利息费用，按下列规定扣除：

（1）非金融企业向金融企业借款的利息支出、金融企业的各项存款利息支出和同业拆借利息支出、企业经批准发行债券的利息支出，可据实扣除。

（2）非金融企业向非金融企业借款的利息支出，不超过按照金融企业同期同类贷款利率计算的数额的部分，可据实扣除；超过部分，不得扣除。

可见，利息支出并非无条件地全部扣除，因此进行税收筹划十分必要。企业进行税收筹划应注意利息支出的合法性，即应取得合法凭证，如支付金融企业利息的结算单或证明书、支付其他债权人的收据，不可虚报费用。企业应该尽量向金融机构贷款，向金融机构以外的借款，如果利率超过金融机构的同期同类贷款利率，则无法得到认定和抵扣。

5. 固定资产的税收筹划

采购固定资产是企业最常见的采购行为，固定资产折旧是企业的一种重要的经营成本，折旧额的增加将直接导致企业应纳税所得额的减少，并因此降低企业的所得税纳税义务。在企业利润额较高的年度进行大规模的固定资产投资，可以用新增加的折旧额抵减企业的当期应纳税额，帮助企业实现相对税收筹划。

（1）缩短折旧年限或加速折旧筹划法。一般来说，企业通过投资固定资产，可以从两个方面获得税收筹划收益：折旧年限和折旧方法。对于盈利企业而言，其应尽量缩短折旧年限或采用加速折旧法；对于亏损企业和享受税收优惠的企业而言，其应合理预计企业的税收优惠期间或弥补亏损所需年限，尽量少提折旧，或者较高估计固定资产折旧年限，以达到抵税收益最大化。

除国务院财政、税务主管部门另有规定外，固定资产计算折旧的最低年限如下：

①房屋、建筑物为20年。

②飞机、火车、轮船、机器、机械和其他生产设备为10年。

③与生产经营活动有关的器具、工具、家具等为5年。

④飞机、火车、轮船以外的运输工具为4年。

⑤电子设备为3年。

企业按照规定计算的固定资产折旧费用，准予扣除。但下列固定资产不得计算折旧扣除：

①房屋、建筑物以外未投入使用的固定资产。

②以经营租赁方式租入的固定资产。

③以融资租赁方式租出的固定资产。

④已足额提取折旧但仍继续使用的固定资产。

⑤与经营活动无关的固定资产。

⑥单独估价作为固定资产入账的土地。

⑦其他不得计算折旧扣除的固定资产。

可以采取缩短折旧年限或采取加速折旧方法的固定资产如下：

①由于技术进步，产品更新换代较快的固定资产。

②常年处于强震动、高腐蚀状态的固定资产。

采取缩短折旧年限方法的，最低折旧年限不得低于法定折旧年限的60%；采取加速折旧方法的，可以采取双倍余额递减法或年数总和法。

【案例4-17】B公司于2015年12月31日购进一台机器并立即投入使用，价格为200 000元，预计使用5年，残值率为5%。该机器常年处于强腐蚀状态，根据税法规定，可以缩短折旧年限或采取加速折旧的方法。企业所得税税率为25%。

根据上述条件，分别采用直线法、双倍余额递减法、年数总和法和缩短折旧年限（按照3年折旧）的方法计算各年的折旧额及折旧带来的抵税收益（计算结果保留整数）。

【筹划方案】

①直线法如表4-2所示。

表4-2　直线法　　单位：元

年数	年折旧额	年折旧抵税收益
1	200 000×(1−5%)÷5=38 000	38 000×25%=9 500
2	200 000×(1−5%)÷5=38 000	38 000×25%=9 500
3	200 000×(1−5%)÷5=38 000	38 000×25%=9 500
4	200 000×(1−5%)÷5=38 000	38 000×25%=9 500
5	200 000×(1−5%)÷5=38 000	38 000×25%=9 500
合计	190 000	47 500

②双倍余额递减法如表4-3所示。

表4-3　双倍余额递减法　　单位：元

年数	年折旧额	年折旧抵税收益
1	200 000×2÷5=80 000	80 000×25%=20 000
2	(200 000−80 000)×2÷5=48 000	48 000×25%=12 000

表4-3(续)

年数	年折旧额	年折旧抵税收益
3	(120 000-48 000)×2÷5=28 800	28 800×25%=7 200
4	(43 200-200 000×5%)÷2=16 600	16 600×25%=4 150
5	(43 200-200 000×5%)÷2=16 600	16 600×25%=4 150
合计	190 000	47 500

③年数总和法如表 4-4 所示。

表 4-4　年数总和法　　单位：元

年数	年折旧额	年折旧抵税收益
1	200 000×(1-5%)×5÷15=63 333	63 333×25%=15 833
2	200 000×(1-5%)×4÷15=50 667	50 667×25%=12 667
3	200 000×(1-5%)×3÷15=38 000	38 000×25%=9 500
4	200 000×(1-5%)×2÷15=25 333	25 333×25%=6 333
5	200 000×(1-5%)×1÷15=12 667	12 667×25%=3 167
合计	190 000	47 500

④缩短折旧年限为 3 年，如表 4-5 所示。

表 4-5　缩短折旧年限为 3 年　　单位：元

年数	年折旧额	年折旧抵税收益
1	200 000×(1-5%)÷3=63 333	63 333×25%=15 833
2	200 000×(1-5%)÷3=63 333	63 333×25%=15 833
3	200 000×(1-5%)÷3=63 334	63 334×25%=15 834
4	0	0
5	0	0
合计	190 000	47 500

可见，在公司盈利的情况下，采用不同的折旧计提方法不会对未来 5 年的利润总额产生影响，但是会影响应纳税额在时间上的分布。考虑到资金的时间价值和对公司现金流量的影响，采用缩短折旧年限法和加速折旧法（双倍余额递减法或年数总和法）比直线法能获得更多的抵税收益。

假设每年年末 B 公司都有足够多的征税收入来抵扣各扣除项目，分析双倍余额递减法和缩短折旧年限法中哪一种对企业更为有利（B 公司的加权平均资本成本为 10%，计算结果保留整数）？

双倍余额递减法和缩短折旧年限法的比较如表 4-6 所示。

表 4-6 双倍余额递减法和缩短折旧年限法的比较

年数	双倍余额递减法/元	缩短折旧年限/元	抵税差额/元	折现系数	现值/元
1	20 000	15 833	4 167	0.909 1	3 788
2	12 000	15 833	-3 833	0.826 4	-3 168
3	7 200	15 834	-8 634	0.751 3	-6 487
4	4 150	0	4 150	0.683 0	2 834
5	4 150	0	4 150	0.620 9	2 577
合计	47 500	47 500			-456

可见，在双倍余额递减法与缩短折旧年限法中，区别在于折旧的时间分布，进而影响到所得税纳税义务的时间分布。由于采用缩短折旧年限法比双倍余额递减法可以获得更多的净现值，从而使企业价值更大，因此企业应采用缩短折旧年限法。

（2）慎用加速折旧法的情况。以上方法固然能为企业带来货币时间价值，但是当企业在一定期限内享受税收优惠时，应慎用加速折旧法和缩短折旧年限法等。

《企业所得税法实施条例》第八十七条规定，企业从事国家重点扶持的公共基础设施项目的投资经营所得，自项目取得第一笔生产经营收入所属纳税年度起，第一年至第三年免征企业所得税，第四年至第六年减半征收企业所得税。

《企业所得税法实施条例》第八十八条规定，企业从事符合条件的环境保护、节能节水项目的所得，自项目取得第一笔生产经营收入所属纳税年度起，第一年至第三年免征企业所得税，第四年至第六年减半征收企业所得税。

企业可以享受这类定期减免的税收优惠时，要综合考虑税收优惠与固定资产折旧的时间价值，合理选择企业适用的减免税政策。

【案例 4-18】A 企业从事符合条件的环境保护、节能节水项目，自项目取得第一笔生产经营收入所属纳税年度起，第一年至第三年免征企业所得税，第四年至第六年减半征收企业所得税。如果不扣减折旧费用，每年可以实现 110 万元的应纳税所得额。现有设备原值为 200 万元，不考虑净残值，A 企业计划采用如下两种折旧方案：

方案一：采用加速折旧法，A 企业每年的折旧费用、应纳税所得额、应纳税额以及税后所得如表 4-7 所示。

表 4-7 采用加速折旧法，A 企业每年的折旧费用、应纳税所得额、应纳税额以及税后所得

年度	1	2	3	4	5	6	7~20	合计
折旧费用/万元	60	50	40	30	20	0	每年 0	200
应纳税所得额/万元	50	60	70	80	90	110	每年 110	2 000
税率/%	0	0	0	12.5	12.5	12.5	25	—
应纳税额/万元	0	0	0	10	11.25	13.75	每年 27.5	420
税后所得/万元	50	60	70	70	78.75	96.25	每年 82.5	1 580

方案二：采用直线法，A 企业每年的折旧费用、应纳税所得额、应纳税额以及税后所得如表 4-8 所示。

表 4-8 采用直线法，A 企业每年的折旧费用、应纳税所得额、应纳税额以及税后所得

年度	1~3	4~6	7~20	合计
折旧费用/万元	每年 10	每年 10	每年 10	200
应纳税所得额/万元	每年 100	每年 100	每年 100	2 000
税率/%	0	12.5	25	—
应纳税额/万元	每年 0	每年 12.5	每年 25	387.5
税后所得/万元	每年 100	每年 87.5	每年 75	1 612.5

对 A 企业而言，哪种折旧方案更优（年利率为 10%时，第 10 年的年金现值系数为 6.145，第 14 年的年金现值系数为 7.367；年利率为 10%时，第 1~7 年的复利现值系数分别是 0.909、0.826、0.751、0.683、0.621、0.565 和 0.513）？

方案一：采用加速折旧法，当年息为 10%时，A 企业 20 年中全部税后所得的现值 = 50×0.909+60×0.826+70×0.751+70×0.683+78.75×0.621+96.25×0.565+82.5×7.367×0.513 = 610.5（万元）

本例中，纳税人享受“三免三减半”的所得税优惠，而企业实际享受税收优惠的年度恰恰是企业折旧费用很高的年度。但当企业税收优惠期满，需要正常纳税时，企业的折旧费用反而很少。

方案二：如果采用直线法，在 20 年期间内，A 企业每年提取 10 万元的折旧费用。

A 企业每年的应纳税所得额 = 110-10 = 100（万元）

假设市场利率仍为年息 10%。当考虑货币的时间价值时，A 企业 20 年全部税后所得的现值 = 100×1.736+87.5×2.487×0.826+75×7.606×0.621 = 707.60（万元）

企业 20 年中全部税后所得的现值在直线法下比加速折旧法多了 97.1 万元（707.6-610.5）。

本案例并不说明享受税收优惠的企业提取加速折旧就一定会多纳税，关键要避免在企业享受税收优惠的年度提取过高的折旧费用；反之，如果企业能够在享受税收优惠的年度缩减折旧费用（如本例中企业享受税收优惠的年度从第 1 年开始，变为从第 7 年开始），就可以起到更好的税收筹划效果。

这一策略对于企业的意义在于，当企业计划购买固定资产时，应选择具有税收筹划效应的时间点。同样的固定资产投资行为，如果发生在企业利润较多的时期，就可以进行税前扣除；如果企业处于享受税收优惠阶段，加速折旧反而可能会多纳税，因此要避免在享受税收优惠的年度提取过高的折旧费用；如果发生在企业亏损时期，缩短折旧年限或加速折旧不能产生这种税收筹划收益。

6. 无形资产摊销的税收筹划

无形资产摊销额的决定性因素有三个，即无形资产的价值、摊销年限以及摊销方法。税法关于无形资产摊销期限的规定赋予了纳税人税收筹划的空间。正常经营

的企业应选择较短的摊销期限，这样做不仅可以加速无形资产成本的收回，避免企业未来的不确定性风险，而且可以使企业后期成本、费用提前扣除，前期利润后移，从而使企业获得延期纳税的好处。

无形资产的摊销采取直线法计算。无形资产的摊销年限不得低于10年。作为投资或受让的无形资产，有关法律规定或合同约定了使用年限的，可以按照规定或约定的使用年限分期摊销。

企业按照规定计算的无形资产摊销费用，准予扣除。但下列无形资产不得计算摊销费用扣除：自行开发的、支出已在计算应纳税所得额时扣除的无形资产；自创商誉；与经营活动无关的无形资产；其他不得计算摊销费用扣除的无形资产。

【案例4-19】甲公司于2020年年初接受乙公司一项价值为1 200万元的无形资产投资，投资合同上未约定有效期限。预计甲公司获取该项投资后，每年的利润将达到1 000万元（未扣除摊销额）。假设甲公司的投资报酬率为10%，无其他纳税调整项目，请对甲公司进行税收筹划。

【筹划方案】

方案一：甲公司与乙公司在合同中未约定无形资产的使用期限，则按税法规定的10年来摊销无形资产。

10年内甲公司应缴纳的企业所得税现值合计 $=(1\ 000-1\ 200\div10)\times25\%\times(P/A,10\%,10)=880\times25\%\times6.144\ 6=1\ 351.812$（万元）

方案二：甲公司与乙公司在合同中若约定了使用年限，则可按约定的年限摊销，因此甲公司与乙公司可以通过合同控制摊销年限，从而调整利润，进而调整企业所得税税负。

假设甲公司与乙公司在合同中约定无形资产的使用期限为5年，则甲公司按5年来摊销无形资产。

5年内甲公司应缴纳的企业所得税现值合计 $=(1\ 000-1\ 200\div5)\times25\%\times(P/A,10\%,5)+1\ 000\times25\%\times[(P/A,10\%,10)-(P/A,10\%,5)]=190\times3.790\ 8+250\times(6.144\ 6-3.790\ 8)=1\ 308.702$（万元）

方案二比方案一在10年内共少缴纳企业所得税的现值为43.11万元（1 351.812-1 308.702），因此甲公司应当选择方案二。

若企业处于减免税期间，则应当尽量延长摊销期限，以更多地获取减免税带来的好处。

7. 亏损弥补的税收筹划

根据《企业所得税法》及其实施条例的规定，纳税人发生年度亏损（应纳税所得额为负值），可以用下一纳税年度的所得弥补；下一纳税年度的所得不足以弥补的，可以逐年延续弥补，但延续弥补期最长不得超过5年。自2018年1月1日起，当年具备高新技术企业或科技型中小企业资格的企业，其具备资格年度之前5个年度发生的尚未弥补完的亏损，亏损结转年限由5年延长至10年。

企业发生亏损后，应增加收入或减少可抵扣项目，使应纳税所得额尽可能多，以尽快弥补亏损，获得抵税收益。

【案例4-20】某企业2016年度发生年度亏损200万元，假设该企业2016—2022

年各纳税年度应纳税所得额如表 4-9 所示。请计算该企业 2022 年应当缴纳的企业所得税，并提出税收筹划方案。

表 4-9　2016—2022 年各纳税年度应纳税所得额　　单位：万元

年份	2016	2017	2018	2019	2020	2021	2022
应纳税所得额	-110	20	20	30	10	20	800

【筹划方案】

根据税法关于亏损结转的规定，该企业 2016 年的 110 万元亏损，可以分别用 2017—2021 年的所得来弥补，由于 2017—2021 年的总计应纳税所得额为 100 万元，低于 2016 年度的亏损，因此 2016—2021 年企业不需要缴纳企业所得税。2022 年，企业的所得不能弥补 2016 年的亏损，因为已经超过 5 年的期限。企业尚有 10 万元的亏损不能弥补，而 2017 年以来企业并没有亏损。

2022 年应纳企业所得税 = 800×25% = 200（万元）

从该企业各年度的应纳税所得额来看，该企业的生产经营一直是向好的方向发展，2016—2021 年之所以应纳税所得额比较少，可能因为存在前期投资，或者增加了各项费用的支出等。由于企业 2016 年仍有未弥补完的亏损 10 万元，因此如果企业能够在 2021 年进行税收筹划，压缩成本，增加收入，尽量将 2021 年的应纳税所得额提高 10 万元，同时 2021 年压缩的成本和支出可以在 2022 年予以开支。这样 2021 年的应纳税所得额相应调整为 30 万元，2022 年的应纳税所得额相应调整为 790 万元。此时，2016 年的亏损就可以全部被弥补，2016—2021 年企业仍然不需要缴纳企业所得税。

2022 年应纳企业所得税 = 790×25% = 197.5（万元）

减少应纳企业所得税 = 200-197.5 = 2.5（万元）

第三节　企业所得税税率的税收筹划

税率体现着征税的深度，是计算应纳税额的重要因素。企业所得税的优惠税率为企业所得税税率的税收筹划提供了空间，企业应善于利用这种税收差异，努力创造条件使自身享受较低的税率。企业所得税税率如表 4-10 所示。

表 4-10　企业所得税税率

税率/%	适用范围
25	居民企业
	在中国境内设有机构、场所且所得与机构、场所有关联的非居民企业
20（实际减按 10）	在中国境内未设立机构、场所但有来自中国境内的所得的非居民企业
	虽设立机构、场所但取得的所得与其所设机构、场所没有实际联系的非居民企业
20	小型微利企业
15	高新技术企业、经认定的技术先进型服务企业

一、预提所得税的税收筹划

预提所得税简称预提税。预提所得税制度是指一国政府对没有在该国境内设立机构、场所的外国公司、企业和其他经济组织从该国取得的股息、利息、租金、特许权使用费所得；或者虽设立机构、场所，但取得的所得与其所设机构、场所没有实际联系，由支付单位按支付金额扣缴所得税的制度。

跨国企业可以通过在征税国境内不设立机构、场所，或者虽设立机构、场所，但取得的所得与其所设机构、场所没有实际联系，从而适用预提所得税的低税率进行税收筹划。

【案例 4-21】某外国公司拟到中国提供培训服务，经市场调查，预计每年可获得 2 000 万元利润（假设不存在其他纳税调整项目）。该企业目前面临以下两种选择：第一，在中国境内设立此项投资的实际管理机构；第二，在中国境内既不设立此项投资的实际管理机构，也不设立代理机构。

【筹划方案】

方案一：依照外国（地区）法律成立但实际管理机构在中国境内，即成为居民纳税义务人的一种。

应纳企业所得税 = 2 000×25% = 500（万元）

方案二：依照外国（地区）法律成立且实际管理机构不在中国境内，在中国境内未设立机构、场所，即成为非居民纳税义务人的一种。

应纳企业所得税 = 2 000×10% = 200（万元）

方案二比方案一少缴纳企业所得税 300 万元（500 - 200），因此应当选择方案二。

依照外国（地区）法律成立且实际管理机构不在中国境内，在中国境内未设立机构、场所虽然会降低企业所得税税率，但可能会降低来源于中国境内的所得。企业应当权衡利弊，综合考虑，最终选择合适的运营方式。

二、小型微利企业优惠税率的税收筹划

（一）小型微利企业的认定

小型微利企业减按 20%的税率征收企业所得税。小型微利企业的条件如下：

（1）工业企业，年度应纳税所得额不超过 50 万元，从业人数不超过 100 人，资产总额不超过 3 000 万元。

（2）其他企业，年度应纳税所得额不超过 50 万元，从业人数不超过 80 人，资产总额不超过 1 000 万元。

从业人数包括与企业建立劳动关系的职工人数和企业接受的劳务派遣用工人数。

上述小型微利企业是指企业的全部生产经营活动产生的所得均负有我国企业所得税纳税义务的企业。仅就来源于我国所得负有我国纳税义务的非居民企业，不适用上述规定。

（二）小型微利企业 2019 年 1 月 1 日至 2021 年 12 月 31 日优惠政策

小型微利企业年应纳税所得额不超过 100 万元的部分，减按 25%计入应纳税所

得额，按 20%的税率缴纳企业所得税；年应纳税所得额超过 100 万元但不超过 300 万元的部分，减按 50%计入应纳税所得额，按 20%的税率缴纳企业所得税。

上述小型微利企业是指从事国家非限制和禁止行业，且同时符合年应纳税所得额不超过 300 万元、从业人数不超过 300 人、资产总额不超过 5 000 万元三个条件的企业。

小微企业和个体工商户年应纳税所得额不到 100 万元的部分，在现行优惠政策基础上，再减半征收企业所得税。

由于小型微利企业可以适用 20%的优惠税率缴纳企业所得税，因此若企业规模不大，在人数、资产规模、利润等方面与税法认定的小型微利企业情况相近时，可以通过合理合法的方法使自身满足小型微利企业的所有条件，从而适用小型微利企业的税收优惠进行税收筹划。

【案例 4-22】甲工业企业资产总额为 2 980 万元，有职工 90 人。甲工业企业在 2017 年 12 月前预测 2017 年全年将实现应纳税所得额 50. 5 万元。请对甲工业企业进行税收筹划。

【筹划方案】

纳税人在可以预测到应纳税所得额刚好超过临界点 50 万元时，可以事先增加一些合理的费用支出，使得应纳税所得额不超过 50 万元，从而使企业满足小型微利企业的标准，适用优惠税率，减轻纳税人的税收负担。

方案一：不做任何调整。

2017 年应纳企业所得税 = 50. 5×25% = 12. 625（万元）

方案二：在 2017 年 12 月 31 日前安排支付一笔 0. 6 万元的费用。

2017 年应纳税所得额 = 50. 5-0. 6 = 49. 9（万元）

2017 年应纳企业所得税 = 49. 9×20% = 9. 98（万元）

方案二比方案一少缴纳企业所得税 2. 645 万元（12. 625-9. 98），因此应当选择方案二。

现实中，应纳税所得额正好在 50 万元左右的情况毕竟是少数，但本案例提供的税收筹划思路值得借鉴。

【案例 4-23】2020 年，某运输公司共有 11 个运输车队，每个运输车队有员工 67 人，资产总额为 900 万元。每个车队年均盈利 100 万元，整个运输公司年盈利 1 100万元。请对该运输公司进行税收筹划。

【筹划方案】

该运输公司可以将 11 个运输车队分别注册为独立的子公司，这样每个子公司都符合小型微利企业的标准，可以享受小微企业的税收优惠。

如果不进行税收筹划，该运输公司需要缴纳企业所得税 = 1 100×25% = 275（万元）

税收筹划后，该运输公司需要缴纳企业所得税 = 100×25%×20%×11 = 55（万元）

减轻税收负担 = 275-55 = 220（万元）

如果某车队的盈利能力超过了 100 万元，该运输公司可以考虑设立更多子公司，从而继续享受小型微利企业的优惠政策。

三、高新技术企业、技术先进型服务企业的税收筹划

（1）税务机关对国家需要重点扶持的高新技术企业减按15%的税率征收企业所得税。

上述高新技术企业是指拥有核心自主知识产权并同时符合下列条件的企业：

①产品（服务）属于“国家重点支持的高新技术领域”规定的范围。

②研究开发费用总额占同期销售收入的比例不低于规定比例。

③近一年高新技术产品（服务）收入占企业同期总收入的比例不低于60%。

④从事研发和相关技术创新活动的科技人员占企业当年职工总数的比例不低于10%。

⑤在中国境内发生的研究开发费用总额占全部研究开发费用的比例不低于60%。

⑥《高新技术企业认定管理办法》规定的其他条件。

（2）自2017年1月1日起，税务机关在全国范围内对经认定的技术先进型服务企业，减按15%的税率征收企业所得税。

上述技术先进型服务企业是指同时符合以下条件的企业：

①在中国境内（不包括港、澳、台地区）注册的法人企业。

②从事《技术先进型服务业务认定范围（试行）》中的一种或多种技术先进型服务业务，采用先进技术或具备较强的研发能力。

③具有大专以上学历的员工占企业职工总数的50%以上。

④从事《技术先进型服务业务认定范围（试行）》中的技术先进型服务业务取得的收入占企业当年总收入的50%以上。

⑤从事离岸服务外包业务取得的收入不低于企业当年总收入的35%。

由于税务机关对国家重点扶持的高新技术企业减按15%的税率征收企业所得税，因此企业可以根据自身情况，通过合理合法的方法使自身满足国家重点扶持的高新技术企业的所有标准，从而适用高新技术企业的优惠税率进行税收筹划。

【案例4-24】某企业成立于2015年，该企业2017年具备成为国家需要重点扶持的高新技术企业的相关条件，只是其中一个条件未满足，即该企业研发人员9人，占企业当年职工总数（100人）不足10%。该企业2017年预计应纳税所得额为800万元。请对其进行税收筹划。

【筹划方案】

国家需要重点扶持的高新技术企业需同时满足相关条件。当企业满足其中某几个条件时，可以通过努力使自身满足全部条件，以便成为国家需要重点扶持的高新技术企业，从而获取税收上的优惠。

方案一：保持企业原状，不能成为国家需要重点扶持的高新技术企业。

应纳企业所得税＝800×25%＝200（万元）

方案二：创造条件成为国家需要重点扶持的高新技术企业。该企业仅仅不满足研发人员比例条件，因此该企业可以通过招聘再增加2名研发人员，从而符合研发人员占企业当年职工总数的10%以上的条件。这样该企业可以申请成为国家需要重

点扶持的高新技术企业。

应纳企业所得税 = 800×15% = 120（万元）

方案二比方案一少缴纳企业所得税 80 万元（200−120），因此应当选择方案二。

创造条件满足税收优惠政策的要求，是企业税收筹划的一个重要方法，不仅没有税务风险，而且通过享受税收优惠政策，会给企业带来节税收益。

四、将利润从高税率企业转向低税率企业的税收筹划

对于既有适用 25% 税率也有适用 20% 税率，还有适用 15% 税率的企业集团而言，其可以适当将适用 25% 税率的企业的收入转移到适用 20% 税率或 15% 税率的企业中，从而适当降低企业集团的所得税负担。

企业之间利润转移主要有关联交易和业务转移两种方法。企业集团通过关联交易转移利润应注意幅度的把握，明显的利润转移会受到税务机关的关注和反避税调查。业务转移是将甲公司的某项业务直接交给乙公司承担，通过这种方式转移利润，目前尚不受税法规制，税务风险相对比较小。

【案例 4-25】某企业集团下属 A、B 两个企业，其中 A 企业适用 25% 的企业所得税税率，B 企业属于国家扶持的高新技术企业，适用 15% 的企业所得税税率。2020 纳税年度，A 企业的应纳税所得额为 6 000 万元，B 企业的应纳税所得额为 5 000万元。请计算 A、B 两个企业以及该企业集团在 2020 纳税年度分别应当缴纳的企业所得税，并提出税收筹划方案。

【筹划方案】

方案一：保持原状。

A 企业应纳企业所得税 = 6 000×25% = 1 500（万元）

B 企业应纳企业所得税 = 5 000×15% = 750（万元）

该企业集团应纳企业所得税 = 1 500+750 = 2 250（万元）。

方案二：由于 A 企业适用的企业所得税税率高于 B 企业适用的企业所得税税率，因此该企业集团可以考虑将 A 企业的部分收入转移到 B 企业。假设该企业集团通过税收筹划将 A 企业的应纳税所得额降低为 3 000 万元，将 B 企业的应纳税所得额相应增加为 8 000 万元。

A 企业应纳企业所得税 = 3 000×25% = 750（万元）

B 企业应纳企业所得税 = 8 000×15% = 1 200（万元）

该企业集团应纳企业所得税 = 750+1 200 = 1 950（万元）

由此可见，通过税收筹划，该企业集团可以少纳企业所得税 = 2 250−1 950 = 300（万元）

【案例 4-26】A 集团公司共有 10 家子公司，集团全年实现应纳税所得额 1 亿元。10 家子公司均不符合高新技术企业的条件，均适用 25% 的企业所得税税率。A 集团公司中的 B 子公司与高新技术企业的条件比较接近，年应纳税所得额为 2 000 万元。请为 A 集团公司提出税收筹划方案。

【筹划方案】

方案一：保持现状，不做税收筹划。

A 集团公司应纳企业所得税 = 10 000×25% = 2 500（万元）

方案二：若 A 集团公司集中力量将 B 子公司打造成高新技术企业，再将其他公司的盈利项目整合到 B 公司，使得 B 公司应纳税所得额提高至 4 000 万元，则其他子公司合计应纳税所得额降低至 6 000 万元。

A 集团公司应纳企业所得税 = 4 000×15%+6 000×25% = 2 100（万元）

A 集团公司少纳企业所得税 = 2 500−2 100 = 400（万元）

第四节　企业所得税优惠政策的税收筹划

一、减免税优惠政策的规定及其税收筹划

（一）免征企业所得税的项目所得

（1）蔬菜、谷物、薯类、油料、豆类、棉花、麻类、糖料、水果、坚果的种植。

（2）农作物新品种的选育。

（3）中药材的种植。

（4）林木的培育和种植。

（5）牲畜、家禽的饲养。

（6）林产品的采集。

（7）灌溉、农产品初加工、兽医、农技推广、农机作业和维修等农、林、牧、渔服务业项目。

（8）远洋捕捞。

（二）减半征收企业所得税的项目所得

（1）花卉、茶以及其他饮料作物和香料作物的种植。

（2）海水养殖、内陆养殖。

减免税是国家对特定的地区、行业、企业或特定的纳税人、应税项目等所给予的照顾性措施。对于减免税优惠，纳税人应考虑以下筹划技巧：第一，在合法、合理的前提下，尽量争取更多的免税待遇；第二，在合法、合理的情况下，尽量使免税期最长；第三，注重对优惠政策的综合衡量，着眼于整体税负的轻重，从各种税收优惠方案中选出最优的方案。

【案例 4-27】某企业准备投资 6 000 万元用于中药材的种植或茶的种植，预计种植中药材每年可以获得利润总额 600 万元，种植茶每年可以获得利润总额 650 万元。假设无纳税调整事项，从税收筹划的角度出发，该企业应选择哪一个项目？

【筹划方案】

由于种植中药材可以享受免税的优惠政策，企业投资中药材每年可以获得净利润 600 万元。由于种植茶可以享受减半征税的优惠政策，企业每年需要缴纳企业所得税为 650×25%×50% = 81.25 万元，净利润为 650−81.25 = 568.75 万元。虽然种植中药材的利润总额低于种植茶的利润总额，但种植中药材的净利润（税后利润）高于种植茶的净利润。因此，企业应选择种植中药材。

二、加计扣除优惠政策的规定及其税收筹划

加计扣除是指对企业支出项目按规定的比例给予税前扣除的基础上再给予追加扣除。

（一）招聘残疾人员的优惠政策及其税收筹划

企业安置残疾人员所支付工资费用的加计扣除是指企业安置残疾人员的，在按照支付给残疾职工工资据实扣除的基础上，按照支付给残疾职工工资的100%加计扣除。残疾人员的范围适用《中华人民共和国残疾人保障法》的有关规定。因此，在不影响正常生产经营的前提下，企业可以通过招聘残疾人员来使用此税收优惠进行税收筹划。

【例4-28】甲公司因生产规模的扩大，2021年计划招聘30名新员工，新增加的30名员工每年需要支付40万元工资，甲公司2021年预计实现未扣除工资前的应纳税所得额为500万元。请对其进行税收筹划。

【筹划方案】

甲公司应当充分利用支付残疾人员工资税前加计扣除的优惠政策，降低企业所得税税负。

方案一：招聘30名身体健全人员作为新员工。

应纳企业所得税＝(500－40)×25%＝115（万元）

方案二：在不影响甲公司正常生产经营的情况下，招聘30名残疾人员作为新员工。

应纳企业所得税＝(500－40×2)×25%＝105（万元）

方案二比方案一少缴纳企业所得税10万元（115－105）。因此，甲公司应当选择方案二。

企业可以在不影响正常生产经营的前提下，招聘部分残疾人员，一方面可以关爱社会弱势群体；另一方面可以增加企业所得税税前扣除金额，进而降低企业所得税税负。

（二）一般企业研发费用加计扣除

2018年1月1日至2020年12月31日，研究开发费用（研发费用）未形成无形资产计入当期损益的，在按照规定据实扣除的基础上，再按照研究开发费用的75%加计扣除；形成无形资产的，按照无形资产成本的175%摊销。企业可以通过增加对新产品、新技术的研发从而适用研发费用加计扣除政策来进行税收筹划。

2021年，我国继续执行企业研发费用加计扣除75%的政策，将制造业企业加计扣除的比例提高到100%。

【案例4-29】甲公司为科技型中小企业，适用15%的企业所得税税率，2020年度计划增加支出2 000万元用于新产品开发，增加职工工资支出60万元。请为甲公司进行税收筹划。

【筹划方案】

如果甲公司能将2 000万元支出核算为研究开发费用，将60万元工资支出用于残疾职工，则可以加计扣除2 000×75%+60×100%＝1 560万元。如果甲公司2020年度不

考虑上述加计扣除，则甲公司需多缴企业所得税 1 560×15%=234 万元。

【案例 4-30】2020 纳税年度，某企业符合小型微利企业的从业人数和资产总额标准，但预计年应纳税所得额会达到 350 万元。如果该企业不进行该税收筹划，需要缴纳企业所得税 350×25%=87.5 万元。该企业应如何进行税收筹划?

【筹划方案】

该企业可以进行一项新产品的研发，投入研发资金 50 万元。该 50 万元研发费用可以直接计入当期成本，同时可以加计扣除 75%的费用，也就是可以在当期扣除 87.5 万元的成本。这样该企业的应纳税所得额就变成 262.5 万元（350-87.5），可以享受小型微利企业的低税率优惠政策。

经过税收筹划，需要缴纳企业所得税=100×25%×20%+(262.5-100)×50%×20%=21.25（万元）

减轻税收负担=87.5-21.25=66.25（万元）

三、投资收益取得方式的税收筹划

（一）国债利息免税政策及其税收筹划

为鼓励企业积极购买国债，支援国家建设，税法规定，企业因购买国债所得的利息收入，免征企业所得税。

1. 国债利息收入的时间确认

（1）根据《企业所得税法实施条例》的规定，企业投资国债从国务院财政部门（以下简称“发行者”）取得的国债利息收入，应以国债发行时约定应付利息的日期，确认利息收入的实现。

（2）企业转让国债，应在国债转让收入确认时确认利息收入的实现。

2. 国债利息收入的计算

企业到期前转让国债，或者从非发行者投资购买的国债，其持有期间尚未兑付的国债利息收入，按以下公式计算确定：

国债利息收入=国债金额×(适用年利率÷365)×持有天数

【案例 4-31】海星公司位于市区，拥有 2 000 万元闲置资金，准备用于获得利息。假设五年期国债年利率为 4%，银行五年期定期存款年利率为 4%，借给其他企业五年期借款年利率为 6%。请为海星公司进行税收筹划（增值税税率为 6%，城市维护建设税税率为 7%，教育费附加征收率为 3%，地方教育费附加征收率为 2%）。

【筹划方案】

①如果购买国债，年利息为 80 万元（2 000×4%），税后利息为 80 万元。

②如果存入银行，年利息为 80 万元（2 000×4%），税后利息为 60 万元（80-80×25%）。

③如果借给企业，年利息为 120 万元（2 000×6%），增值税及其附加为 8 万元（120×6.72%），税后利息为 84 万元[(120-8)×(1-25%)]。

从税后利息来看，存入银行的利息最少，购买国债的利息高于储蓄利息，但低于借给企业的利息。由于购买国债风险较低，借给企业风险较高，星海公司应当在充分考虑借给该企业的风险以后确定是否选择借给企业。

【案例 4-32】A 公司有闲置资金 1 000 万元，假设当前的国债利率为 3%，A 公司决定购买的金融债券利率为 3.5%，A 公司适用的所得税税率为 25%。出于追求税后收益最大化的考虑，A 公司应如何选择？

【筹划方案】

税法规定，国债利息收益免纳企业所得税，而购买企业债券取得的收益需要缴纳企业所得税。

方案一：购买国债，年利息 = 1 000×3% = 30（万元）

税后收益等于税前收益（30 万元）。

方案二：购买企业债券，年利息 = 1 000×3.5% = 35（万元）

税后收益 = 35×(1-25%) = 26.25（万元）

购买国债税后收益（30 万元）大于购买企业债券税后收益（26.25 万元）。因此，A 公司应选择购买国债。

由于我国国债利息收入免纳企业所得税，因此当可供选择债券的回报率不足够高时，应将其税后投资收益与国债的收益相比，再做决策。

（二）企业利润分配的税收筹划

1. 相关规定

（1）居民企业直接投资于其他居民企业取得的股息、红利等权益性投资收益为企业的免税收入。

（2）在中国境内设立机构、场所的非居民企业从居民企业取得与该机构、场所有实际联系的股息、红利等权益性投资收益为企业的免税收入。该收益不包括连续持有居民企业公开发行并上市流通的股票不足 12 个月取得的投资收益。

（3）投资企业通过股权转让等方式取得的投资收益需要计入应纳税所得额，按企业适用的所得税税率缴纳企业所得税。

2. 筹划思路——发放股利

被投资企业进行股利分配可以帮助法人股东减少纳税负担。

股利分配的税收筹划目标不仅仅是股东税负最小，而应坚持系统性原则，综合考虑股利分配的各方面制约因素，选择有利于企业长远发展的筹划方案，以增加股东财富。

四、其他优惠政策的规定及其税收筹划

（一）技术转让所得的优惠政策及其税收筹划

根据规定，在一个纳税年度内，居民企业转让技术所有权所得不超过 500 万元的部分，免征企业所得税；超过 500 万元的部分，减半征收企业所得税。技术转让的范围包括居民企业转让专利技术、计算机软件著作权、集成电路布图设计权、植物新品种、生物医药新品种、5 年（含）以上非独占许可使用权以及财政部和国家税务总局确定的其他技术。

符合条件的技术转让所得的计算公式如下：

技术转让所得 = 技术转让收入 - 技术转让成本 - 相关税费

或 技术转让所得 = 技术转让收入 - 无形资产摊销费用 - 相关税费 - 应分摊期间费用

【案例 4-33】甲公司 2020 年 12 月 15 日准备以 1 800 万元的价款转让某技术，其技术转让成本和相关税费为 800 万元，则技术转让所得为 1 000 万元（1 800-800）。请对其进行税收筹划。

【筹划方案】

对于预计当年度技术转让所得超过 500 万元的情况，纳税人可以采取递延技术转让所得的方式来进行税收筹划。

方案一：2020 年 12 月 15 日签订直接收款的技术转让合同。

技术转让所得 = 1 800-800 = 1 000（万元）

根据税法的规定，居民企业转让技术所有权所得不超过 500 万元的部分，免征企业所得税；超过 500 万元的部分，减半征收企业所得税。

因此，2020 年应纳企业所得税 =（1 000-500）×25%×0.5 = 62.5（万元）

方案二：签订分期收款的技术转让合同，合同约定 2020 年 12 月 15 日收取 900 万元，2021 年 1 月 15 日再收取 900 万元，则 800 万元的技术转让成本与相关税费也相应地在两个年度均分。甲公司采用分期收款方式，将超过 500 万元的这部分所得分摊到以后年度，从而可以完全享受免征企业所得税的优惠（根据规定，以分期收款方式的技术转让按照合同约定的收款日期确认收入的实现）。

2020 年技术转让所得 = 900-400 = 500（万元）

不超过 500 万元的部分，免征企业所得税，因此 2020 年应纳企业所得税为 0。

同样，2021 年技术转让所得 = 900-400 = 500（万元）

不超过 500 万元的部分，免征企业所得税，因此 2021 年应纳企业所得税为 0。

方案二比方案一少纳企业所得税 62.5 万元，因此甲公司应当选择方案二。

分期确认转让技术收入的好处在于将技术转让所得分摊在不同的年度，在各年度分别充分享受税收优惠政策，避免一个年度享受不完的情况出现。

（二）税额抵免优惠政策及其税收筹划

税额抵免是指企业购置并实际使用《环境保护专用设备企业所得税优惠目录》《节能节水专用设备企业所得税优惠目录》和《安全生产专用设备企业所得税优惠目录》规定的环境保护、节能节水、安全生产等专用设备的，该专用设备的投资额的 10%可以从企业当年的应纳税额中抵免；当年不足抵免的，可以在以后 5 个纳税年度结转抵免。

享受上述规定的企业所得税优惠的企业，应当实际购置并自身实际投入使用规定的专用设备。企业购置上述专用设备在 5 年内转让、出租的，应当停止享受企业所得税优惠，并补缴已经抵免的企业所得税税款。转让的受让方可以按照该专用设备投资额的 10%抵免当年企业所得税应纳税额；当年应纳税额不足抵免的，可以在以后 5 个纳税年度结转抵免。

企业所得税优惠目录由国务院财政、税务主管部门及国务院有关部门制定，报国务院批准后公布施行。

企业同时从事适用不同企业所得税待遇的项目的，其优惠项目应当单独计算所得，并合理分摊企业的期间费用；没有单独计算的，不得享受企业所得税优惠。

自 2009 年 1 月 1 日起，增值税一般纳税人购进固定资产发生的进项税额可从其销项税额中抵扣。如增值税进项税额允许抵扣，其专用设备投资额不再包括增值税进项税额；如增值税进项税额不允许抵扣，其专用设备投资额应为增值税专用发票上注明的价税合计金额。企业购买专用设备取得普通发票的，其专用设备投资额为普通发票上注明的金额。

企业购买并使用符合规定的环境保护、节能节水、安全生产等专用设备可以享受税额式优惠。

【案例 4-34】海星公司 2020 年应纳税所得额为 2 000 万元，适用 25%的企业所得税税率。海星公司计划投资 8 000 万元购买一大型设备并投入使用，该设备已列入《环境保护专用设备企业所得税优惠目录》，但有人认为该设备投资价格太高，不建议投资。从税收角度考虑，海星公司是否要进行该项设备投资呢？

【筹划方案】

方案一：投资该专用设备，则设备投资额可抵免企业所得税应纳税额＝8 000×10%－800（万元）

该企业 2020 年企业所得税应纳税额＝2 000×25%＝500（万元）

500<800，因此该企业 2020 年可抵免的企业所得税应纳税额为 500 万元，余下 300 万元（800－500），可以向以后年度结转。

如果该企业自 2020 年起的 5 年内应纳税所得额不低于 1 200 万元（300÷25%），投资这项专用设备，就可以使企业减少缴纳企业所得税共计 800 万元。

方案二：不投资该专用设备，则无法享受税额式优惠，没有税收利益。

因此，从税收角度考虑，海星公司应进行该项设备投资。

需要注意的是，企业利用“自筹资金”和“银行贷款”购置专用设备的，可以按以上规定抵免企业应纳所得税额。但是，企业利用“财政拨款”购置专用设备的投资额，不得抵免企业应纳所得税额。

（三）创投企业优惠政策及其税收筹划

创业投资企业从事国家需要重点扶持和鼓励的创业投资，可以按投资额的一定比例抵扣应纳税所得额。创投企业优惠是指创业投资企业采取股权投资方式直接投资于初创科技型企业满 2 年的，可以按照其投资额的 70%在股权持有满 2 年的当年抵扣该创业投资企业的应纳税所得额；当年不足抵扣的，可以在以后纳税年度结转抵扣。因此，在投资收益率大体相当的情况下，创投企业可以加强对初创科技型企业的投资，从而适用税收优惠。

【案例 4-35】甲公司为创业投资企业，适用 25%的企业所得税税率，计划在 2021 年 3 月前对外股权投资 1 000 万元。相关部门提出两个方案：方案一是投资一家成熟的大型高新技术企业，方案二是投资一家初创期的中型科技型企业。两个方案的投资收益率大体相当，请为甲公司进行税收筹划。

【筹划方案】

甲公司应选择方案二。方案二可以为甲公司创造可抵扣应纳税所得额为 1 000×70%＝700 万元，未来可以减少应纳税额 700×25%＝175 万元。同时甲公司应在 2020 年 12 月完成相关投资，这样可以在 2022 年享受该项优惠。如果甲公司在 2021 年 1 月投资，则需推迟至 2023 年才能开始享受该项优惠。

甲公司投资满 2 年后即可撤出，再选择其他初创期的中型科技型企业进行投资，这样该 1 000 万元的投资可以每 2 年为企业创造 700 万元的抵扣额，相当于每年 350 万元的抵扣额，即每年节税 87.5 万元。

（四）恰当选择享受税收优惠的起始年度

（1）企业从事国家重点扶持的公共基础设施项目投资经营的所得，自项目取得第一笔生产经营收入所属纳税年度起，第一年至第三年免征企业所得税，第四年至第六年减半征收企业所得税。

（2）企业从事符合条件的环境保护、节能节水项目的所得，自项目取得第一笔生产经营收入所属纳税年度起，第一年至第三年免征企业所得税，第四年至第六年减半征收企业所得税（“三免三减半”）。

【案例 4-36】甲公司根据税法的规定，可以享受自项目取得第一笔生产经营收入的纳税年度起，第一年至第三年免征企业所得税，第四年至第六年减半征收企业所得税的优惠政策。甲公司原计划于 2019 年 11 月开始该项目的生产经营，当年预计会有亏损，2020—2025 年，每年预计应纳税所得额分别为 100 万元、500 万元、800 万元、1 000 万元、1 500 万元和 2 000 万元。请计算 2019—2025 年，甲公司应当缴纳多少企业所得税，并进行税收筹划。

【筹划方案】

甲公司从 2019 年开始生产经营，应当计算享受税收优惠的期限。甲公司 2019—2021 年可以享受免税待遇，不需要缴纳企业所得税。2022—2024 年可以享受减半征税的待遇。

因此，甲公司需要缴纳企业所得税 =（800+1 000+1 500）×25%×50% = 412.5（万元）

2025 年不享受税收优惠，需要缴纳企业所得税 = 2 000×25% = 500（万元）。

因此，甲公司 2019—2025 年合计需要缴纳企业所得税 = 412.5+500 = 912.5（万元）

如果甲公司将该项目的生产经营日期推迟到 2020 年 1 月 1 日，这样 2020 年就是该企业享受税收优惠的第一年。2020—2022 年，甲公司可以享受免税待遇，不需要缴纳企业所得税。2023—2025 年，甲公司可以享受减半征收企业所得税的优惠待遇。

需要缴纳企业所得税 =（1 000+1 500+2 000）×25%×50% = 562.5（万元）

经过税收筹划，减轻税收负担 = 912.5−562.5 = 350（万元）

企业所得税的定期优惠政策是从企业取得生产经营所得的年度开始计算的，如果企业从年度中间甚至年底开始生产经营，那么该年度将作为企业享受税收优惠政策的第一年，而一般情况下经营初期的生产经营所得非常少，因此企业是否享受减免税优惠意义并不是很大。此时，企业应当恰当选择享受税收优惠的第一个年度，适当提前或推迟开展生产经营活动的日期。原则上，企业应当在年底或年初成立，在年初取得第一笔生产经营收入，这样就可以更加充分地享受税收优惠，获得更多的税收利益。

第五节 企业重组与合并、分立的税收筹划

一、企业重组

企业重组是指企业在日常经营活动以外发生的法律结构或经济结构重大改变的交易，包括企业法律形式改变、债务重组、股权收购、资产收购、合并、分立等。

企业债务重组的所得税处理相关规定如下：

（一）按照一般性税务处理

企业以非货币资产清偿债务，应当分解为转让相关非货币性资产、按非货币性资产公允价值清偿债务两项业务，确认相关资产的所得或损失。

（1）企业合并。被合并企业及其股东都应按清算进行所得税处理，被合并企业的亏损不得在合并企业结转弥补，合并企业应按公允价值确定接受被合并企业各项资产和负债的计税基础。

（2）企业分立。被分立企业对分立出去资产应按公允价值确认资产转让所得或损失；分立企业应按公允价值确认接受资产的计税基础；被分立企业继续存在时，其股东取得的对价应视同被分立企业分配进行处理；被分立企业不再继续存在时，被分立企业及其股东都应按清算进行所得税处理；企业分立相关企业的亏损不得相互结转弥补。

（二）按照特殊性税务处理

企业债务重组确认的应纳税所得额占该企业当年应纳税所得额50%以上，可以在5个纳税年度内均匀计入各年度的应纳税所得额。

特殊性税务处理（包括股权收购和资产收购）规定如下：

（1）对交易中股权支付的部分，暂不确认有关资产的转让所得或损失。

（2）对交易中非股权支付的部分，应在交易当期确认相应的资产转让所得或损失，并调整相应资产的计税基础。

非股权支付对应的资产转让所得或损失=（被转让资产的公允价值-被转让资产的计税基础）×（非股权支付金额÷被转让资产的公允价值）

（3）合并中的亏损弥补。被合并企业合并前的亏损可由合并企业弥补。

补亏限额=被合并企业净资产公允价值×截至合并业务发生当年年末国家发行的最长期限的国债利率

（4）被分立企业未超过法定弥补期限的亏损额，可以按分立资产占全部资产的比例进行分配，由分立企业继续弥补。

企业重组同时符合下列条件的，适用特殊性税务处理规定：

（1）具有合理的商业目的，且不以减少、免除或推迟缴纳税款为主要目的。

（2）企业重组后的连续12个月内不改变重组资产原来的实质性经营活动。

（3）企业重组中取得股权支付的原主要股东，在重组后连续12个月内，不得转让所取得的股权。

（4）被收购、合并或分立部分的资产或股权比例符合规定的比例（≥50%）。

（5）重组交易对价中涉及股权支付金额符合规定比例（≥85%）。

二、企业合并的税收筹划

合并是指一家或多家企业（以下称为“被合并企业”）将其全部资产和负债转让给另一家现存或新设企业（以下称为“合并企业”），被合并企业股东换取合并企业的股权或非股权支付，实现两个或两个以上企业的依法合并。

（一）并购目标企业选择的税收筹划

（1）并购有税收优惠政策的企业，使并购后企业整体的税务负担较轻。

（2）并购有大量亏损的企业，合并企业可以对被合并企业的亏损进行弥补，获得抵税收益。

可由合并企业弥补的被合并企业亏损的限额=被合并企业净资产公允价值×截至合并业务发生当年年末国家发行的最长期限的国债利率

（3）并购上下游企业或关联企业，实现上下游企业或关联企业流通环节的减少，减少流转税纳税义务。

（4）企业并购可能改变纳税主体的性质。例如，企业可能因为合并而由小规模纳税人转变为一般纳税人，或者由内资企业转变为中外合资企业。

（5）企业并购因规模扩大能够增加应提取折旧的资产总额，获取折旧抵税利益。

（二）并购支付方式的税收筹划

（1）股权支付——以本企业或其控股企业的股权、股份作为支付的形式。当采用股权支付不会对并购公司控制权产生重大影响时，企业应该优先考虑股权支付，或者尽量使股权支付金额不低于其交易支付总额的85%，以争取达到特殊性税务处理的条件。当企业符合特殊性税务处理的其他条件，且股权支付金额不低于其交易支付总额的85%时，可以使用资产重组的特殊性税务处理方法，企业可以相对减少合并环节的纳税义务，获得抵税收益。

（2）非股权支付——以本企业的现金、银行存款、应收款项、本企业或其控股企业股权和股份以外的有价证券、存货、固定资产、其他资产以及承担债务等作为支付的形式。非股权支付采用一般性税务处理方法，合并企业需要对被合并企业公允价值大于原计税基础的所得进行确认，缴纳所得税，并且不能弥补被合并企业的亏损；被合并企业的股东需要对资产转让所得缴纳所得税。

【案例4-37】

A公司拟吸收合并B公司，除了一项无形资产外，B公司的所有资产和负债的计税基础都与公允价值保持一致。该无形资产的计税基础为0，公允价值为2 000万元，并且没有规定使用年限。B公司未弥补的亏损为150万元，净资产的公允价值为3 000万元。截至合并业务发生当年年末，国家发行的最长期国债利率为5.3%，A公司适用的所得税税率为25%。A公司可以采用股权支付或非股权支付方式，该合并事项已经满足了特殊性税务处理的其他条件，如果选择股权支付，则可以对该合并业务采用特殊性税务处理方法。计算并分析A公司应该采用哪种支付方式？

【筹划方案】

方案一：采用非股权支付方式，适用一般性税务处理方法。

确认合并所得（被合并企业公允价值大于原计税基础的所得）=2 000-0=2 000（万元）

被合并企业的亏损不得由合并企业弥补。

合并事项产生的所得税纳税义务=2 000×25%=500（万元）

《企业所得税法》规定，对无形资产的摊销应该采用直线法，企业受让的无形资产，法律、合同或企业申请书没有规定使用年限的，摊销年限不得少于10年。在接下来的10年中，企业无形资产每年可以摊销抵税为2 000÷10×25%=50万元。10年时间，在不考虑货币时间价值的情况下，该项无形资产带来的抵税收益为500万元，相当于在并购年份无偿借出一笔金额为500万元的款项（合并事项产生的所得税纳税义务），然后分10年等额收回（摊销抵税额），无疑会损害企业价值。

方案二：采用股权支付方式，可以采用特殊性税务处理方法。

全部采用股权支付方式，不需要确认计税基础与公允价值的差额。

可由合并企业弥补的被合并企业亏损的限额=被合并企业净资产公允价值×截至合并业务发生当年年末国家发行的最长期限的国债利率=3 000×5.3%=159（万元）

弥补亏损可节约企业所得税=159×25%=39.75（万元）

通过比较可知，A公司应该采取股权支付方式。

三、企业分立的税收筹划

分立是指一家企业（以下称为“被分立企业”）将部分或全部资产分离转让给现存或新设的企业（以下称为“分立企业”），被分立企业股东换取分立企业的股权或非股权支付，实现企业的依法分立。企业分立税收筹划利用分拆手段，可以有效地改变企业规模和组织形式，降低企业的整体税负。

（一）分立方式选择的税收筹划

1. 新设分立

（1）把一个企业分解成两个或多个新企业，单个新企业应纳税所得额大大减少。使之适用小型微利企业的税收优惠政策，其可以按照更低的税率缴纳企业所得税。

（2）企业分立使某些新设企业符合高新技术企业的优惠条件，所适用的税率相对较低。

（3）企业分立可以将兼营或混合销售中的低税率或零税率业务独立出来，单独计税降低税负。

（4）企业分立使适用累进税率的纳税主体分化成两个或多个适用低税率的纳税主体，税负自然降低。

2. 存续分立

（1）将企业某个特定部门分立出去，可以增加一个流通环节，有利于流转税抵扣及转让定价策略的运用等。例如，消费税的课征只选单一环节（生产、委托加工、进口环节），而消费品的流通还存在批发、零售环节。企业可以将原来的销售部门分立为一个新的销售公司，在出售消费品给销售公司时，适当降低生产环节的销售价格（应当参照社会平均销售价格），从而降低消费税负担，销售公司再以正常价格出售。

（2）将销售部门分立为一个子公司，还可以增加产品在企业集团内部的销售环节，从而扩大母公司的销售收入，增加可以在税前列支的费用数额，如业务招待费和广告费。

（3）企业分立为多个纳税主体，可以形成有关联关系的企业群，实施集团化管理和系统化税收筹划。

（二）支付方式选择（股权支付、非股权支付）的税收筹划

当企业符合特殊性税务处理的其他条件，且被分立企业股东在该企业分立发生时取得的股权支付金额不低于其交易支付总额的85%时，可以使用企业分立的特殊性税务处理方法。这样可以相对减少分立环节的所得税纳税义务，而且被分立企业未超过法定弥补期限的亏损额可以按分立资产占全部资产的比例进行分配，由分立企业继续弥补，分立企业可以获得抵税收益。因此，分立企业应该优先考虑股权支付，或者尽量使股权支付金额不低于其交易支付总额的85%，争取达到企业分立的特殊性税务处理条件。

【案例4-38】2017年，甲商业企业共有两个相对独立的门市部，预计2018年应纳税所得额为98万元。假设没有纳税调整项目，即税前利润正好等于应纳税所得额。这两个门市部税前利润都为49万元，从业人数都为76人，资产总额为930万元。请对其进行税收筹划。

【筹划方案】

企业可以根据自身经营规模和盈利水平的预测，将有限的盈利水平控制在限额以下，从而成为小型微利企业，以便适用较低的税率。另外，将大企业分立为小型微利企业，也可达到适用低税率的目的。

方案一：维持原状。

应纳企业所得税＝98×25%＝24.5（万元）

方案二：将甲商业企业按照门市部分立为两个独立的企业A和B。

A企业应纳企业所得税＝49×20%＝9.8（万元）

B企业应纳企业所得税＝49×20%＝9.8（万元）

企业集团应纳企业所得税总额＝9.8+9.8＝19.6（万元）

方案二比方案一少缴纳企业所得税4.9万元（24.5−19.6），因此甲商业企业应当选择方案二。

甲商业企业按照门市部分立为两个独立的企业，必然要耗费一定的费用，同时有可能会影响正常的经营。因此，甲商业企业还需权衡利弊。

【案例4-39】光明公司是服装生产企业（从业人数为800人），2020年销售收入为9 000万元，发生广告费为1 800万元，发生业务招待费为140万元，实现税前利润为200万元，适用的企业所得税税率为25%。光明公司因为销售业务繁忙，欲设立销售公司，请为光明公司进行税收筹划（假设无其他纳税调整项目）。

【筹划方案】

方案一：光明公司设立非独立核算的销售公司，即设立分公司，光明公司作为法人企业，汇总缴纳所得税，依法在所得税税前扣除各项费用。

业务招待费标准=9 000×0. 5%=45（万元）

业务招待费实际发生 140 万元，允许扣除 45 万元，调增应纳税所得额=140-45=95（万元）

广告费标准=9 000×15%=1 350（万元）

实际发生广告费 1 800 万元，允许税前扣除 1 350 万元，超标准 450 万元，应调增应纳税所得额 450 万元。

应纳所得税=(200+95+450)×25%=186. 25（万元）

税后利润=200-186. 25=13. 75（万元）

方案二：光明公司设立独立的法人销售公司，即设立子公司（从业人数为 400 人)。在这种情况下，生产公司（从业人数为 400 人）将所有产品以 8 000 万元的价格卖给销售公司，生产公司发生业务招待费为 70 万元，广告费为 1 200 万元，获得利润为 120 万元。销售公司再以 9 000 万元的价格对外销售，发生业务招待费为 70 万元，广告费为 600 万元，获利为 80 万元。

生产公司作为法人企业，所得税汇算时，依法在所得税税前扣除各项费用。

业务招待费标准=8 000×0. 5%=40（万元）

光明公司实际发生 70 万元，允许扣除 40 万元，调增应纳税所得额=70-40=30（万元）

广告费标准=8 000×15%=1 200（万元）

实际发生广告费 1 200 万元，可以在税前全额扣除。

应纳所得税=(120+30)×25%=37. 5（万元）

税后利润=120-37. 5=82. 5（万元）

销售公司再以 9 000 万元的价格对外销售，发生业务招待费为 70 万元，广告费为 600 万元，获利为 80 万元。销售公司作为独立法人，所得税汇算时，依法在所得税税前扣除各项费用。

业务招待费标准=9 000×0. 5%=45（万元）

业务招待费实际发生 70 万元，允许扣除 42 万元，调增应纳税所得额=70-42=28（万元）

广告费标准=9 000×15%=1 350（万元）

实际发生广告费 600 万元，可以在税前全额扣除。

应纳所得税=(80+28)×25%=27（万元）

税后利润=80-27=53（万元）

在方案二下，企业集团共纳税=37. 5+27=64. 5（万元）

集团利润=82. 5+53=135. 5（万元）

和方案一相比（应交所得税为 186. 25 万元，税后利润为 13. 75 万元），方案二更好。

第六节　企业所得税其他方面的税收筹划

一、存货计价的税收筹划

纳税人采取的存货计价方式不同，对产品成本、企业利润和企业所得税都有较大的影响。对于性质和用途相似的存货，企业应当采取相同的成本计算方法确定发出存货的成本。对于不能替代使用的存货，为特定项目专门购入的存货以及提供劳务的成本，通常采用个别计价法确定发出存货的成本。

这里的存货是指企业在生产经营过程中为销售或耗用而储存的各种资产，如商品、产成品、半成品、在产品以及各类材料、燃料、包装物、低值易耗品等。存货是资产负债表中的重要项目，也是利润表中用来确定主营业务成本的一项重要内容。

对企业来说，可选用的存货计价方法主要有先进先出法、个别计价法、月末一次加权平均法、移动加权平均法等，而且计价方法一经选用，在一定时期内（通常为一年）不得随意变更，确需变更的需经厂长（经理）办公会议批准并上报当地税务机关备案，同时在会计报表附注中予以说明。从长期来看或在物价平稳、价格波动不大时，存货计价方法对成本的影响并不显著，存货计价方法不会对应纳税总额产生影响，但是不同的存货计价方法可以通过改变销售成本，继而改变所得税纳税义务在时间上的分布来影响企业价值。当价格水平不断波动时，存货计价方法对成本的影响就较为显著。

不同的存货计价方法对企业纳税的影响不同，这既是财务管理的重要步骤，也是税收筹划的重要内容。企业采取何种方法为佳，应根据具体情况进行分析，一般来说，存货计价的税收筹划有以下几种思路：

（1）企业长期盈利时，应选择使本期存货成本最大化的存货计价方法。

（2）企业预计亏损或已经亏损时，应使亏损尚未得到完全弥补的年度的成本费用降低，尽量使成本费用延迟到以后能够完全得到抵补的时期，以保证成本费用的抵税效果最大化。

（3）企业处于所得税减税或免税期间时，应选择使免税期间内存货成本最小化的计价方法，尽量将存货成本转移到非税收优惠期间。

（4）企业处于非税收优惠期间时，应选择使存货成本最大化的计价方法，以减少当期应纳税所得额或延迟纳税。

二、企业所得税核定征收的税收筹划

（一）企业所得税核定征收办法的适用情形

企业所得税核定征收办法适用于居民企业纳税人，纳税人具有下列情形之一的，核定征收企业所得税：

（1）依照法律、行政法规的规定可以不设置账簿的。

（2）依照法律、行政法规的规定应当设置但未设置账簿的。

（3）擅自销毁账簿或拒不提供纳税资料的。

（4）虽然设置账簿，但账目混乱或成本资料、收入凭证、费用凭证残缺不全，难以查账的。

（5）发生纳税义务，未按照规定的期限办理纳税申报，经税务机关责令限期申报，逾期仍不申报的。

（6）申报的计税依据明显偏低，又无正当理由的。

专门从事股权（股票）投资业务的企业，不得核定征收企业所得税。但是，适用核定征收办法的企业，取得的转让股权（股票）收入等转让财产收入，应全额计入应税收入额。

（二）核定征收办法应纳税额的计算

应纳税所得额=应税收入额×应税所得率

或　应纳税所得额=成本（费用）支出额÷(1-应税所得率)×应税所得率

应纳所得税额=应纳税所得额×适用税率

纳税人的生产经营范围、主营业务发生重大变化，或者应纳税所得额或应纳税额增减变化幅度达到20%的，应及时向税务机关申报调整已确定的应纳税额或应税所得率。

企业所得税核定征收的税收筹划思路如下：实行核定应税所得率征税的企业，其应纳企业所得税由企业的收入总额或成本费用支出总额决定，如果降低收入总额或成本费用支出总额，就可以达到降低企业所得税税负的目的。

【案例4-40】A公司2019年的主要业务是为其关联方B公司生产零部件，其原材料由A公司从B公司以800万元的价格购入，然后再加工成零部件，以2 000万元的价格销售给B公司，企业所得税税率为25%。A公司2019年的成本费用支出无法准确核算，税务机关对该企业实行核定应税所得率的方式征收企业所得税，当地的应税所得率为10%。请对其进行税收筹划。

【筹划方案】

方案一：A公司先从其关联方B公司购入原材料，之后再加工成零部件销售给B公司。

A公司2019年应纳企业所得税=2 000×10%×25%=50（万元）

方案二：采取委托加工的方式，由B公司将800万元的原材料委托A公司加工成零部件，A公司收取加工费1 200万元。此时收入金额便为1 200万元。

A公司2019年应纳企业所得税=1 200×10%×25%=30（万元）

方案二比方案一少缴纳企业所得税20万元（50-30），因此应当选择方案二。

企业通过变换加工方式，降低了收入总额，达到了降低企业所得税税负的目的。但在这种情况下，企业又有可能被税务机关重新核定应税所得率，因此企业应积极应对，在降低税费的同时，防范税收风险。

第七节　企业所得税的反避税

反避税是指国家采取积极的措施，对避税行为加以防范和制止。我国税法关于一般反避税条款的规定如下：企业实施其他不具有合理商业目的的安排而减少其应纳税收入或所得额的，税务机关有权按照合理的方法调整。特别纳税调整管理的内容一般包括转让定价管理、预约定价安排管理、成本分摊协议管理、受控外国企业管理、资本弱化管理、一般反避税管理。转让定价调查的企业一般包括关联交易数额较大或类型较多的企业，长期亏损、微利或跳跃性盈利的企业，低于同行业利润水平的企业，利润水平与其所承担的功能风险明显不相匹配的企业，与避税港关联方发生业务往来的企业，未按规定进行关联申报或准备同期资料的企业，其他明显违背独立交易原则的企业。

以下规定适用于税务机关按照《企业所得税法》及其实施条例的规定，对企业实施的不具有合理商业目的而获取税收利益的避税安排，实施的特别纳税调整。税收利益是指减少、免除或推迟缴纳企业所得税的应纳税额。

一、避税安排的特征

避税安排具有以下特征：

（1）以获取税收利益为唯一目的或主要目的。

（2）以形式符合税法规定，但与其经济实质不符的方式获取税收利益。

二、特别纳税调整

税务机关对企业的避税安排应当以具有合理商业目的和经济实质的类似安排为基准，按照实质重于形式的原则实施特别纳税调整。调整方法如下：

（1）对安排的全部或部分交易重新定性。

（2）在税收上否定交易方的存在，或者将该交易方与其他交易方视为同一实体。

（3）对相关所得、扣除、税收优惠、境外税收抵免等重新定性或在交易各方之间重新分配。

（4）其他合理方法。

企业与其关联方之间的业务往来，不符合独立交易原则而减少企业或其关联方应纳税收入或所得额的，税务机关有权按照合理方法调整。

上述所称关联方，是指与企业有下列关联关系之一的企业、其他组织或个人：

（1）在资金、经营、购销等方面存在直接或间接的控制关系。

（2）直接或间接地同为第三者控制。

（3）在利益上具有相关联的其他关系。

企业与其关联方签署成本分摊协议，有下列情形之一的，其自行分摊的成本不得税前扣除：

（1）不具有合理商业目的和经济实质。

（2）不符合独立交易原则。

（3）没有遵循成本与收益配比原则。

（4）未按有关规定备案或准备、保存和提供有关成本分摊协议的同期资料。

（5）自签署成本分摊协议之日起经营期限少于20年。

三、反避税立案

各级税务机关应当结合工作实际，应用各种数据资源，如企业所得税汇算清缴、纳税评估、同期资料管理、对外支付税务管理、股权转让交易管理、税收协定执行等，及时发现一般反避税案源。

主管税务机关发现企业存在避税嫌疑的，报省、自治区、直辖市和计划单列市（以下简称“省”）税务机关复核同意后，报国家税务总局申请立案。

省税务机关应当将国家税务总局形成的立案申请审核意见转发主管税务机关，国家税务总局同意立案的，主管税务机关实施一般反避税调查。

四、法律责任

税务机关根据《企业所得税法》及其实施条例的规定，对企业作出特别纳税调整的，应对 2008 年 1 月 1 日以后发生交易补征的企业所得税税款，按日加收利息。

（1）计息期间自税款所属纳税年度的次年 6 月 1 日起至补缴（预缴）税款入库之日止。

（2）利息率按照税款所属纳税年度 12 月 31 日实行的与补税期间同期的中国人民银行人民币贷款基准利率（以下简称“基准利率”）加 5 个百分点计算，并按一年 365 天折算日利息率。

（3）企业按照规定提供同期资料和其他相关资料的，或者企业符合规定免予准备同期资料但根据税务机关要求提供其他相关资料的，可以只按基准利率计算加收利息。

（4）按照上述规定加收的利息，不得在计算应纳税所得额时扣除。

税收筹划的首要特征是符合法律规定。实质课税原则是税收执法的基本原则之一。该原则要求税务机关根据纳税人的真实负担能力决定纳税人的税负，不仅考核其法律形式在表面上是否符合课税要件。实质课税原则的意义在于防止纳税人的避税与偷税行为，增强税法适用的公正性。因此，纳税人在税收筹划时应力求税收筹划方案与国家的税收政策导向保持趋同，提高税收筹划的规范性和合理性，从而进一步降低税收筹划的风险。

【案例 4-41】

北京市税务局稽查局于 2007 年 6 月 14 日至 2007 年 10 月 25 日对北京 A 税务师事务所有限公司（以下简称“A 公司”）2002 年 5 月至 2006 年 12 月 31 日的纳税情况进行了检查，发现 A 公司利用所控制的多家公司，将取得的劳务收入转移到互为关联的免税企业，共计转移应税收入 810 万元。

2006 年 6 月，A 公司协同北京 B 信息咨询有限责任公司（以下简称“B 公司”）与甲公司签订代理业务协议书，同年 7 月出具加盖“北京 A 税务师事务所有限公司”印章的审计报告，共取得业务收入 480 万元，将其中 460 万元转移到 B 公司。

2004 年 11 月 16 日，A 公司协同北京某投资有限责任公司信息咨询分公司（以下简称“C 咨询分公司”）与乙公司签订办理核销历史欠税业务的代理协议书，当日由 C 咨询分公司将预收款 200 万元作收入并开具发票。由于合同未履行，A 公司又于2006年1月协同北京某投资有限公司某区信息咨询分公司（以下简称“D咨询分公司”）与乙公司重新签订协议书，直至同年8月才由C咨询分公司退还乙公司预收的150万元，并将余款50万元转入B公司，由B公司作为收入并出具发票。在此期间，一直由A公司委派本单位员工负责该项代理业务的实施。

2006年6月1日，A公司与丙公司签订代理协议书，6月15日由B公司收取150万元并出具了300万元的发票，同时作为收入300万元。2006年12月26日，A公司协同B公司与丙公司签订三方协议书后，由B公司收取余款150万元。在此期间，一直由A公司委派本单位员工负责该项代理业务的实施。

经查明，A公司与B公司、C咨询分公司、D咨询分公司都为同一法人，在资金、业务经营等方面存在直接或间接的拥有或控制关系，互为关联企业。其中，B公司在2006年期间为免税企业，A公司利用对其的实质控制权，将自己的收入转移到免税公司从而逃税，转移收入合计810万元，实际应调增应纳税所得额765.45万元。

本案例税收筹划失败的原因有两个：第一，未隔断A公司与B公司的关联关系；第二，未由B公司实际提供劳务。如果企业想享受免税待遇，应当设立免税公司，并由免税公司来实际提供劳务，不能由其他公司提供劳务，而由免税公司取得收入，此时的免税公司就成了一个“收钱公司”。这是非常明显的避税行为，极易被税务机关察觉。企业在设立免税公司时，为了避免被认定为关联企业，应当对照关联企业的标准，在资金、人员等方面隔断两者之间的关联关系。

第五章
个人所得税筹划

【学习提示】

个人所得税涉及的纳税人非常广泛，是税收筹划操作中的一个非常重要的税种。通过对本章的学习，学生应掌握个人所得税的各种税收筹划方法。如何从纳税人身份、征税范围、计税依据、税率等不同的角度来进行税收筹划，是本章学习的重点内容。

第一节　个人所得税纳税人的税收筹划

一、纳税人的法律界定

个人所得税是主要以自然人取得的各类应税所得为征税对象而征收的一种所得税。个人所得税的纳税义务人包括中国公民、个体工商户、个人独资企业、合伙企业投资者、在中国有所得的外籍人员（包括无国籍人员，下同）和我国香港、澳门、台湾同胞。上述纳税义务人依据住所和居住时间两个标准，区分为居民个人和非居民个人，分别承担不同的纳税义务。

（一）居民个人

居民个人负有无限纳税义务，其所取得的应纳税所得，无论是来源于中国境内还是中国境外，都要在中国缴纳个人所得税。根据《中华人民共和国个人所得税法》（以下简称"《个人所得税法》"）的规定，居民个人纳税义务人是指在中国境内有住所，或者无住所而一个纳税年度内在中国境内居住累计满 183 天的个人。

在中国境内有住所的个人，是指因户籍、家庭、经济利益关系而在中国境内习惯性居住的个人。所谓在境内居住累计满 183 天，是指在一个纳税年度（公历 1 月 1 日起至 12 月 31 日止，下同）内，在中国境内居住累计满 183 天。

（二）非居民个人

非居民个人是指不符合居民个人纳税义务人判定标准（条件）的纳税义务人。非居民个人纳税义务人承担有限纳税义务，即仅就其来源于中国境内的所得，向中国政府缴纳个人所得税。《个人所得税法》规定，非居民个人纳税义务人是指在中国境内无住所又不居住，或者无住所而一个纳税年度内在中国境内居住累计不满 183 天的个人。也就是说，非居民个人是指习惯性居住地不在中国境内，而且不在中国居住；或者在一个纳税年度内在中国境内累计居住不满 183 天的个人。

自 2019 年 1 月 1 日起，无住所个人一个纳税年度内在中国境内累计居住天数，按照个人在中国境内累计停留的天数计算。在中国境内停留的当天满 24 小时的，计入中国境内居住天数，在中国境内停留的当天不足 24 小时的，不计入中国境内居住天数。

二、居民个人与非居民个人的转换

个人所得税的纳税义务人根据纳税人的住所和其在中国境内居住的时间，分为居民个人和非居民个人。由于对这两种纳税人的税收政策不同，因此不难得知非居民纳税人的税收负担较轻，纳税人应该把握这一尺度，合法进行税收筹划。

非居民纳税人需要满足以下条件：一是该纳税人必须是外籍人员、华侨或我国港、澳、台同胞；二是纳税人在一个纳税年度内没有在我国境内居住，或者在我国境内居住不满 1 年。因此，利用居民或非居民身份的认定进行税收筹划的方法主要有恰当安排离境时间，使自己成为非居民纳税人以减轻税负；利用有关住所的规定，改变国籍或变更住所，进行合理避税。

（一）恰当安排离境时间进行税收筹划

几乎所有国家都有对非居民纳税人在境内短暂停留不征税的规定。我国法律规定，外国人在一个纳税年度内在我国境内连续或累计居住不超过 90 日的个人，由我国境外雇主支付不由该雇主在我国境内的机构场所负担的部分可不在我国缴纳个人所得税，其简称为“90 日规则”。

对于跨国纳税人来说，由于个人所得税的计算是在对纳税人身份、所得来源地判断、所得性质判断的基础上进行的，因此纳税人主要应注意收入来源地居住天数的计算。居住天数的多少是判断居民或非居民的主要标准，而非居民的身份有利于节税。

【案例 5-1】一位美国专家受雇于一个位于美国的公司（总公司）。从 2020 年 10 月起，该专家到中国境内的分公司帮助筹建某工程。2020 年度内，该专家曾离境 10 天回美国向总公司述职，又曾离境 10 天回美国探亲。2020 年度他从美国总公司共领取薪金 96 000 美元。由于该专家是 10 月才开始到中国境内居住，2020 年度其累计居住时间不超过 183 天，因此该专家为非居民个人。又由于该专家从美国公司收取的 96 000 美元薪金不是来源于中国境内的所得，因此不征收个人所得税。

该专家合法地利用“非居民个人”的身份节约了在中国境内应缴纳的个人所得税。如果他 2021 年度仍然在中国境内居住，且累计超过了 183 天，他将成为中国税法意义上的居民个人，需要就其全部所得缴纳个人所得税。《中华人民共和国个人所得税法实施条例》（以下简称“《个人所得税法实施条例》”）规定：

（1）在中国境内无住所的个人，在一个纳税年度内在中国境内居住累计不超过 90 天的，其来源于中国境内的所得，由境外雇主支付并且不由该雇主在中国境内的机构、场所负担的部分，免予缴纳个人所得税。

（2）在中国境内无住所的个人，在中国境内居住累计满 183 天的年度连续不满六年的，经向主管税务机关备案，其来源于中国境外且由境外单位或个人支付的所得，免予缴纳个人所得税；在中国境内居住累计满 183 天的任一年度中有一次离境超过 30 天的，其在中国境内居住累计满 183 天的年度的连续年限重新计算。

显然，如果该专家2021年度在中国境内累计居住时间不超过90天，并且在境内居住期间其工作收入仍然由美国总公司支付，那么该部分来源于中国境外的所得就可以不用在中国纳税。但如果该专家在境内工作的时间超过90天，则无论其收入的支付机构是否在中国境内，均需就其从中国境内取得的收入在中国缴纳个人所得税。

假设已知在中国境内无住所的某个人，其在境内居住的时间为 X，单次离境的时间为 Y，连续在中国境内居住累计满183天的年度为 Z，就可以根据税法的规定得出与中国税收居民个人的境内居住时间标准相关的境内纳税义务表（如表5-1所示）。

表5-1　与中国税收居民个人的境内居住时间标准相关的境内纳税义务表

<table>
<tr><th>一年内累计居住时间（X）</th><th>一年内单次离境时间（Y）</th><th>连续在中国境内居住累计满183天的年度（Z）</th><th>在中国境内的纳税义务</th></tr>
<tr><td>$X \leq 90$ 天</td><td></td><td></td><td>由境外雇主支付的境内所得免税；
由境内机构支付的所得纳税</td></tr>
<tr><td>90 天 $<X<$ 183 天</td><td></td><td></td><td>境内、境外支付的境内所得纳税</td></tr>
<tr><td>$X \geq 183$ 天</td><td>$Y \leq 30$ 天</td><td>$Z \leq 6$ 年</td><td rowspan="2">境内所得纳税；
境内支付的境外所得纳税；
境外支付的境外所得免税（需备案）</td></tr>
<tr><td>$X \geq 183$ 天</td><td>$Y>30$ 天</td><td>$Z>6$ 年</td></tr>
<tr><td>$X \geq 183$ 天</td><td>$Y \leq 30$ 天</td><td>$Z>6$ 年</td><td>境内、境外全部所得纳税</td></tr>
</table>

税收筹划人在具体的税收筹划过程中一定要把握好这些时间规定。长期在华居住的外籍人员应尽量避免在中国境内满183天的年度连续达到六年，在连续六年时间内的某一年度内安排一次超过30天的离境，使其由境外支付的境外所得免于在中国境内纳税。短期来华的外籍人员应尽量将自己在华工作的时间控制在90天之内，使其由境外雇主支付的所得免税。

当然，根据美国税法的规定，【案例5-1】中的美国专家从美国总公司取得的所得也要按美国税法缴纳个人所得税。由于中美两国有税收协定，如果在中国境内缴纳了个人所得税，可以在美国得到抵免，这时应分析他在美国的纳税情况，综合考虑。

（二）利用居住方式的选择进行税收筹划

1. 通过人员的住所（居住地）变动降低税收负担

人员的住所（居住地）变动是指个人通过个人的住所或居住地跨越税境的迁移，也就是具体实施税收筹划的当事人把自己的居所迁出某一国，但又不在任何地方取得住所，从而躲避所在国对其纳税人身份的确认，进而免除个人所得税的纳税义务。在国际上，许多国家往往把拥有住所并在该国居住一定时间以上的个人确定为纳税义务人。《个人所得税法》第一条规定，在中国境内有住所，或者无住所而一个纳税年度内在中国境内居住累计满183天的个人，为居民个人。居民个人从中国境内和境外取得的所得，依照《个人所得税法》的规定缴纳个人所得税。在中国境内无住所又不居住，或者无住所而一个纳税年度内在中国境内居住累计不满 183 天的个人为非居民个人。非居民个人从中国境内取得的所得，依照《个人所得税法》的规定缴纳个人所得税。在居住时间的确认上，各国的规定并不一致，有的规定为三个月，有的规定为半年，有的以居住期超过一年为负税期限，当然还有更长的，规定以永久性住宅为标准。这样一来，一些从事跨国活动的人员就可以自由地游离于各国之间，而不至成为某个国家的纳税人，从而达到少缴税或不缴税的目的。例如，根据我国税法的规定，在我国境内无住所而且在一年内居住累计不满 183 天的个人，不用就其境外所得向我国缴纳个人所得税。一个人在我国居住的时间只要在一年内累计不满 183 天（在其他国家居住，其时间只要不满该国有关所得税法所规定的期限），就不用就其全部收入缴纳个人所得税，事实上免除了部分纳税义务，从而达到了降低税收负担的目的。

2. 通过人员流动降低税收负担

通过人员流动降低税收负担的思路，从本质上讲，与人员的住所变动大同小异。两者的区别主要表现在：一种是住所的变化，而另一种则是人本身在不同的区域中的位移。例如，一个跨国自然人可以不停地从这个国家向那个国家流动，但在每一个国家停留的时间都不长，这个人就可以不作为任何国家的居民，从而不作为任何国家的纳税人，进而达到免予缴税的目的。此外，人员的流动还有一种情况，就是在取得适当的收入之后，将财产或收入留在低税负地区，人则到高税负但费用比较低的地方去。例如，香港的收入高，税收负担比较低，但当地的生活费用却高得惊人，于是有的香港人在取得足够的收入之后就到内地来，从而既没有承担内地的高税收负担，又躲避了香港的高水平消费，可谓一举两得。

三、利用不同企业组织形式进行税收筹划

在所得相同时，不同的企业组织形式会对应不同的税种和税率，导致税收负担也大不相同。因此，纳税人通过选择不同的组织形式，能够在缴纳个人所得税和企业所得税之间进行转换。纳税人在进行税收筹划时，主要是从成立私营企业和作为个体工商户、个人独资企业、合伙企业等类型中进行选择。一般来说，在收入相同的情况下，个体工商户、个人独资企业、合伙企业的税负是一样的，私营企业的税负最重。

（一）企业所得税纳税义务人与个体工商户、个人独资企业、合伙企业纳税义务人的选择

随着经济的发展，个人收入水平不断提高，个人投资在经济生活中占有越来越重要的地位，个人投资也成为越来越热门的话题。作为投资者个人，在进行投资前必然会对不同的投资方式进行比较，以选择最佳方式进行投资。

目前，个人可以选择的投资方式主要有作为个体工商户从事生产经营；个人从事承包、承租业务；成立个人独资企业；组建合伙企业；设立有限责任制企业（企业所得税纳税义务人）。在对这些投资方式进行比较时，如果其他因素相同，投资者应承担的税收，尤其是所得税便成为决定投资决策的关键。

从 2019 年 1 月 1 日起，我国对个体工商户、个人独资企业、合伙企业的生产经

营所得按照经营所得项目征收个人所得税。

在上述几种投资方式中，一般来讲，在收入相同的情况下，个体工商户、个人独资企业、合伙企业、有限责任制企业的税负是不一样的，有限责任制企业的税负最重。但是，有限责任制企业是法人单位，在发票的申购、纳税人认定等方面占有优势，比较容易开展业务，经营的范围也比较广，并且可以享受国家的一些税收优惠政策。

在这三种企业形式中，有限责任制企业以公司的形式出现，只承担有限责任，风险相对较小；个人独资企业和合伙企业由于要承担无限责任，风险较大。我们只要通过比较有限责任制企业和其他任意形式的纳税人的转换，就可以分析其税负情况。

关于个人所得税经营所得和企业所得税纳税人身份的筹划，我们在第一章中已进行了详细比较。个体工商户、个人独资企业、合伙企业的生产经营所得均适用个人所得税经营所得项目的征收方式。但需要注意的是，私营企业主从该企业的税后利润中分得的股息、红利，需要按照20%的税率缴纳个人所得税。

【案例5-2】赵先生和李先生准备创办一个小型微利企业。若该有限责任公司能够享受当前税法对于小型微利企业的企业所得税减征优惠，且预计2021年该小型微利企业的年利润为40万元，那么赵先生和李先生应该如何选择（不考虑基础减除费用、专项扣除、专项附加扣除和其他扣除等因素）?

【筹划方案】

对于企业组织形式，赵先生和李先生有以下两种选择：

方案一：成立一个合伙制企业，企业每年的利润需要按照《个人所得税法》中的经营所得纳税（不考虑基础减除费用、专项扣除和其他扣除因素）。年度经营所得个人所得税税率表如表5-2所示。

表5-2　年度经营所得个人所得税税率表（含速算扣除数）

级数	全年应纳税所得额	税率/%	速算扣除数/元
1	不超过30 000元的部分	5	0
2	超过30 000元至90 000元的部分	10	1 500
3	超过90 000元至300 000元的部分	20	10 500
4	超过300 000元至500 000元的部分	30	40 500
5	超过500 000元的部分	35	65 500

赵先生、李先生每人应纳税所得额＝40÷2＝20（万元）

赵先生、李先生每人应纳个人所得税＝20×20%－1.05＝2.95（万元）

合计应缴纳个人所得税＝2.95×2＝5.9（万元）

方案二：成立一个有限责任公司，赵先生、李先生各控股50%，该企业的利润则需要缴纳企业所得税，税后利润完全以股息的方式分配给股东赵先生和李先生。根据税法的规定，从2019年1月1日至2021年12月31日，从事国家非限制和禁止行业，且同时符合年度应纳税所得额不超过300万元、从业人数不超过300人、资产总额不超过 5 000 万元三个条件的企业（小型微利企业），无论适用查账征收还是核定征收方法，均可享受年应纳税所得额不超过 100 万元的部分，减按 25%计入应纳税所得额，按 20%的税率缴纳企业所得税；年应纳税所得额超过 100 万元但不超过 300 万元的部分，减按 50%计入应纳税所得额，按 20%的税率缴纳企业所得税的政策。

上述企业根据小型微利企业的相关政策，在规定时间内实际适用的企业所得税税率为：年应纳税所得额在 100 万元（含）以下的，实际税率为 5%；年应纳税所得额为 100 万~300 万元（含）的，实际税率为 10%。

因此，该企业年应纳税所得额 40 万元适用 5%的实际税率。

企业所得税应纳税额＝40×5%＝2（万元）

赵先生、李先生个人分配股息＝(40−2)÷2＝19（万元）

合计应缴纳个人所得税＝19×20%×2＝7.6（万元）

共需缴纳企业所得税和个人所得税合计＝7.6+2＝9.6（万元）

成立合伙制企业比成立有限责任公司税负轻 3.7 万元，赵先生和李先生应选择合伙制企业。

（二）个体工商户与个人独资企业的转换

在对个体经济综合征收经营所得的情况下，个人独资企业的投资者所承担的税负按年应纳税所得额及适用税率的不同而有所不同。一般情况下，应纳税所得额越少，对应的税率越低，税负也越轻；反之亦然。我们可以利用个体工商户与个人独资企业的转换，通过对税基大的应纳税所得额进行分解来获得税收利益。

【案例 5-3】2019 年，赵某开设了一个经营水暖器材的公司（个体工商户），赵某的妻子负责经营管理，赵某同时也承接一些安装维修工程。赵某预计其每年销售水暖器材的应纳税所得额为 50 万元，承接安装维修工程的应纳税所得额为 40 万元（假设夫妻二人每年仅扣除费用 6 万元，且税法规定该项费用只能由个体工商户户主扣除）。

筹划前，赵某及其妻子经营水暖器材公司的所得应按照个人所得税经营所得计税。

夫妻二人全年应纳税所得额＝50+40−6＝84（万元）

全年应纳所得税＝84×35%−6.55＝22.85（万元）

【筹划方案】

赵某和妻子决定成立两个个人独资企业，赵某的企业专门承接安装维修工程，赵某妻子的企业只销售水暖器材。在这种情况下，假定每年的收入相同。

赵某的年应纳税所得额＝40−6＝34（万元）

赵某每年应纳所得税额＝34×30%−4.05＝6.15（万元）

赵某妻子每年的应纳税所得额＝50−6＝44（万元）

赵某妻子每年的应纳所得税额＝44×30%−4.05＝9.15（万元）

两人合计纳税＝6.15+9.15＝15.3（万元）

每年节税 7.55 万元。当然，这种转换需要支付一定的工商登记费和手续费。

第二节　对不同收入项目计税依据与税率的税收筹划

一、征税范围、计税依据以及税率的有关规定

（一）征税范围的有关规定

1. 工资、薪金所得

工资、薪金所得是指个人因任职或受雇而取得的工资、薪金、奖金、年终加薪、劳动分红、津贴、补贴以及与任职或受雇有关的其他所得。

2. 劳务报酬所得

劳务报酬所得是指个人独立从事非雇佣的劳务取得的所得，包括从事设计、装潢、安装等27项劳务取得的所得。在实际操作过程中，还可能会出现难以判定一项所得是属于工资、薪金所得，还是属于劳务报酬所得的情况。这两者的区别在于：工资、薪金所得属于非独立个人劳务活动，即在机关、团体、学校、部队、企业、事业单位及其他组织中任职、受雇而得到的报酬；而劳务报酬所得则是个人独立从事各种技艺、提供各项劳务取得的报酬。

3. 稿酬所得

稿酬所得是指个人因其作品以图书、报刊形式出版、发表而取得的所得。

4. 特许权使用费所得

特许权使用费所得是指个人提供专利权、商标权、著作权、非专利技术以及其他特许权的使用权取得的所得。其中，提供著作权的使用权取得的所得，不包括稿酬所得。

5. 经营所得

经营所得是指：

（1）个体工商户从事生产、经营活动取得的所得，个人独资企业投资人、合伙企业的个人合伙人来源于境内注册的个人独资企业、合伙企业生产、经营的所得。

（2）个人依法从事办学、医疗、咨询以及其他有偿服务活动取得的所得。

（3）个人对企业、事业单位承包经营、承租经营以及转包、转租取得的所得。

（4）个人从事其他生产、经营活动取得的所得。

6. 利息、股息、红利所得

利息、股息、红利所得是指个人拥有债权、股权而取得的利息、股息、红利所得。

7. 财产租赁所得

财产租赁所得是指个人出租不动产、机器设备、车船以及其他财产而取得的所得。

8. 财产转让所得

财产转让所得是指个人转让有价证券、股权、合伙企业中的财产份额、不动产、机器设备、车船以及其他财产取得的所得。

个人发生非货币性资产交换以及将财产用于捐赠、偿债、赞助、投资等用途的，

应当视同转让财产并缴纳个人所得税，但国务院财政、税务主管部门另有规定的除外。

9. 偶然所得

偶然所得是指个人得奖、中奖、中彩以及其他偶然性质的所得。偶然所得应缴纳的个人所得税税款，一律由发奖单位或机构代扣代缴。

10. 居民个人和非居民个人的征收区别

居民个人取得工资、薪金所得，劳务报酬所得，稿酬所得，特许权使用费所得，合并计入综合所得按纳税年度一并计算个人所得税；非居民个人取得工资、薪金所得，劳务报酬所得，稿酬所得，特许权使用费所得，按月或按次分项计算个人所得税。纳税人（不区分居民个人和非居民个人）取得经营所得，利息、股息、红利所得，财产租赁所得，财产转让所得，偶然所得，分项计算个人所得税。

（二）计税依据的有关规定

2019 年 1 月 1 日起，新修订的《个人所得税法》正式实施。此次修订将过去的分类征收模式转变为分类与综合相结合的征收模式，对居民个人取得前述 9 项所得中的工资、薪金所得，劳务报酬所得，稿酬所得，特许权使用费所得实行综合征收，其余 5 项所得仍然依照原分类征收的模式计税。由于个人所得税的应税项目不同，并且取得某项所得所需的费用也不相同，因此计算个人应纳税所得额时需按不同应税项目分项计算，以某个应税项目的收入额减去税法规定的该项费用减除标准后的余额为该项应纳税所得额。此外，新修订的《个人所得税法》还引入了专项附加扣除的制度。

1. 费用减除标准

（1）居民个人取得综合所得的，按纳税年度合并计算个人所得税；非居民个人取得工资、薪金所得，劳务报酬所得，稿酬所得，特许权使用费所得的，按月或按次分项计算个人所得税。

居民个人的综合所得，以每一纳税年度的收入额减除费用 6 万元以及专项扣除、专项附加扣除和依法确定的其他扣除后的余额为应纳税所得额。

非居民个人的工资、薪金所得，以每月收入额减除费用 5 000 元后的余额为应纳税所得额；劳务报酬所得、稿酬所得、特许权使用费所得，以每次收入额为应纳税所得额。

（2）专项扣除，包括居民个人按照国家规定的范围和标准缴纳的基本养老保险、基本医疗保险、失业保险等社会保险费和住房公积金等。

（3）专项附加扣除，包括子女教育、继续教育、大病医疗、住房贷款利息、住房租金、赡养老人等 6 项支出。

①子女教育专项附加扣除。纳税人年满 3 岁的子女接受学前教育和学历教育的相关支出，按照每个子女每年 12 000 元（每月 1 000 元）的标准定额扣除。学前教育包括年满 3 岁至小学入学前的教育，不论是否在幼儿园学习。学历教育包括义务教育（小学和初中教育）、高中阶段教育（普通高中、中等职业教育、技工教育）、高等教育（大学专科、大学本科、硕士研究生、博士研究生教育）。纳税人享受该项扣除，包括在中国境内和在境外接受教育，且不区分公立、私立教育机构。

每个子女每月扣除 1 000 元。多个符合扣除条件的子女，每个子女均可享受扣除。受教育子女的父母分别按扣除标准的 50% 扣除；或经父母约定，也可以选择由其中一方按扣除标准的 100% 扣除。具体扣除方式确定后，在一个纳税年度内不得变更。

起止时间：学前教育的子女在年满 3 周岁的当月至小学入学前一个月；全日制学历教育的子女在接受义务教育、高中教育、高等教育的入学当月至教育结束当月。需要特别提示的是，在因病或其他非主观原因休学但学籍继续保留期间以及施教机构按规定组织实施的寒暑假等假期，该专项附加扣除可连续扣除。

备查资料：境内接受教育的，不需要特别留存资料；境外接受教育的，需要留存境外学校录取通知书、留学签证等相关教育资料。

②继续教育专项附加扣除。纳税人在境内接受学历（学位）继续教育的支出，在学历（学位）教育期间按照每年 4 800 元（每月 400 元）定额扣除。纳税人接受技能人员职业资格继续教育、专业技术人员职业资格继续教育支出，在取得相关证书的年度，按照 3 600 元定额扣除。职业资格具体范围以人力资源和社会保障部（以下简称“人社部”）公布的《国家职业资格目录》为准。

个人接受同一学历（学位）继续教育事项，符合税法规定扣除条件的（已经就业，且正在接受本科及以下学历继续教育），该项教育支出可以由其父母按照子女教育支出扣除，也可以由本人按照继续教育支出扣除，但不得同时扣除。

起止时间：学历（学位）继续教育，入学的当月至教育结束的当月，但同一学历（学位）继续教育的扣除期限最长为 48 个月（4 年）；职业资格继续教育，取得相关职业资格继续教育证书上载明的发证（批准）日期的所属年度，即为可以享受扣除的年度，但由于专项扣除政策从 2019 年 1 月 1 日开始生效，该证书应当为 2019 年后取得。

备查资料：技能人员、专业技术人员职业资格证书等。

③大病医疗专项附加扣除。每年 1 月 1 日至 12 月 31 日，纳税人发生的与基本医保相关的医药费用支出，扣除医保报销后个人负担（医保目录范围内的自付部分）累计超过 15 000 元的部分，由纳税人在办理年度汇算清缴时，在 80 000 元限额内据实扣除。新税法实施首年（2019 年）发生的大病医疗支出，应在 2020 年才能办理扣除。

纳税人发生的医药费用支出可以选择由本人或其配偶扣除；未成年子女发生的医药费用支出可以选择由其父母一方扣除。纳税人及其配偶、未成年子女发生的医药费用支出，应单独归集且分别按 80 000 元限额计算扣除额。需要注意的是，子女成年后发生的医药费用支出，父母不能扣除；老人发生的医药费用支出，子女不能扣除。

本项扣除凭据为医药服务收费及医保报销相关票据原件（或复印件），或者医疗保障部门出具的医药费用清单等。

④住房贷款利息专项附加扣除。纳税人本人或配偶，单独或共同使用商业银行或住房公积金个人住房贷款，为本人或其配偶购买中国境内住房而发生的首套住房贷款利息支出，在实际发生贷款利息的年度，按照每年 12 000 元（每月 1 000 元）

的标准定额扣除。非首套住房贷款利息支出，纳税人不得扣除。首套住房贷款是指购买住房享受首套住房贷款利率的住房贷款。纳税人只能享受一套首套住房贷款利息扣除。纳税人可以通过查阅住房贷款合同（协议）或咨询办理贷款的银行、住房公积金中心确定住房贷款利息支出是否符合政策。

经夫妻双方约定，可以选择由其中一方扣除，具体扣除方式确定后，在一个纳税年度内不得变更。夫妻双方婚前分别购买住房发生的首套住房贷款，其贷款利息支出，婚后可以选择其中一套购买的住房，由购买方按扣除标准的100%扣除，也可以由夫妻双方对各自购买的住房分别按扣除标准的50%扣除，具体扣除方式在一个纳税年度内不能变更。

起止时间：贷款合同约定开始还款的当月至贷款全部还清或贷款合同终止的当月，但扣除期限最长为240个月。

备查资料：住房贷款合同、贷款还款支出凭证等。

⑤住房租金专项附加扣除。纳税人在主要工作城市没有自有住房而发生的住房租金支出，可以按照以下标准定额扣除：

其一，承租的住房位于直辖市、省会（首府）城市、计划单列市以及国务院确定的其他城市，扣除标准为每年18 000元（每月1 500元）。

其二，承租的住房位于其他城市，且市辖区户籍人口超过100万人的，扣除标准为每年13 200元（每月1 100元）。

其三，承租的住房位于其他城市，且市辖区户籍人口不超过100万人的，扣除标准为每年9 600元（每月800元）。

纳税人的配偶在纳税人的主要工作城市有自有住房的，视同纳税人在主要工作城市有自有住房。主要工作城市是指纳税人任职受雇的直辖市、计划单列市、副省级城市、地级市（地区、州、盟）全部行政区域范围；纳税人无任职受雇单位的，为受理其综合所得汇算清缴的税务机关所在城市。夫妻双方主要工作城市相同的，只能由一方扣除住房租金支出。夫妻双方主要工作城市不相同的，且各自在其主要工作城市都没有住房的，可以分别扣除住房租金支出。但纳税人及其配偶在一个纳税年度内不得同时分别享受住房贷款利息专项附加扣除和住房租金专项附加扣除。需要注意的是，纳税人或配偶在主要工作城市之外有自有住房，只要不享受首套住房贷款利息专项扣除，即可享受住房租金扣除；但纳税人主要工作城市和租房地不属于同一城市的，不能享受该项扣除。住房租金支出由签订租赁住房合同的承租人扣除。

起止时间：租赁合同（协议）约定的房屋租赁期开始的当月至租赁期结束的当月；提前终止合同（协议）的，以实际租赁行为终止的月份为准。

备查资料：住房租赁合同或协议等。

⑥赡养老人专项附加扣除。纳税人赡养一位及以上年满60岁的父母（生父母、继父母、养父母）以及子女均已去世的年满60岁的祖父母、外祖父母的赡养支出，定额扣除标准如下：纳税人为独生子女的，按照每年24 000元（每月2 000元）的标准定额扣除；纳税人为非独生子女的，应当与其兄弟姐妹每年分摊24 000元（每月2 000元）的扣除额度，每一纳税人分摊的扣除额最高不得超过每年12 000元

（每月 1 000 元）。分摊方式包括平均分摊、被赡养人指定分摊或赡养人约定分摊，具体分摊方式在一个纳税年度内不得变更。采取指定分摊或约定分摊方式的，需签订书面分摊协议。指定分摊与约定分摊不一致的，以指定分摊为准。纳税人赡养 2 个及以上老人的，不按老人人数加倍扣除。

起止时间：被赡养人年满 60 周岁的当月至赡养义务终止的年末。

备查资料：采取约定或指定分摊方式的，需留存分摊协议。

专项附加扣除的具体标准和扣除规则如表 5-3 所示。

表 5-3　专项附加扣除具体标准和扣除规则

专项附加扣除项目	扣除标准	适用范围		扣除方式	扣除时间	资料留存
子女教育	1 000 元/月（12 000 元/年）	学前教育	年满 3 岁至小学入学前义务教育（小学、初中）	父、母（或法定监护人）一方 100%或父、母（或法定监护人）各 50%	每月或每年	境内：无。境外：录取通知书、留学签证等
		学历教育	高中（普高、中职、技工教育）			
			高等教育（大专、本、硕、博）			
继续教育	400 元/月（4 800 元/年）	学历（学位）继续教育	纳税人在境内接受该教育方可享受	本科及以下学历继续教育，可由父母按子女教育（1 000 元/月）扣除，或本人按继续教育（400 元/月）扣除；本科以上继续教育由本人扣除	每月或每年，但最长为 48 个月（4 年）	无
	3 600 元/年	职业资格继续教育	人社部《国家职业资格目录》	本人扣除，同一年度取得多个证书也只能扣除 3 600 元	每年，即取得证书的当年	相关证书等
大病医疗	15 000~80 000 元据实扣除	医保药费支出（医保目录范围内）中报销后需个人负担部分		本人或配偶；未成年子女可由父、母一方扣除，每人费用支出单独归集且分别计算扣除额	每年（汇算清缴）	医疗服务收费及医保报销相关票据，或医药费用清单等
住房贷款利息	1 000 元/月（12 000 元/年）	本人或配偶享受首套住房贷款利率的首套住房商贷或公积金贷款利息		夫妻择一。婚前各自购买的首套房，婚后可选择：就其中一套由购买方 100% 扣除；各自分别扣除 50%	每月或每年	住房贷款合同、贷款还款支出凭证

表5-3(续)

<table>
<tr><th>专项附加扣除项目</th><th>扣除标准</th><th colspan="2">适用范围</th><th>扣除方式</th><th>扣除时间</th><th>资料留存</th></tr>
<tr><td rowspan="3">住房租金</td><td>1 500 元/月
（18 000 元/年）</td><td colspan="2">直辖市、省会、计划单列市</td><td rowspan="3">同城无自有住房，夫妻选择其一；夫妻不同城且无自有住房，均可按当地标准扣除。不得同时享受住房贷款利息扣除和住房租金扣除</td><td rowspan="3">每月或每年</td><td rowspan="3">住房租赁合同、协议等</td></tr>
<tr><td>1 100 元/月
（13 200 元/年）</td><td colspan="2">中等城市
（辖区人口>100 万人）</td></tr>
<tr><td>800 元/月
（9 600 元/年）</td><td colspan="2">小城市（辖区人口<100 万人）</td></tr>
<tr><td rowspan="2">赡养老人</td><td>2 000 元/月
（24 000 元/年）</td><td>独生子女</td><td rowspan="2">一位年满 60 岁老人（父母、养父母、继父母；或年满 60 岁且子女均已去世的祖父母、外祖父母）</td><td>本人</td><td rowspan="2">每月或每年</td><td>无</td></tr>
<tr><td>不超过 1 000 元/月
（12 000 元/年）</td><td>非独生子女</td><td>平均分摊、指定分摊、约定分摊（指定优于约定）</td><td>采取约定或指定分摊方式的，需留存分摊协议</td></tr>
</table>

注：①纳税人在一个纳税年度内享受上述专项附加扣除，没有足额扣除完的，剩余额度不能结转到以后年度扣除。

②纳税人需要留存备查的相关资料应留存 5 年。

③纳税人首次享受专项附加扣除，应将相关信息提交给扣缴义务人或税务机关，并对所提交信息的真实性、准确性和完整性负责；扣缴义务人应及时将收到的信息报送税务机关；上述信息发生变化的，纳税人应及时向扣缴义务人或税务机关提供相关信息。

纳税人享受专项附加扣除的两大办理途径：日常由单位发工资时按月预扣税款时办理（由单位按月预扣税款时办理）、次年 3 月 1 日至 6 月 30 日自行汇算清缴申报办理（自行申报办理）。

方法一：由单位按月预扣税款时办理。除大病医疗以外，子女教育、赡养老人、住房贷款利息、住房租金、继续教育，纳税人可以选择在单位发放工资、薪金时，按月享受专项附加扣除政策。首次享受时，纳税人填报个人所得税专项附加扣除信息表并交给任职受雇单位，单位在每个月发放工资时，像“三险一金”一样，办理专项附加扣除。

方法二：自行申报办理。一般有以下情形之一的，纳税人可以选择在次年 3 月 1 日至 6 月 30 日内，自行向汇缴地主管税务机关办理汇算清缴申报时扣除：不愿意将相关专项附加扣除信息报送给任职受雇单位的；没有工资、薪金所得，但有劳务报酬、稿酬、特许权使用费所得的；有大病医疗支出项目的；纳税年度内未足额享受专项附加扣除的其他情形。

与补扣措施相关的特别提示如下：一个纳税年度内，纳税人如果没有及时将扣除信息报送任职受雇单位，以致在单位预扣预缴工资、薪金所得税未享受扣除或未足额享受扣除的，可以在当年剩余月份内向单位申请补充扣除，也可以在次年 3 月 1 日至 6 月 30 日内，向汇缴地主管税务机关进行汇算清缴申报时办理扣除。

（4）依法确定的其他扣除，包括个人缴付符合国家规定的企业年金、职业年金，个人购买符合国家规定的商业健康保险、税收递延型商业养老保险的支出以及国务院规定可以扣除的其他项目。

（5）劳务报酬所得、稿酬所得、特许权使用费所得以收入减除 20%的费用后的余额为收入额。稿酬所得的收入额减按 70%计算。

个人担任董事职务所取得的董事费收入，属于劳务报酬所得性质，按照劳务报酬所得项目征收个人所得税。

（6）经营所得，以每一纳税年度的收入总额减除成本、费用以及损失后的余额为应纳税所得额。

成本、费用是指纳税义务人（个体工商户、个人独资企业、合伙企业以及个人）从事生产、经营所发生的各项直接支出和分配计入成本的间接费用以及销售费用、管理费用、财务费用；损失是指纳税义务人从事其他生产经营活动发生的固定资产和存货的盘亏、毁损、报废损失，转让财产损失，坏账损失，自然灾害等不可抗力因素造成的损失以及其他损失。

取得经营所得的个人，没有综合所得的，在计算其每一纳税年度的应纳税所得额时，应当减除费用 6 万元、专项扣除、专项附加扣除以及依法确定的其他扣除。专项附加扣除在办理汇算清缴时减除。

从事生产、经营活动，未提供完整、准确的纳税资料，不能正确计算应纳税所得额的，由主管税务机关核定应纳税所得额或应纳税额。

（7）财产租赁所得，每次收入不超过 4 000 元的，减除费用 800 元；每次收入在 4 000 元以上的，减除 20%的费用，其余额为应纳税所得额。

（8）财产转让所得，以转让财产的收入额减除财产原值和合理费用后的余额为应纳税所得额。

计算财产转让所得中的财产原值，按照下列方法确定：有价证券，为买入价以及买入时按照规定缴纳的有关费用；建筑物，为建造费或购进价格以及其他有关费用；土地使用权，为取得土地使用权所支付的金额、开发土地的费用以及其他有关费用；机器设备、车船，为购进价格、运输费、安装费以及其他有关费用。

计算财产转让所得中的合理费用，是指卖出财产时按照规定支付的有关税费。

（9）利息、股息、红利所得，偶然所得，以每次收入额为应纳税所得额。

2. 每次收入的确定

《个人所得税法》对纳税义务人取得的利息、股息、红利所得，财产租赁所得，偶然所得以及非居民个人取得的劳务报酬所得、稿酬所得、特许权使用费所得都明确规定应该按次计算征税。此外，居民个人取得的综合所得中的劳务报酬所得、稿酬所得、特许权使用费所得，在每月取得收入并预扣预缴税款时，仍然需要按次来计算预缴税额。

由于扣除费用依据每次应纳税所得额的大小分别规定了定额和定率两种标准，对“次”界定一个准确的法律界限是十分重要的。

对劳务报酬所得等项目的“次”，《个人所得税法实施条例》中作出了如下明确规定：

（1）财产租赁所得，以一个月内取得的收入为一次。

（2）利息、股息、红利所得，以支付利息、股息、红利时取得的收入为一次。

（3）偶然所得，以每次取得该项收入为一次。

（4）劳务报酬所得、稿酬所得、特许权使用费所得，属于一次性收入的，以取得该项收入为一次；属于同一项目连续性收入的，以一个月内取得的收入为一次。

①劳务报酬所得，只有一次性收入的，以取得该项收入为一次。例如，从事设计、安装、装帧、制图、化验、测试等劳务，往往是接受客户的委托，按照客户的要求，完成一次劳务后取得收入。

属于同一事项连续取得收入的，以一个月内取得的收入为一次。例如，某外籍歌手（非居民个人）与一歌舞厅签约，在 2019 年的某一段时间内每天到歌舞厅演唱一次，每次演出后付酬 1 000 元。在计算其劳务报酬所得时，应视为同一事项的连续性收入，以其一个月内取得的收入为一次计征个人所得税，而不能以每天取得的收入为一次。

②稿酬所得，以每次出版、发表取得的收入为一次，不论出版单位是预付还是分笔支付稿酬，或者加印该作品后再付稿酬。其具体又可细分为以下情形：

同一作品再版取得的所得，应视作另一次稿酬所得计征个人所得税。

同一作品先在报刊上连载，再出版，或者先出版，再在报刊上连载的，应视为两次稿酬所得征税。连载作为一次，出版作为另一次。

同一作品在报刊上连载取得收入的，以连载完成后取得的所有收入合并为一次，计征个人所得税。

同一作品在出版和发表时，以预付稿酬或分次支付稿酬等形式取得的稿酬收入，应合并计算为一次。

同一作品出版、发表后，因添加印数而追加稿酬的，应与以前出版、发表时取得的稿酬合并计算为一次，计征个人所得税。

在两处或两处以上出版、发表或再版同一作品而取得稿酬所得，可以依各处取得的所得或再版所得分次计征个人所得税。

作者去世后，对取得其遗作稿酬的个人，按稿酬所得征收个人所得税。

③特许权使用费所得，以某项使用权的一次转让所取得的收入为一次。一个纳税义务人可能拥有不止一项特许权，每一项特许权的使用权也可能不止一次向他人提供。因此，对特许权使用费所得的“次”的界定，明确为每一项使用权的每次转让所取得的收入为一次。如果该次转让取得的收入是分笔支付的，则应将各笔收入相加为一次的收入，计征个人所得税。

3. 计税依据的其他规定

（1）个人将其所得对教育、扶贫、济困等公益慈善事业进行捐赠，捐赠额未超过纳税义务人申报的应纳税所得额 30%的部分，可以从其应纳税所得额中扣除。但国务院规定对公益慈善事业捐赠实行全额税前扣除的，按国务院的规定办理。

所称个人将其所得对教育、扶贫、济困等公益慈善事业进行捐赠，是指个人将其所得通过中国境内的公益性社会组织、国家机关向教育、扶贫、济困等公益慈善事业的捐赠；所称应纳税所得额，是指计算扣除捐赠额之前的应纳税所得额。

（2）个人所得的形式，包括现金、实物、有价证券和其他形式的经济利益。所得为实物的，应当按照取得的凭证上所注明的价格计算应纳税所得额；无凭证的实物或凭证上所注明的价格明显偏低的，参照市场价格核定应纳税所得额。所得为有价证券的，根据票面价格和市场价格核定应纳税所得额。所得为其他形式的经济利益的，参照市场价格核定应纳税所得额。

（3）居民个人从中国境外取得的所得，可以从其应纳税额中抵免已在境外缴纳的个人所得税税额，但抵免额不得超过该纳税人境外所得依照《个人所得税法》规定计算的应纳税额。

居民个人从中国境内和境外取得的综合所得、经营所得，应当分别合并计算应纳税额；从中国境内和境外取得的其他所得，应当分别单独计算应纳税额。

（4）两个以上的个人共同取得同一项目收入的，应当对每个人取得的收入分别按照《个人所得税法》的规定计算纳税。

（三）税率的有关规定

居民个人取得工资、薪金所得时，按月预扣预缴，适用税率见表5-4。

表5-4　个人所得税预扣率表1（居民个人工资、薪金所得预扣预缴适用）

级数	累计预扣预缴应纳所得税额	预扣率/%	速算扣除数/元
1	不超过36 000元的部分	3	0
2	超过36 000元至144 000元的	10	2 520
3	超过144 000元至300 000元的部分	20	16 920
4	超过300 000元至420 000元的部分	25	31 920
5	超过420 000元至660 000元的部分	30	52 920
6	超过660 000元至960 000元的部分	35	85 920
7	超过960 000元的部分	45	181 920

居民个人按月（次）取得劳务报酬所得，预扣预缴税款适用税率见表5-5。

表5-5　个人所得税预扣率表2（居民个人劳务报酬所得预扣预缴适用）

级数	预扣预缴应纳税所得额	预扣率/%	速算扣除数/元
1	不超过20 000元的部分	20	0
2	超过20 000元至50 000元的部分	30	2 000
3	超过50 000元的部分	40	7 000

居民个人按次取得稿酬所得、特许权使用费所得时，预扣税率为20%。

居民个人就本纳税年度综合所得汇算清缴和取得符合条件的股票期权、股票增值权、限制性股票、股权奖励等股权激励时，适用税率见表5-6。

表5-6　个人所得税税率表1（年度综合所得适用）

级数	全年应纳税所得额	税率/%
1	不超过36 000元的部分	3
2	超过36 000元至144 000元的部分	10

表5-6(续)

级数	全年应纳税所得额	税率/%
3	超过 144 000 元至 300 000 元的部分	20
4	超过 300 000 元至 420 000 元的部分	25
5	超过 420 000 元至 660 000 元的部分	30
6	超过 660 000 元至 960 000 元的部分	35
7	超过 960 000 元的部分	45

注：①本表所称全年应纳税所得额是指依照《个人所得税法》第六条的规定，居民个人取得综合所得以每一纳税年度收入额减除费用 6 万元以及专项扣除、专项附加扣除和依法确定的其他扣除后的余额。

②非居民个人取得工资、薪金所得，劳务报酬所得，稿酬所得和特许权使用费所得，依照本表按月换算后计算应纳税额。

居民个人取得全年一次性奖金、中央企业负责人年度绩效薪金延期兑现收入和任期奖励（2022 年度以前）以及按月领取企业年金、职业年金等所得，适用按月征收综合所得税税率（见表 5-7）。

表 5-7　个人所得税税率表 2（月度综合所得适用）

级数	全月应纳税所得额	税率/%	速算扣除数/元
1	不超过 3 000 元的部分	3	0
2	超过 3 000 元至 12 000 元的部分	10	210
3	超过 12 000 元至 25 000 元的部分	20	1 410
4	超过 25 000 元至 35 000 元的部分	25	2 660
5	超过 35 000 元至 55 000 元的部分	30	4 410
6	超过 55 000 元至 80 000 元的部分	35	7 160
7	超过 80 000 元的部分	45	15 160

非居民个人取得工资、薪金所得，劳务报酬所得，稿酬所得，特许权使用费所得等时，适用税率见表 5-8。

表 5-8　个人所得税税率表 3（非居民个人工资、薪金所得等 4 项所得适用）

级数	应纳税所得额	税率/%	速算扣除数/元
1	不超过 3 000 元的部分	3	0
2	超过 3 000 元至 12 000 元的部分	10	210
3	超过 12 000 元至 25 000 元的部分	20	1 410
4	超过 25 000 元至 35 000 元的部分	25	2 660
5	超过 35 000 元至 55 000 元的部分	30	4 410
6	超过 55 000 元至 80 000 元的部分	35	7 160
7	超过 80 000 元的部分	45	15 160

经营所得适用5%~35%的五级超额累进税率（见表5-9）。

表5-9　个人所得税税率表4（经营所得适用）

级数	全年应纳税所得额	税率/%
1	不超过30 000元的部分	5
2	超过30 000元至90 000元的部分	10
3	超过90 000元至300 000元的部分	20
4	超过300 000元至500 000元的部分	30
5	超过500 000元的部分	35

注：本表所称全年应纳税所得额是指依照《个人所得税法》第六条的规定，以每一纳税年度的收入总额减除成本、费用以及损失后的余额。

财产租赁所得，财产转让所得，利息、股息、红利所得，偶然所得，适用比例税率，税率为20%。

二、综合所得的税收筹划

综合所得是2018年修订《个人所得税法》时引入的概念，即为了贯彻“逐步建立综合与分类相结合的个人所得税制”的改革，将工资、薪金所得，劳务报酬所得，稿酬所得，特许权使用费所得四项收入纳入综合征税范围，居民个人按年合并计算个人所得税，非居民个人按月或按次分项计算个人所得税。综合所得统一实行最低税率为3%、最高税率为45%的七级超额累进税率。纳税人当取得的收入达到某一档次时，就要支付与该档次税率相适应的税额。但是，居民个人的综合所得是根据年度实际收入水平来渐进课税，这就为税收筹划创造了条件。

（一）工资、薪金福利化税收筹划

取得高薪是提高一个人消费水平的主要手段，但因为包含工资、薪金的综合所得的税率是累进的，当累进到一定程度时，新增薪金带给纳税人的可支配现金将会逐步减少。因此，把纳税人的现金性工资转为提供福利，一样可以增加其消费满足，并少缴纳个人所得税。

1. 企业提供住所

企业提供住所，即住房是企业免费提供或收取部分租金提供的。由于个人所得税是就个人的收入总额划分档次课税，对个人的支出只确定一个固定的扣除额，这样收入越高支付的税金越多，因此企业将住房费直接支付给个人将会造成个人较重的税收负担。如果企业为个人租用房子并采取企业支付租金方式，则会导致个人的税收负担和收入水平的差异。因此，纳税人在受聘时应与雇主协商，由雇主支付个人在工作期间的住所租金，而薪金则在原有基础上做适当的调整。这样，雇主的负担不变，个人则可由此而降低个人所得税中工资、薪金所得应负担的税收。

【案例5-4】某公司设计师赵先生的工作地点为某省会城市，全部收入为每月从公司扣除社保和住房公积金后获取的工资、薪金所得10 000元。赵先生租住一套一居室，每月支付房租3 000元。除去房租，赵先生可用的收入为7 000元。已知除房租外，赵先生当年度不能享受其他专项附加扣除和依法确定的其他扣除。这时赵先生的年度应纳税所得额为42 000元（10 000×12-60 000-18 000），应纳个人所得税为4 200元（42 000×10%）。

【筹划方案】

如果公司为赵先生提供免费住房，每月工资下调为7 000元。

赵先生应纳个人所得税=(7 000×12-60 000)×3%=720（元）。

进行税收筹划后，赵先生每年可节省缴纳个人所得税3 480元（4 200-720），而公司也没有增加支出。

2. 企业提供假期旅游津贴

企业提供假期旅游津贴，即由企业支付旅游费用，然后降低个人的薪金。职工根据国家的规定都可以享受法定休假，在此期间一切费用企业照付。如果个人放弃取得这部分工资的权利，而要求企业提供休假旅游的费用，只要是财务制度所允许的，企业往往都会予以接受。对企业来讲，其并没多支出，但对个人来讲就是少收入而高消费。

3. 企业提供职工福利设施

由企业向职工提供的各种福利设施，若不能将其转化为现金，则不会视为工资收入，从而也就不必计算个人所得税。这样企业通过提高职工福利水平，增强职工物质满足，也可以减少职工缴纳个人所得税。

（1）由企业提供免费膳食或由企业直接支付搭伙管理费。企业提供的膳食必须具有不可变现性，即不可转让，不能兑换成现金。

（2）使用企业提供的家具及住宅设备。企业向职工提供住宅或由企业支付租金时，由企业集中配备家具及住宅设备，然后收取低租金。

（3）由企业提供办公用品和设施。某些职业的工作需要专用设备，如广告设计人员需要高档计算机等。如果由职工自己购买，则职工会提出加薪的要求，而加薪就要多缴税。此时由企业购买后分配给职工使用，可以避免职工多缴税。

（4）由企业提供车辆供职工使用，该车辆不可以再租给他人使用。

（5）企业为职工子女成立教育基金，提供奖学金。

（6）使用由企业缔结合约提供给职工的公用设施，如水、电、煤气、电话等。

【案例5-5】H公司共有员工1万余人，目前没有给员工提供任何职工福利。H公司员工的年薪比同行业其他公司员工的年薪略高，平均为20万元。其中，税法允许的税前扣除额人均约13万元，人均应纳税所得额为7万元。

人均应纳税额=70 000×10%-2 520=4 480（元）

【筹划方案】

如果H公司充分利用税法规定的职工福利费、职工教育经费等，为职工提供上下班交通工具、三顿工作餐、工作手机及相应通信费、工作电脑、职工宿舍、职工培训费、差旅补贴等选项，由每位职工根据自身需求选用。选用公司福利的员工，其工资适当调低，以弥补公司提供上述福利的成本。假设通过上述方式，H公司50%的员工年薪由此降低1万元。

人均应纳税额=60 000×10%-2 520=3 480（元）

人均节税=4 480-3 480=1 000（元）

5 000 名员工节税总额为 500 万元。假设 H 公司为员工缴纳“五险一金”的比例为工资总额的 30%，则该项筹划为 H 公司节约“五险一金” = 1×5 000×30% = 1 500（万元）。

总之，缴纳工资、薪金所得税的个人，其节税的主要方法是在保证消费水平提高的前提下降低应纳税所得额，以达到减轻税负的目的。对于企业来讲，其要在遵守税法的前提下合理地选择职工收入支付方式，以帮助职工提高消费水平。一味地增加现金收入，从税收角度来考虑并不是完全可取的。

（二）纳税项目转化与选择的税收筹划

在我国个人所得税的 9 个税目当中，工资、薪金所得，劳务报酬所得，稿酬所得，特许权使用费所得，经营所得，财产租赁所得，财产转让所得 7 个税目，在计算应纳税所得额时，允许扣除一定的费用支出。其中，按照综合所得合并计税的税目包括工资、薪金所得，劳务报酬所得，稿酬所得，特许权使用费所得 4 项。实际上，对于这些税目而言，税法允许扣除的费用与实际发生的费用之间并没有直接的联系，这就为税收筹划提供了可能。无论有关的收入中是否包括相关的费用，税法均允许有关个人按照收入的一定标准扣除费用，即使这些收入中实际上已经扣除了有关费用。税收筹划的基本思路就是设法将个人为取得有关收入而支出的费用在取得收入前扣除，如由收入提供方支付有关的费用。

【案例 5-6】赵教授经常应邀到外地讲学，并获得一定的劳务报酬。某月一外地机构邀请赵教授讲学，对方提出本次赵教授讲学的报酬为 6 000 元，交通食宿等费用由赵教授自理（经估算这些费用约为 2 000 元）。按照以上情况，赵教授应就 6 000元的劳务报酬所得，被对方预扣个人所得税。

预缴税额 = 6 000×(1-20%)×20% = 960（元）

其中，括号中的 20%是赵教授该项所得预扣个人所得税时的费用扣除标准，后面的 20%是赵教授该项所得所适用的预扣税率。

【筹划方案】

从税收筹划角度考虑，赵教授应与对方协商，争取由对方支付有关的交通食宿等费用，以降低自己的应纳税所得额。如果以上的 2 000 元费用由对方支付，那么赵教授的全部收入就只有 4 000 元。预缴税额计算如下：

预缴税额 = 4 000×(1-20%)×20% = 640（元）

与筹划前相比，赵教授的税收负担降低了 320 元，占原预缴税额的 1/3。

1. 工资、薪金转化为劳务报酬

按照税法的规定，工资、薪金所得和劳务报酬所得均计入纳税人的年度综合所得合并计税，综合所得统一扣除每年 6 万元的基本减除费用。但工资、薪金所得在计入综合所得时是全额计入，不做任何费用扣除；而劳务报酬所得则以实际收入减除 20%的费用后的余额为收入额，因此利用工资、薪金所得和劳务报酬所得在归并入综合所得时的费用差异进行税收筹划是节税的一个重要思路。在某些情况下，如果将工资、薪金所得转化为劳务报酬所得，通过增加费用扣除，进而实现应纳税所得额的降低，就会节约纳税。

2. 工资、薪金转化为稿酬

当然，除劳务报酬所得外，稿酬所得和特许权使用费所得在计入综合所得时也可以扣除一定的费用。根据《国家税务总局关于发布〈个人所得税扣缴申报管理办法（试行）〉的公告》（国家税务总局公告 2018 年第 61 号）的规定，扣缴义务人向居民个人支付稿酬所得时，应当按次或按月预扣预缴税款，以收入减除费用后的余额为收入额，其中收入额减按 70%计算。减除费用遵照以下规定：每次收入不超过 4 000 元的，减除费用按 800 元计算；每次收入 4 000 元以上的，减除费用按收入的 20%计算，在此基础上得到的收入额再减按 70%进行计算。实际计入年度综合所得的稿酬所得为实际领取稿酬数额的 56%。如果纳税人能将获得的工资、薪金所得转化为稿酬所得，这样获得的节税利益要比将工资、薪金所得转化为劳务报酬所得和特许权使用费所得更多。

【案例 5-7】著名专栏作家赵女士 2020 年拟接受某报社邀请为该报社长期撰稿。赵女士在与报社签署合作协议的时候面临两个选择：一是与报社签订人事雇用合同，作为报社员工每月领取工资、薪金；二是根据每月的文章撰写数量和质量从报社领取稿酬。假设赵女士每年从该报社获得的收入为 40 万元（为当年全部所得），在不考虑“三险一金”等专项扣除和专项附加扣除以及其他扣除因素的基础上，赵女士该如何选择合作协议？

【筹划方案】

方案一：作为员工领取工资、薪金，赵女士每年的应纳税所得额为 34 万元(40-6)。

其当年应纳所得税额＝34×25%－3. 192＝5. 308（万元）

方案二：不领取工资、薪金，而根据文章数量和质量领取稿酬，赵女士每年应计入综合所得的收入额为 22. 4 万元［40×(1-20%)×70%］。其当年应纳税所得额为 16. 4 万元（22. 4-6）。

其当年应纳所得税额＝16. 4×20%－1. 692＝1. 588（万元）

显然，选择从报社领取稿酬比选择固定领取工资、薪金可以少纳税 3. 72 万元(5. 308-1. 588)。

3. 综合所得预扣预缴与年终汇算清缴制度的递延纳税和占用税款问题

综合所得的征税理念的引入，必然伴随着实践中向个人支付所得的单位和个人源泉预扣税款，纳税人就每一纳税年度应纳税款自主申报、汇算清缴的征收机制。如果法定扣缴义务人预扣多扣了税款，就涉及纳税人申请退税，即预扣税款占用纳税人现金流的问题。相反，全年收入按月预扣预缴也会因纳税人在前期适用较低预扣率、在后期适用较高预扣率而产生递延纳税收益。从财务管理的角度而言，预扣多扣或递延纳税的税款具有一定的时间价值。税法的具体规定如下：

（1）向居民个人支付工资、薪金所得时，采用累计预扣法。

累计预扣预缴应纳税所得额＝累计收入－累计免税收入－累计减除费用－累计专项扣除－累计专项附加扣除－累计依法确定的其他扣除

其中，员工当期可扣除的专项附加扣除金额，为该员工在本单位截至当前月份符合政策条件的扣除金额。

本期应预扣预缴税额=(累计预扣预缴应纳税所得额×预扣率-速算扣除数)-累计减免税额-累计已预扣预缴税额

如果计算出的本月应预扣预缴税额为负值，暂不退税。若纳税年度终了后余额仍为负值，由纳税人通过办理综合所得年度汇算清缴，税款多退少补。表5-4显示了居民个人取得工资、薪金时适用的预扣率。

如果纳税人在一个纳税年度内既没有取得除工资、薪金外的其他收入，又没有发生超过1.5万元的医疗费用，累计扣缴制度驱使扣缴义务人每月对纳税人的所得进行汇算清缴，即使纳税人收入波动性再大，也不会带来被预扣预缴税额不等于全年实际应纳税额的问题。也就是说，仅从一处取得纯工资、薪金收入的纳税人，累计预扣预缴制度不会产生税款占用纳税人现金流的问题。只有当纳税人除取得工资收入外，对取得的全年一次性奖金纳入综合所得合并计税时，或者是除取得工资收入外还有其他应计入综合所得的项目时，才会涉及在次年汇算清缴时退税。

（2）向居民纳税人支付劳务报酬所得、稿酬所得、特许权使用费所得时，按次或按月预扣预缴税款。

①预扣预缴应纳税所得额的计算如下：劳务报酬所得、稿酬所得、特许权使用费所得三项综合所得以每次收入减除费用后的余额为收入额；稿酬所得的收入额减按70%计算。每次收入不超过4 000元的，减除费用按800元计算；每次收入在4 000元以上的，减除费用按收入额的20%计算。以上三项所得以每次收入额为预扣预缴应纳税所得额。

应纳税所得额=收入额（稿酬所得为每次收入额×70%）=每次收入-费用

②预扣预缴应纳税额的计算如下：根据预扣预缴应纳税所得额乘以适用预扣率计算应预扣预缴税额。劳务所得有三档预扣率；稿酬所得、特许权使用费所得的预扣率为20%。表5-5列出了相应的预扣率。

与纳税人取得工资、薪金所得不同的是，预扣预缴制度会给取得劳务报酬所得、稿酬所得和特许权使用费所得的纳税人带来比较严重的资金占用问题。下面我们以纳税人取得劳务报酬为例进行说明。

【案例5-8】居民个人小赵是自由职业者，2020年每月取得劳务报酬所得7 000元（不含增值税）。假设小赵2020年每月均可享受2 000元的专项扣除和专项附加扣除（全年扣除24 000元）。

小赵每月取得劳务报酬预扣税额=7 000×(1-20%)×20%=1 120（元）

2020年全年预扣税额=1 120×12=13 440（元）

汇算清缴时，小赵2020年综合所得税额=7 000×12×80%=67 200（元）

2020年小赵综合所得应纳税所得额=67 200-60 000-24 000<0

因此，2020年小赵应纳税额为0，应退税13 440元。

显然，对于劳务报酬所得预扣预缴制度，税款占用纳税人现金流的问题较为严重。如果纳税人取得的劳务报酬金额较大，适用30%甚至40%的预扣率时，这个现象将更加凸显。

（三）利用专项附加扣除进行税收筹划

专项附加扣除是为适应分类与综合相结合的个人所得税征收模式改革，伴随对部分劳动性所得实行综合征税，遵循公平合理、简便易行、切实减负、改善民生的原则，引入的全新费用扣除标准。专项附加扣除是指《个人所得税法》规定的子女教育、继续教育、大病医疗、住房贷款利息、住房租金和赡养老人6项专项附加扣除。专项附加扣除在纳税人本年度综合所得应纳税所得额中扣除，本年度扣除不完的，不得结转以后年度扣除。由于部分专项附加扣除存在选择空间或政策累进空间，因此为综合所得的税收筹划提供了一定的可能性。但需要注意的是，如果纳税人年度综合所得额小于每年6万元费用减除额，该纳税人就不能再抵扣专项附加扣除。

1. 租房还是买房的税收筹划

税法规定，纳税人及其配偶不得同时分别享受住房贷款利息专项附加扣除和住房租金专项附加扣除。也就是说，我们只能在住房租金专项附加扣除和住房贷款利息专项附加扣除这两项专项附加扣除中选择一个，不能同时从年度综合所得中扣除房屋租金和首套住房贷款利息。但两者的扣除标准有所差异，纳税人选择不同的专项附加扣除时，享受的节税利益是不同的。

【案例5-9】面对近年来房地产市场价格的回落，已成家且一直租房居住的赵先生和陈女士准备在工作的某省会城市购置一套属于自己的新房。虽然房价有了一定程度的回调，但相对较高的房价还是让二人犯难。专项附加扣除规定在给他们增加了税负下降的幸福感的同时，在税收方面也让他们产生是继续租房还是贷款买房更划算的困惑。

已知赵先生每年扣除社保和住房公积金后的综合所得为14万元，陈女士每年扣除社保和住房公积金后的综合所得为6万元；夫妻二人均不能享受其他专项附加扣除项目。

【筹划方案】

方案一：继续租房。税法规定，承租的住房位于直辖市、省会城市、计划单列市以及国务院确定的其他城市，扣除标准为每年18 000元（1 500元/月）。夫妻双方主要工作城市相同的，只能由一方扣除住房租金支出。夫妻双方主要工作城市不相同且各自在其主要工作城市都没有住房的，可以分别扣除住房租金支出。由于赵先生和陈女士都在同一省会城市工作，因此只能由其中一人在计算其综合所得应纳税所得额时按每年18 000元的标准定额扣除房屋租金。又因为陈女士的年度综合所得应纳税所得额为0，所以应由赵先生在计算年度综合所得应纳税额时扣除房屋租金。赵先生的年度综合所得应纳税所得额为6.2万元（14-6-1.8）。

其当年应纳所得税额 $= 3.6\times3\% + (6.2-3.6)\times10\% = 6.2\times10\% - 0.252 = 0.368$（万元）

方案二：购置首套住房。税法规定，纳税人本人或配偶使用商业银行或住房公积金个人住房贷款为本人或其配偶购买住房，发生的首套住房贷款利息支出，在偿还贷款期间，可以按照每年12 000元（1 000元/月）的标准定额扣除。非首套住房贷款利息支出，纳税人不得扣除。纳税人只能享受首套住房贷款利息扣除。夫妻双方经约定，可以选择由其中一方扣除，具体扣除方式在一个纳税年度内不得变更。因为陈女士的当年综合所得应纳税所得额为0，所以还是由赵先生在计算年度综合所得应纳税额时扣除首套住房贷款利息。赵先生的年度综合所得应纳税所得额为

6.8 万元（14-6-1.2）。

其当年应纳税所得额 = 3.6×3% +（6.8 - 3.6）×10% = 6.8×10% - 0.252 = 0.428（万元）

夫妻二人继续租房比选择购买首套住房每年能节税 600 元（4 280-3 680）。

此外，购置首套住房能带来每年 1.2 万元的费用扣除，但政策对于在不同地方租房实行不同的租金定额扣除标准。赵、陈夫妻二人租住的住房如果位于房租扣除限额为 9 600 元/年（800 元/月）的区域，这时由于住房租金税前扣除标准低于住房贷款利息扣除标准，选择购置首套住房反而对纳税人更有利。

2. 子女教育费用专项附加扣除的税收筹划

纳税人的子女接受学前教育和学历教育的相关支出，按照每个子女每年 1.2 万元（1 000 元/月）的标准定额扣除。其中，学前教育为年满 3 岁至小学入学前；学历教育覆盖小学到博士研究生。这表明，有多个 3 岁以上小孩就能比只有一个小孩或没有小孩多享受每个小孩每年 1.2 万元的扣除定额，体现了政府鼓励纳税人多生多育、通过相关税制改革为国家和社会创造更多的人口红利的良苦用心。依照规定，父母可以选择由其中一方按扣除标准的 100%扣除，也可以选择由双方分别按扣除标准的 50%扣除，具体扣除方式在一个纳税年度内不能变更。凡是家庭中有 3~28 岁接受教育的子女，纳税人应积极申报。如果夫妻二人均需要缴纳个人所得税，子女教育扣除应由税率高的一方全额申报，税率低的一方不申报。

【案例 5-10】赵先生和赵太太有一儿一女，儿子读小学一年级，女儿读小学六年级。2020 年度，赵先生的应纳税所得额为 10 万元（尚未考虑子女教育专项附加扣除），赵太太的应纳税所得额为 3 万元（尚未考虑子女教育专项附加扣除）。

【筹划方案】

方案一：如果赵先生与赵太太因疏忽而忘记申报子女教育专项附加扣除，则 2020 年度赵先生应纳个人所得税 = 100 000×10% - 2 520 = 7 480（元）

刘太太应纳个人所得税 = 30 000×3% = 900（元）。

方案二：如果由赵太太申报两个子女的教育专项附加扣除 2.4 万元，则 2020 年度赵先生应纳个人所得税 = 100 000×10% - 2 520 = 7 480（元）

赵太太应纳个人所得税 =（30 000 - 24 000）×3% = 180（元）

方案二与方案一相比节税 = 900 - 180 = 720（元）

方案三：如果由赵先生和赵太太各申报一个子女的专项附加扣除 1.2 万元，则 2020 年度赵先生应纳个人所得税 =（100 000 - 12 000）×10% - 2 520 = 6 280（元）

赵太太应纳个人所得税 =（30 000 - 12 000）×3% = 540（元）

方案三与方案一相比节税 = 7 480 - 6 280 + 900 - 540 = 1 560（元）

方案四：如果由赵先生申报两个子女的教育专项附加扣除 2.4 万元，则 2020 年度赵先生应纳个人所得税 =（100 000 - 24 000）×10% - 2 520 = 5 080（元）

赵太太应纳个人所得税 = 30 000×3% = 900（元）

方案四与方案一相比节税 = 7 480 - 5 080 = 2 400（元）

对赵先生夫妇而言，2.4 万元的子女教育专项附加扣除抵税的最大额度为 2 400元。

3. 利用继续教育专项附加扣除进行税收筹划

纳税人接受学历继续教育的支出，在学历教育期间按照每年 4 800 元（400 元/月）定额扣除；纳税人接受技能人员职业资格继续教育、专业技术人员职业资格继续教育的支出，在取得相关证书的年度，按照每年 3 600 元定额扣除。学历继续教育与非学历继续教育分设定额，是因为学历继续教育，尤其是在职研究生等费用标准一般高于非学历继续教育。但需要注意的是，纳税人接受非学历继续教育需要根据人社部门相关职业目录来确定，未纳入职业目录的个人兴趣爱好培训，则不能享受继续教育专项附加扣除。

纳税人不仅可以通过接受在职研究生等学历继续教育，还可以通过接受各类非学历继续教育来降低自己当年的综合所得应纳税所得额。纳税人如果每年都取得技能人员职业资格继续教育或专业技术人员职业资格继续教育相关证书，就可以在不附加任何其他条件的前提下，每年均享受应纳税所得额的减除，从而在一定程度上让政府为自己的成长“买单”。

此外，如果纳税人接受本科及以下学历（学位）继续教育，满足规定扣除条件的，可以选择由其父母按照子女教育支出扣除，或者由本人按照继续教育支出扣除，但不得同时扣除。由于可能存在父母收入较高而孩子刚工作收入不高等情形，合理选择继续教育专项附加扣除的扣除方也就具有税收筹划的必要。

【案例 5-11】高级建筑师赵先生每年工资收入 24 万元。赵先生的妻子陈女士是一名小学教师，年收入 9 万元。他们的独生子小赵在某直辖市工作，目前年工资收入 10 万元且租房居住。为了努力提升自己，小赵利用工作之余正在接受某本科学历继续教育。不考虑专项扣除和其他扣除，假设赵先生夫妇均能享受赡养老人专项附加扣除，小赵没有其他扣除项目。在他们三人中，谁作为小赵继续教育专项附加扣除的扣除方享受的税收收益最大?

【筹划方案】

方案一：赵先生作为扣除方，此时按照子女教育进行扣除，扣除金额为 1.2 万元/年。

赵先生的年度综合所得应纳税所得额＝24－6－2.4－1.2＝14.4（万元）

赵先生的年度应纳所得税额＝14.4×10%－0.252＝1.188（万元）

陈女士的年度综合所得应纳税所得额＝9－6－2.4＝0.6（万元）

陈女士的年度应纳所得税额＝0.6×3%＝0.018（万元）

小赵的年度综合所得应纳税所得额＝10－6－1.8＝2.2（万元）

小赵的年度应纳所得税额＝2.2×3%＝0.066（万元）

赵先生家庭年度总应纳所得税额＝1.188+0.018+0.066＝1.272（万元）

方案二：陈女士作为扣除方，此时同样按照子女教育进行扣除，扣除金额为 1.2 万元/年。

赵先生的年度综合所得应纳税所得额＝24－6－2.4＝15.6（万元）

赵先生的年度应纳所得税额＝15.6×20%－1.692＝1.428（万元）

陈女士的年度综合所得应纳税所得额＝9－6－2.4－1.2＝－0.6<0

陈女士的年度应纳所得税额＝0

小赵的年度综合所得应纳税所得额=10-6-1.8=2.2（万元）

小赵的年度应纳所得税额=2.2×3%=0.066（万元）

赵先生家庭年度总应纳所得税额=1.428+0+0.066=1.494（万元）

方案三：赵先生和陈女士都作为扣除方，此时仍然按照子女教育进行扣除，双方各扣除50%，即各扣除6 000元/年。

赵先生的年度综合所得应纳税所得额=24-6-2.4-0.6=15（万元）

赵先生的年度应纳所得税额=15×20%-1.692=1.308（万元）

陈女士的年度综合所得应纳税所得额=9-6-2.4-0.6=0

陈女士的年度应纳所得税额=0

小赵的年度综合所得应纳税所得额=10-6-1.8=2.2（万元）

小赵的年度应纳所得税额=2.2×3%=0.066（万元）

赵先生家庭年度总应纳所得税额=1.308+0+0.066=1.374（万元）

方案四：儿子小赵作为扣除方，此时按照继续教育进行扣除，扣除金额为4 800元/年。

赵先生的年度综合所得应纳税所得额=24-6-2.4=15.6（万元）

赵先生的年度应纳所得税额=15.6×20%-1.692=1.428（万元）

陈女士的年度综合所得应纳税所得额=9-6-2.4=0.6（万元）

陈女士的年度应纳所得税额=0.6×3%=0.018（万元）

小赵的年度综合所得应纳税所得额=10-6-1.8-0.48=1.72（万元）

小赵的年度应纳所得税额=1.72×3%=0.051 6（万元）

赵先生家庭年度总应纳所得税额=1.428+0.018+0.051 6=1.497 6（万元）

因为1.497 6万元（方案四）>1.494万元（方案二）>1.374万元（方案三）>1.272万元（方案一），所以儿子小赵的继续教育费用支出由赵先生作为扣除方，以子女教育专项附加扣除的形式，能使赵先生整个家庭的税收负担最小。

4. 灵活运用赡养老人专项附加扣除进行税收筹划

根据相关规定，纳税人可以通过灵活运用赡养老人专项附加扣除达到节税的效果。纳税人可以采用的筹划思路为凡是有60周岁以上被赡养人的纳税人均应积极申报赡养老人专项附加扣除，多兄弟姐妹的，应由税率最高的两位分别申报1 000元。

【案例5-12】刘先生和刘女士均年过60周岁，他们的3个子女分别为刘大、刘二和刘三。2020年度，刘大的应纳税所得额为10万元，刘二的应纳税所得额为3万元，刘三的应纳税所得额为0，以上数额均未考虑赡养老人专项附加扣除。

【筹划方案】

如果3位子女因疏忽未申报赡养老人专项附加扣除，则2020年度应纳个人所得税计算如下：

刘大应纳个人所得税=100 000×10%-2 520=7 480（元）

刘二应纳个人所得税=30 000×3%=900（元）

刘三应纳个人所得税为0。

方案一：由刘二一人申报赡养老人专项附加扣除1.2万元，则2020年度应纳个人所得税计算如下：

刘大应纳个人所得税=100 000×10%-2 520=7 480（元）

刘二应纳个人所得税=(30 000-12 000)×3%=540（元）

刘三应纳个人所得税为0。

节税=900-540=360（元）

方案二：由刘大一人申报赡养老人专项附加扣除1.2万元，则2020年度应纳个人所得税计算如下：

刘大应纳个人所得税=(100 000-12 000)×10%-2 520=6 280（元）

刘二应纳个人所得税=30 000×3%=900（元）

刘三应纳个人所得税为0。

节税=7 480-6 280=1 200（元）

方案三：由刘大和刘二各申报赡养老人专项附加扣除1.2万元，则2020年度应纳个人所得税计算如下：

刘大应纳个人所得税=(100 000-12 000)×10%-2 520=6 280（元）

刘二应纳个人所得税=(30 000-12 000)×3%=540（元）

刘三应纳个人所得税为0。

与方案一相比节税=7 480-6 280+900-540=1 560（元）

对刘家3个子女而言，2.4万元的赡养老人专项附加扣除抵税的最大额度为方案三中的1 560元。

5. 对年终奖的税收筹划

现实中，许多单位除按月发放工资、薪金外，往往根据一年的经营业绩和员工个人表现发放一定金额的年终奖。税法规定，2021年12月31日前，居民个人取得的全年一次性奖金不并入当年综合所得，以全年一次性奖金收入除以12个月得到的数额，按照月度综合所得税率表（见表5-7）确定适用税率和速算扣除数，单独计算纳税。计算公式为：

应纳税额=全年一次性奖金收入×适用税率-速算扣除数

自2022年1月1日起，居民个人取得全年一次性奖金，应并入当年综合所得计算缴纳个人所得税。

同时，在2021年12月31日前，居民个人取得全年一次性奖金，也可以选择并入当年综合所得计算纳税。也就是说，为了实现本次个人所得税法政策变更的平稳过渡，税法对于年终奖的计税规定为我们进行税收筹划提供了一定的选择空间，即纳税人可以选择将年终奖单独计税，也可以选择并入当年度综合所得合并计税。但该税收筹划具有一定的时效性，仅仅在2019—2021年有效。

【案例5-13】居民个人赵先生2020年每月扣除“五险一金”外取得工资收入3 000元，该年年底还拿到了20 000元的年终奖。假设赵先生当年没有其他收入，请问赵先生应选择将年终奖单独计税，还是与当年度综合所得合并计税？

【筹划方案】

方案一：年终奖单独计税。当年度赵先生综合所得应纳税所得额为36 000元（3 000×12），低于6万元的年度费用扣除额，因此当年度赵先生综合所得应纳税额为0。

当年度赵先生取得年终奖应纳税额=(20 000)×3%-0=600（元）

两项合计纳税为600元。

方案二：年终奖与当年综合所得合并纳税。当年度赵先生综合所得额为56 000元（3 000×12+20 000），仍然低于6万元的年度费用扣除额，因此当年度赵先生综合所得应纳税额为0。

因此，合并计税比年终奖单独计税可节税600元。

从该案例中我们可以看出，当纳税人的年综合所得额加上年终奖后的收入额小于6万元的年度费用扣除额时，选择合并计税可以适当节约税款。如果每月工资收入不变，但年终奖金额较高，纳税人应如何选择？或者若纳税人除年终奖外的年综合所得额高于6万元的年度费用扣除额和其应享受的专项附加扣除等扣除金额，这时年终奖是单独计税还是合并计税对纳税人更有利？

需要注意的是，居民个人如果选择全年一次性奖金单独计税，则全年只能适用一次，且应纳税额由扣缴义务人代扣代缴，次年该纳税人进行综合所得汇算清缴时，已单独计税的全年一次性奖金将作为该纳税人年度综合所得的扣除项目，不再纳入汇算清缴；已适用单独计税的全年一次性奖金所计算缴纳的税款，也将不作为综合所得预扣预缴的税款，并入汇算清缴涉及的已纳税范畴。

此外，由于年终奖单独计税时适用累进税率，奖金数额上升有可能会适用不同等级的税率，这导致不同税率之间存在着税负增长的临界点。例如，年终奖为0~36 000元时适用3%的税率；年终奖为36 000~144 000元时适用10%的税率。如果某人取得的年终奖为36 000元，其年终奖应纳税额为1 080元（36 000×3%-0），实际收入金额为34 920元（36 000-1 080）；如果取得的年终奖增加1元为36 001元，其年终奖应纳税额为3 390.1元（36 001×10%-210），这时多纳税额2 310.1元（3 390.1-1 080），实际收入金额为32 610.9元（36 001-3 390.1）。由此可见，年终奖增长1元，税负却上升2 310.1元。

因此，在适用不同税率的不同年终奖收入金额附近，即单独计税的年终奖金额为3.6万元、14.4万元、30万元、42万元、66万元和96万元附近存在着临界点，当年终奖金额稍微高于这些临界点时，会发生税负上升比例高于年终奖增长比例的现象，即年终奖多发了，但实际收入金额减少了。通过计算，年终奖单独计税税收陷阱区间如表5-10所示。

表5-10　年终奖单独计税税收陷阱区间

年终奖金额	税收陷阱具体数值/元
36 000元附近	36 000~38 567
144 000元附近	144 000~160 500
300 000元附近	300 000~318 333
420 000元附近	420 000~447 500
660 000元附近	660 000~706 539
960 000元附近	960 000~1 120 000

（四）利用其他扣除进行税收筹划

计算纳税人的年度综合所得应纳税所得额时，需要从综合所得年收入额中减去每年6万元的费用减除额和专项扣除、专项附加扣除以及依法确定的其他扣除（以下简称“其他扣除”）。其中，其他扣除是指个人缴付符合国家规定的企业年金、职业年金，个人购买符合国家规定的商业健康保险、税收递延型商业养老保险的支出等。纳税人可以利用这些其他扣除项目，合理降低税收负担。

1. 利用企业年金、职业年金进行税收筹划

企业年金是指根据《企业年金办法》的规定，企业及其职工在依法参加基本养老保险的基础上自主建立的补充养老保险制度。职业年金是指根据《机关事业单位职业年金办法》的规定，机关事业单位及其工作人员在依法参加基本养老保险的基础上建立的补充养老保险制度。

在缴纳企业年金和职业年金（以下简称“年金”）时，单位缴费部分暂不征收个人所得税；个人根据国家有关政策规定缴付的年金个人缴费部分，在不超过本人缴费工资计税基数的4%标准内的部分，暂从个人当期的应纳税所得额中扣除。年金个人缴费工资计税基数为本人上一年度月平均工资。月平均工资超过职工工作地所在设区城市上一年度职工月平均工资300%以上的部分，不计入个人缴费工资计税基数。也就是说，只要纳税人的年金个人缴费部分不超过当地上年度职工平均工资的12%（4%×300%），该部分就可以税前扣除。此外，年金投资收益分配计入个人账户时，个人暂时无需纳税。因到龄退休、出境定居、死亡继承等原因需要领取年金时，纳税人方需依照取得工资、薪金收入按规定缴纳个人所得税。

因此，纳税人通过按规定标准缴纳年金就可以实现税收递延，即缴纳年金时不用缴税，等到领取年金时才根据领取金额计税。

另外，个人达到国家规定的退休年龄，领取的企业年金以及职业年金符合《财政部 人力资源和社会保障部 国家税务总局关于企业年金职业年金个人所得税有关问题的通知》（财税〔2013〕103号）的规定的，不并入综合所得，全额单独计算应纳税款。其中，按月领取的，适用月度税率表（见表5-7，下同）计算纳税；按季领取的，平均分摊计入各月，按每月领取额适用月度税率表计算纳税；按年领取的，适用综合所得税率表（见表5-6，下同）计算纳税。个人因出境定居而一次性领取的年金个人账户资金，或者个人死亡后，其指定的受益人或法定继承人一次性领取的年金个人账户余额，适用综合所得税率表计算纳税。对个人除上述特殊原因外一次性领取年金个人账户资金或余额的，适用月度税率表计算纳税。

【案例5-14】甲公司共有员工1万余人，人均年薪20万元，人均年个人所得税税前扣除标准为12万元，人均年应纳税所得额为8万元。

人均年应纳个人所得税＝80 000×10%－2 520＝5 480（元）

【筹划方案】

如果甲公司为全体员工设立企业年金，员工人均年缴费8 000元（200 000×4%），符合税法规定，可以税前扣除。

人均年应纳个人所得税＝(80 000－8 000)×10%－2 520＝4 680（元）

人均节税＝5 480－4 680＝800（元）

甲公司全体员工年节税＝800×1＝800（万元）

2. 购买符合规定的商业健康保险

自2017年7月1日起，商业健康保险个人所得税试点政策推广到全国范围。个人购买符合规定的商业健康保险产品的支出，允许在当年（月）计算应纳税所得额时予以税前扣除，扣除限额为2 400元/年（200元/月）。单位统一为员工购买符合规定的商业健康保险产品的支出，应分别计入员工个人工资、薪金，视同个人购买，按上述限额予以扣除。适用商业健康保险税收优惠政策的纳税人是指取得工资、薪金所得，连续性（连续3个月为同一单位提供劳务）劳务报酬所得的个人，取得个体工商户生产经营所得、对企事业单位的承包承租经营所得的个体工商户业主、个人独资企业投资者、合伙企业合伙人和承包承租经营者。

因此，我们在扣除每年6万元的费用减除额度外，通过购买符合规定的商业健康保险产品，除享受正常的保险保障外，每年还可以额外调减最高2 400元的应纳税所得额。企业为员工统一购买商业健康保险既是为员工提供的福利，也可以起到节税的作用。

【案例5-15】甲公司共有员工1万余人，人均年薪20万元，人均年个人所得税税前扣除标准为12万元，人均年应纳税所得额为8万元。

人均年应纳个人所得税=80 000×10%-2 520=5 480（元）

【筹划方案】

如果甲公司从员工的应发工资中为全体员工统一购买符合税法规定的商业健康保险，员工人均年缴费2 400元，可以税前扣除。

人均年应纳个人所得税=(80 000-2 400)×10%-2 520=5 240（元）

人均节税=5 480-5 240=240（元）

甲公司全体员工年节税=240×1=240（万元）

3. 利用税收递延型商业养老保险实现递延纳税

从2018年5月1日起一年内，国家以上海市、福建省（含厦门市）、苏州工业园区为试点区域，实施个人税收递延型商业养老保险试点。税务机关对试点地区个人通过个人商业养老资金账户购买符合规定的商业养老保险产品的支出，允许在一定标准内税前扣除；计入个人商业养老资金账户的投资收益，暂不征收个人所得税；个人领取商业养老金时再征收个人所得税。具体规定如下：

（1）个人缴费税前扣除标准。取得工资、薪金所得，连续性劳务报酬所得（连续6个月为同一单位提供劳务）的个人，其缴纳的保费准予在申报扣除当月计算应纳税所得额时予以限额据实扣除，扣除限额按照当月工资、薪金，连续性劳务报酬收入的6%和1 000元孰低办法确定。取得个体工商户生产经营所得、对企事业单位的承包承租经营所得的个体工商户业主、个人独资企业投资者、合伙企业自然人合伙人和承包承租经营者，其缴纳的保费准予在申报扣除当年计算应纳税所得额时予以限额据实扣除，扣除限额按照不超过当年应税收入的6%和12 000元孰低办法确定。

（2）账户资金收益暂不征税。计入个人商业养老资金账户的投资收益，在缴费期间暂不征收个人所得税。

（3）个人领取商业养老金征税。个人达到国家规定的退休年龄时，可按月或按年领取商业养老金，领取期限原则上为终身或不少于15年。个人身故、发生保险合同约定的全残或罹患重大疾病的，可以一次性领取商业养老金。对个人达到规定条件时领取的商业养老金收入，其中25%的部分予以免税，其余75%的部分按照10%的比例税率计算缴纳个人所得税，税款计入“其他所得”项目。

因此，对于取得综合所得的试点区域纳税人而言，其可凭借中国保险信息技术管理有限责任公司建立的信息平台（简称“中信保平台”）出具的税延养老扣除凭证，在每月税前按标准扣除一定金额的保费支出，待因到龄退休、身故（全残）或罹患重大疾病等缘由领取养老金时，就领取比例的75%部分按10%的税率纳税。如此，纳税人既实现了税收的递延，也可以通过适用优惠税率来获取节税利益。

【案例5-16】甲公司共有员工1万余人，人均年薪20万元，人均年个人所得税税前扣除标准为12万元，人均年应纳税所得额为8万元。

人均年应纳个人所得税＝80 000×10%－2 520＝5 480（元）

【筹划方案】

如果甲公司从员工的应发工资中为全体员工统一购买符合税法规定的税收递延型商业养老保险，员工人均年缴费1.2万元，可以税前扣除。

人均年应纳个人所得税＝(80 000－12 000)×10%－2 520＝4 280（元）

人均节税＝5 480－4 280＝1 200（元）

甲公司全体员工年节税＝1 200×1＝1 200（万元）

（五）利用累进税率临界点进行税收筹划

利用累进税率的临界点进行税收筹划也称为“削山头”法，对于适用累进税率的纳税项目，应纳税额的计税依据在各期分布越平均，越有利于节省纳税支出。虽然涵盖工资、薪金，劳务报酬，稿酬和特许权使用费四项所得项目的综合所得的纳税期间为一年，较以往的按月计税大大扩展，部分累进税率级距也得到优化，使得“削山头”法的应用范围受到一定限制，但纳税人仍可以将取得的劳务报酬、稿酬和特许权使用费进行跨年平均，尽量在每个纳税年度适用较低的税率。简单来说，纳税人需要以每年6万元费用减除额和享受的专项扣除、专项附加扣除及其他扣除为依据，衡量纳税年度内取得上述四项所得的比重和数额，在“应扣尽扣”的前提下，通过跨年平均收入尽量适用低税率，将使纳税人的节税利益最大化。当然，由于纳税周期调整为一年，要实现较长年度内的收入平均在现实中往往比较困难。

1. 劳务报酬跨年分次支付的税收筹划

在现实生活中，由于种种原因，某些行业收入的获得具有一定的阶段性，即在某个时期收入可能较多，而在另一时期收入可能会很少甚至没有收入。这样就有可能在收入较多时适用较高的税率，而在收入较少时适用较低的税率，甚至可能低于免征额，造成总体税负较高。这时纳税人只要进行一些很简单的税收筹划活动，就可能获取一定的回报，即纳税人和劳务报酬的支付人商议，把本应该集中支付的劳务报酬在不同年度内支付，使每年该劳务报酬的支付比较平均，从而使得纳税人的年度综合所得适用较低的税率。同时，这种支付方式也使得支付人不必一次性支付较高的费用，减轻了其经济负担，支付人往往也会比较乐意去做。

【案例 5-17】某纳税人利用业余时间耗时 3 个月为某项工程设计图纸，企业计划在年底一次性支付该项报酬 6 万元。但该纳税人要求分期跨年各支付 50%，即第一年年底支付 3 万元，第二年年初再支付 3 万元。如果企业采纳纳税人的建议，该纳税人就该笔收入能享受多少节税利益（已知该纳税人扣除 6 万元费用减除额、专项扣除、专项附加扣除和其他扣除后，不包含该笔劳务报酬所得的各年度综合所得应纳税所得额均为 11 万元）？

【筹划方案】

如果采用企业一次性支付方案。

该纳税人第一年综合所得应纳税所得额=［11+6×(1-20%2）］=15.8（万元）

第一年应纳所得税额=3.6×3%+(14.4-3.6)×10%+(15.8-14.4)×20%=15.8×20%-1.692=1.468（万元）

第二年应纳所得税额=3.6×3%+(11-3.6)×10%=11×10%-0.252=0.848（万元）

两年合计纳税金额=1.468+0.848=2.316（万元）

如果采用跨年每次支付各 50%的方案。

该纳税人第一年和第二年的综合所得应纳税所得额=［11+3×(1-20%)］=13.4（万元）

第一年和第二年应纳所得税额=3.6×3%+(13.4-3.6)×10%=13.4×10%-0.252=1.088（万元）

两年合计纳税金额=1.088×2=2.176（万元）

由上可知，采用跨年分次支付各 50%的方案可为纳税人节约 0.14 万元（2.316-2.176）税款。

2. 稿酬的分期税收筹划

同劳务报酬类似，纳税人可以通过系列丛书、再版等方式，将一年内集中获得的稿酬收入跨年度平均，尽量规避高税率，适用较低档次税率。但也应该注意，当著作被分解成一套系列著作时，该种发行方式不会对发行量有太大的影响，或者最好能够促进发行。如果该种分解导致著作的销量或学术价值大受影响，则这种方式将得不偿失。利用再版进行税收筹划就是在作品市场看好时，纳税人与出版社商量采取分批印刷的办法，以减少每一纳税年度收入量，节省税款。由于出版社对一本书再版较为烦琐，因此这种税收筹划方法具有一定的局限性，一般只是作为辅助的税收筹划方法使用。如果出版物的销路不好，第一次出版后出版社便不愿意再次出版，其税收筹划便失去了意义。

【案例 5-18】赵女士在甲出版社出版了一本小说，稿酬总额为 10 万元。已知赵女士 2019 年度综合所得应纳税所得额为 6 万元，2020 年度综合所得应纳税所得额为 0。关于该笔稿酬发放的时间，甲出版社提供了两个方案：方案一，2019 年年底支付 10 万元稿酬；方案二，2020 年年初支付 10 万元稿酬。

【筹划方案】

方案一：该笔稿酬应当缴纳个人所得税=[100 000×70%×(1-20%)+60 000-60 000]×10%=5 600（元）

方案二：该笔稿酬应当缴纳个人所得税=100 000×70%×(1-20%)-60 000<0

因此，该笔稿酬应纳个人所得税为0。

方案二比方案一节税5 600元。

（六）利用费用转移进行税收筹划

虽然劳务报酬所得、稿酬所得和特许权使用费所得在计入年度综合所得收入额时允许扣除一定比例的费用，但应纳税款的计算是用应纳税所得额乘以税率而得，税率是固定不变的，应纳税所得额越多，应纳税额就越多。如果能在现有扣除标准下再多扣除一定的费用，或者想办法将应纳税所得额减少，就可以减少应纳税额。

为他人提供劳务以取得报酬的个人可以考虑由对方提供一定的福利，将本应由自己承担的费用改由对方提供，以达到规避个人所得税的目的。例如，由对方提供餐饮服务、报销交通费、提供住宿、提供办公用具、安排实验设备等。这样就等于扩大了费用开支，相应地降低了自己的劳务报酬总额，进而降低了自己的年度综合所得收入额。这些日常开支是不可避免的，如果由个人负担就不能在应纳税所得额中扣除，而由对方提供则能够扣除，由对方提供虽然减少了名义报酬额，但实际收益却可能有所增加。

取得稿酬所得的纳税人一般也可以和出版社商量，让出版社提供尽可能多的设备或服务，这样就将费用转移给了出版社，纳税人基本上不负担费用，从而减少了应纳税额。可以考虑由出版社负担的费用有以下几种：资料费、稿纸、绘画工具、作图工具、书写工具、其他材料费、交通费、住宿费、实验费、用餐费、实践费等，有些行业甚至可以要求提供办公室以及电脑等办公设备。

现代社会对收入明晰化的呼声普遍较大，而且由出版社提供条件容易造成不必要的浪费，出版社可以考虑采用限额报销制。

【案例5-19】某经济学家拟创作一本关于中国经济发展状况与趋势的专业书籍，需要到上海某地区进行实地考察研究。由于该经济学家学术水平很高，预计这本书的销路较好。出版社与该经济学家达成协议：全部稿费为20万元，预计到上海考察的费用支出为5万元。已知该经济学家扣除免征额、专项扣除、专项附加扣除和其他扣除后，不包含该笔稿酬所得的各年度综合所得应纳税所得额均为32万元。

【筹划方案】

如果该经济学家自己负担费用，则其年度综合所得应纳税所得额=32+20×(1-20%)×70%=43.2（万元）

其综合所得当年应纳税额=43.2×30%-5.292=7.668（万元）

如果改由出版社支出费用，限额为50 000元，实际支付给该经济学家的稿费为15万元。

该经济学家年度综合所得应纳税所得额=32+15×(1-20%)×70%=40.4（万元）

应纳税额=40.4×25%-3.192=6.908（万元）

因此，第二种方法可以节约税款7 600元。

三、利息、股息、红利所得的税收筹划

利息、股息、红利所得主要来源于纳税人的投资，而个人投资的资金又主要来

源于各种所得的税后收益。也就是说，绝大部分个人纳税人需要将取得的所得收入完税后，根据税后的剩余进行各类投资，从而取得利息、股息、红利所得。既然是税后收入产生的投资收益，这些收益的税负当然越低越好。

（一）利用双层公司保留股息

个人从非上市公司取得股息需要缴纳20%的个人所得税。公司从非上市公司取得股息免税。个人可以利用这种税制的差异，在投资之初即设置双层公司，下层公司从事实体经营，上层公司用来留存下层公司分配的股息。

【案例5-20】赵先生持有甲公司40%的股权，每年从甲公司取得股息500万元，甲公司代扣代缴个人所得税100万元。

【筹划方案】

如果赵先生在投资之初先设立赵氏投资公司，由赵氏投资公司向甲公司投资并持有甲公司40%的股权。赵氏投资公司每年从甲公司取得股息500万元可以免税，由此实现每年节税100万元的目的。

（二）利用借款取得公司未分配利润

根据《财政部 国家税务总局关于规范个人投资者个人所得税征收管理的通知》（财税〔2003〕158号）的规定，纳税年度内个人投资者从其投资企业（个人独资企业、合伙企业除外）借款，在该纳税年度终了后既不归还，又未用于企业生产经营的，其未归还的借款可视为企业对个人投资者的红利分配，依照“利息、股息、红利所得”项目计征个人所得税。纳税人可以利用上述政策将利润留在投资公司，通过借款的方式取得公司未分配利润。

【案例5-21】赵先生投资设立了一人有限责任公司甲公司，甲公司每年产生100万元的未分配利润。关于该未分配利润的使用方式，赵先生有三种方案可供选择：方案一，甲公司直接向赵先生分配100万元的股息；方案二，赵先生将甲公司的未分配利润以借款的方式取出，等公司解散时再归还；方案三，赵先生在年初将甲公司的未分配利润借出，年底予以归还，第二年年初再将甲公司的未分配利润借出，年底再予以归还，循环往复。仅考虑该100万元未分配利润的个人所得税，不考虑其他税费。

【筹划方案】

方案一：赵先生需要缴纳个人所得税 = 100×20% = 20（万元）

方案二：赵先生需要缴纳个人所得税 = 100×20% = 20（万元）

由于赵先生不会主动缴纳税款，未来在被税务机关查处时还面临每日0.05%的滞纳金（相当于年利息18.25%）以及罚款。

方案三：赵先生不需要缴纳个人所得税。

方案三比方案二、方案一节税20万元。

（三）利用上市公司股息差别化税收政策

根据《财政部 国家税务总局 证监会关于上市公司股息红利差别化个人所得税政策的有关问题的通知》（财税〔2015〕101号）的规定，自2015年9月8日起，个人从公开发行和转让市场取得的上市公司股票，持股期限超过1年的，股息红利所得暂免征收个人所得税。个人从公开发行和转让市场取得的上市公司股票，持股期限在 1 个月以内（含 1 个月）的，其股息红利所得全额计入应纳税所得额；持股期限在 1 个月以上至 1 年（含 1 年）的，暂减按 50%计入应纳税所得额；上述所得统一适用 20%的税率计征个人所得税。纳税人在取得股息以后，应尽量延长持有股票的时间，以减轻上市公司股息的税收负担。

【案例 5-22】2019 年 12 月 10 日，赵女士购买了甲上市公司的股票。2019 年 12 月 30 日，赵女士获得了甲上市公司的股息 10 万元。赵女士有三种持股方案可供选择：方案一，赵女士在 2020 年 1 月 10 日之前转让甲公司的股票；方案二，赵女士在 2020 年 1 月 11 日以后，2020 年 12 月 10 日之前转让甲公司的股票；方案三，赵女士在 2020 年 12 月 11 日以后转让甲公司的股票（仅考虑该 10 万股息的个人所得税，不考虑其他税费）。

【筹划方案】

方案一赵女士应当缴纳个人所得税 = 10×20% = 2（万元）

方案二赵女士应当缴纳个人所得税 = 10×50%×20% = 1（万元）

方案二比方案一节税 = 2-1 = 1（万元）

方案三赵女士免纳个人所得税。

方案三比方案二节税 1 万元，方案三比方案一节税 2 万元。

（四）投资方式筹划法

个人进行投资决策时，最重要的因素就是投资的净收益。如果一项投资的表面收益很高，但要缴纳的税费同样很高，则净收益不一定高；相反，虽然某项投资的表面收益不是很高，但是其净收益却较高，则这项投资也会吸引众多投资者。对于我国投资者来说，有以下几种投资方法可供考虑（除房地产投资外，这些投资方式大多免征个人所得税或可以享受低税率优惠）：

（1）储蓄（银行理财）。储蓄的优点是安全、可靠，缺点是利率较低。商业银行一年期整存整取利率减去国内通货膨胀率在很多时候接近于零，甚至为负数。以 2017 年为例，当年消费者价格指数（CPI）较 2016 年上升 1.6%，而同期中国工商银行的一年期整存整取利率为 1.75%，储蓄的实际年化收益率仅有 0.15%（1.75% -1.6%）。随着金融工具的不断创新，在日益激烈的竞争压力下，作为储蓄的替代品，银行推出的理财产品逐渐丰富，其收益较高，流动性和安全性较强。

（2）房地产投资。由经济日报社中国经济趋势研究院编制的《中国家庭财富调查报告（2017）》数据显示，2016 年全国家庭的人均财富中，房产净值的占比为 65.99%，全国家庭自有住房套数平均为 1.044 套。可以说，房地产投资价值已经占据我国家庭财富的绝大部分，为数不少的家庭拥有二套、三套住房。而投资者购买不同类型的房产面临的税收负担是不同的。购买住房时，无论是新房还是二手房均需要缴纳契税，并且在当前房地产卖方市场的背景下，二手房的购买方往往还需承担原本由卖房者负担的个人所得税（转让持有满 5 年且为家庭唯一住房的除外）。考虑到我国的房地产税法已纳入十三届全国人大常委会的立法规划，将在本届人大常委会任期内提请审议，随着党的十九大报告提出“房子是用来住的、不是用来炒的”，各地房价已有不同程度的回落。可以预计，未来房地产价格将会更加健康发展，房地产投资需要谨慎。

（3）国债投资。国债投资的收益虽然不如银行理财，且发售窗口较短，近年来有些淡出人们的视野，但购买国债仍是许多上了年纪的人投资的热门方向。与教育储蓄一样，国债也是免征个人所得税的项目，其票面利率比教育储蓄更高且没有投资金额限制。不过值得注意的是，国债是一次性投入，教育储蓄是分次投入。国债的流动性更强，储蓄国债持有半年即可提前兑付，记账式国债可以上市交易。

（4）股票投资。投资水平较高的投资者也可以考虑股票投资。近年来，国家对投资者投资上市公司股票而取得的股息、红利所得一直有优惠措施。例如，2013 年 1 月 1 日以后，个人从公开发行和转让市场取得的上市公司股票，持股期限在 1 个月以内（含 1 个月）的，其股息、红利所得全额计入应纳税所得额；持股期限在 1 个月以上至 1 年（含 1 年）的，暂减按 50%计入应纳税所得额；持股期限超过 1 年的，暂减按 25%计入应纳税所得额。为鼓励长期投资，自 2015 年 9 月 8 日起，个人从公开发行和转让市场取得的上市公司股票，持股期限在 1 个月以内（含 1 个月）的，其股息、红利所得全额计入应纳税所得额；持股期限在 1 个月以上至 1 年（含 1 年）的，暂减按 50%计入应纳税所得额；持股期限超过 1 年的，股息、红利所得暂免征收个人所得税。按上述标准计算的应纳税所得额统一适用 20%的税率计征个人所得税。目前，我国对从事二级市场股票转让取得的所得暂免征收个人所得税，这对投资者来说是个重要利好。

（5）基金投资。证券投资基金是一种最常见的信托产品，目前受到热捧的各种基金产品大多是货币市场基金代销。此外，根据投资对象不同，基金还可以分为股票基金、债券基金、混合基金等。税法规定，对个人投资者申购和赎回基金单位取得的差价收入，在对个人买卖股票的差价收入未恢复征收个人所得税以前，暂不征收个人所得税；对个人投资者从基金分配中取得的收入，暂不征收个人所得税。可见，目前税法对公募基金投资收益也是免税的。由于与 A 股市场之间存在着极强的联动性，股票基金的收益率受到股市波动的影响极大，其收益不稳定，风险较大，需要投资者具备一定的专业知识和良好的心态。基于固定收益类产品的货币基金则相反，收益率一般介于一年期定期存款和银行理财产品之间，门槛极低且赎回较快。

（6）外汇、黄金投资。具有一定条件的投资者也可以考虑投资外汇，对于外汇的投资有“炒外汇”和外汇储蓄两种方式，这种投资的回报率一般比国债利率高。2008 年前后的牛市把黄金投资引入了普通投资者的视野，但国际金价后续的下跌也套牢了不少人。黄金具有“财富看门狗”的称号，自古以来一直是财富的象征。投资黄金有实物黄金和交易黄金两大类，购买各种投资金条、金币、黄金饰品均为投资实物黄金，而投资黄金期货、黄金期权、黄金股票、黄金基金等属于交易黄金。实物黄金兼具交易价值和实用价值，但不易保管；交易黄金的投资则需要专业的投资交易知识和训练。

（7）保险投资。保险投资也是投资决策中应该考虑的。目前，保险公司约定给付的复利水平大致为 2.5%，而且其计息基数只是投保人有权提取的那部分返还金，实际利率相对较低。但是，保险投资的目的不在于投资，而在于提供风险保障或财富的代际传承，且税法明确规定对于保险赔款免税。因此，在某些情况下，保险投资也是一种不错的选择。

（8）互联网 P2P（点对点）投资。近年来，互联网金融蓬勃发展，各类 P2P 平台层出不穷，为投资者提供了丰富的理财产品。互联网为许多行业提供了便利和高效的渠道，金融行业也受益良多。但由于交易双方与平台存在信息不对称，与传统金融产品投资相比，互联网 P2P 投资更容易遭受信用主体违约风险的影响，因此需要投资者谨慎选择投资的 P2P 平台。

四、经营所得的税收筹划

与综合所得一样，经营所得是 2018 年《个人所得税法》第七次修订引入的概念。经营所得的征收范围包括个人通过在中国境内注册登记的个体工商户、个人独资企业、合伙企业从事生产、经营活动取得的所得；个人依法取得执照，从事办学、医疗、咨询以及其他有偿服务活动取得的所得；个人承包、承租、转包、转租取得的所得以及个人从事其他生产、经营活动取得的所得。经营所得以每一纳税年度的收入总额减除成本、费用以及损失后的余额为应纳税所得额。主要以个体工商户、个人独资企业、合伙企业经营所得和承包、承租所得进行税收筹划。

（一）增加费用支出

个体工商户、个人独资企业以及合伙企业缴纳个人所得税的应纳税所得额为收入减去发生的成本、费用。这些成本、费用是指个体工商户、个人独资企业、合伙企业发生的各项直接支出和分配计入成本的间接费用以及销售费用、管理费用、财务费用。因此，合理扩大成本费用开支、降低应纳税所得额是个体工商户进行税务筹划的主要方法。个体工商户利用扩大费用列支节税的方法主要如下：

（1）尽可能地把一些收入转换成费用开支。因为个人收入主要用于家庭的日常开支，而家庭的很多日常开支项目同时又是经营支出项目，如水电费、电话费等，所以应尽量将家庭日常开支项目转为经营支出项目，在税前列支。

（2）纳税人如果使用自己的房产进行经营，可以采用收取租金的方法扩大经营费用支出。虽然收取租金会增加个人的应纳税所得额，但租金作为一项经营费用可以冲减个人的应纳税经营所得额，减少个人经营所得的应纳税额；同时自己的房产维修保养费用也可列入经营费用支出。这样既增加了经营费用支出，又保证了自己房产的完整性，甚至可以增值。租金如何确定呢？一般来讲，年租金所带来的个人所得边际税率的变化应以不超过企业所得税的边际税率为准。

（3）通过向家庭成员支付工资的办法扩大工资等费用支出。如果纳税人的家人在合伙企业工作，纳税人应该向其支付合理的工资报酬，这既是对其劳动的承认，又增加了税前列支费用。按税法的规定，企业工作人员的工资及符合规定的津贴可以计入产品成本。

上述方法在前几年的经营活动中经常使用。实际上，很多私营企业在财务处理中无法分清企业和私人的费用支出，增加了企业管理费用。严格来说，这是一种对政策漏洞的利用，目前税务机关已经开始加强对这种现象的控制。相应地，此种方法的运用也会受到限制，这也印证了第一章所讲到的：税收筹划的方法是有风险的，也是随着政策的变化而不断调整的。

（二）分散、推后收益实现

个体工商户的生产经营所得，以每一纳税年度的收入总额减除成本、费用以及损失后的余额为应纳税所得额。其中，成本、费用是指纳税义务人从事生产、经营所发生的各项直接支出和分配计入成本的间接费用以及销售费用、管理费用、财务费用；损失是指纳税义务人在生产、经营过程中发生的各项营业外支出。税收筹划人可以针对纳税人的生产经营情况做以下考虑：一是当市场的物价呈下降趋势时，考虑采用先进先出法，使纳税人的利润推迟实现。二是在可以预见的若干年内合理地安排有关费用，一般以平均分摊为原则，或者在利润较多的年份做一些技术改造之类的项目，以防利润进入较高税率档次而增加纳税人的税收负担。三是合理安排预缴税款，使应纳所得税尽可能推迟实现。四是在必要的时候采取捐赠的手段，从而达到既降低税收负担，又扩大纳税人的社会影响的效果。捐赠需要注意两点：一是捐赠必须是间接捐赠，即主要是个人将其所得通过中国境内的社会团体、国家机关向教育和其他社会公共事业及遭受严重自然灾害地区、贫困地区的捐赠。二是法律对捐赠的扣税额度有规定。捐赠额未超过纳税人申报的应纳税所得额30%的部分，可以从其应纳税所得额中扣除。

（三）承包、承租经营所得

纳税人因承包、承租经营企业而获得相应的承包、承租经营所得，可能出现有的月份总收入过高、有的月份总收入过低等现象。这种收入额在不同的纳税期限内出现较大波动的现象，在按月计算缴纳个人所得税的情况下，意味着个人在高收入的月份被课以较高税率的个人所得税缴纳较多的税款；在较低收入的月份里又不能享受税法为个人所提供的种种优惠，如法定的费用扣除、较低的征收率等。因此，很多人为减轻自己的税收负担，或者通过推迟或提前获得收入，或者通过改变收入支付方式，如将一次性支付改为多次支付，将多次支付变为集中支付等，使收入尽可能在各个纳税期限内保持均衡。这样不仅避免了在某些月份适用较高的税率，还能分享税负繁重月份税法所提供的费用扣除和费用减免等优惠，从而在总体上达到减轻纳税负担的节税效果。

（四）专利权节税

对于从事高科技研究或从事发明创造、专利研究的人来讲，假如其已经取得了经营成果，并且申请了专利，他是转让专利的所有权更好，还是自己创办企业更好？如果是创办企业，是创办个人独资企业还是创办合伙企业？我们从节税角度来进行分析。

【案例5-23】需要注意的是，居民个人转让专利的所有权和使用权分别适用不同的征税方法。居民个人转让专利所有权等同于转让无形资产，按“财产转让所得”规定纳税；居民个人转让专利使用权，即获得特许权使用费收入，应计入当年“综合所得”计税。

因此，如果该科研人员想转让专利的所有权，假设其专利权的转让收入为40万元，不考虑支出及税费，那么他将要依照“财产转让所得”缴纳个人所得税。

应纳个人所得税＝40×20%＝8（万元）

税后利润＝40－8＝32（万元）

个人实际取得收入32万元，因为专利转让为一次性收入，因此他将不会有第二次收入。

如果他希望这项专利在今后相当长的时间都给他带来收益，还是选择投资经营为好，但这需要根据以非货币资产进行投资的计税规定纳税。如果是个人投资建厂经营，那么他除了筹集建厂资金外，还需要就按专利评估后的公允价值减除该资产原值及合理税费后的余额按“财产转让所得”纳税，但可以享受在5年内缴纳税款的优惠。当然，企业成立后可以通过销售产品取得收入，而且新建企业大多可以享受一定的减免税优惠。因此，在税收负担上，该科研人员所要负担的仅仅是流转税、企业所得税，转让专利权的税收收入则可以根据企业的经营情况和个人其他收入情况在5年内递延纳税，并无太大的税款缴纳现金压力。

如果该科研人员无力独立经营企业，那么可以与他人合伙经营企业。该科研人员提供专利技术，对方出资，建立公司制企业，双方只要事先约定好专利权占企业股份的比重，就可以根据各自占有企业股权的比例分配利润。假定该科研人员的专利权折股20万元，那么与独资建厂一样，这20万元投资负担的财产转让税款将在一定期限（5年）内分摊到产品成本中，通过产品销售收回。除了企业应负担的税收外，该科研人员还需要负担投资分红所需缴纳的税额，而股票在未转让之前是不需要负担税收的。这样该科研人员还可以得到企业利润或资金配股所带来的收入。在这两种情况下，该科研人员所要负担的税收是有限的，而且是在一个相当长的时期内负担的。

五、财产租赁的税收筹划

（一）巧用税前扣除

《个人所得税法》规定，财产租赁所得适用比例税率，税率为20%。财产租赁所得，每次收入不超过4 000元的，减除费用800元；4 000元以上的，减除20%的费用，其余额为应纳税所得额。

出租房屋取得财产租赁所得的，准予扣除的项目除了规定费用和有关税费外，还包括能够提供有效、准确凭证，证明由纳税人负担的该出租财产实际开支的修缮费用。允许扣除的修缮费用，以每次800元为限；一次扣除不完的，准予在下一次继续扣除，直到扣完为止。

（二）收入分期均摊

财产租赁所得以每次应纳税所得额依规定的税率计算应纳税额。《个人所得税法》规定财产租赁所得适用税率是20%。财政部规定，从2001年1月1日起，个人住房租赁所得暂减按10%的税率征收个人所得税。

财产租赁所得按月或按次计算个人所得税。“次”，即一个月内所取得的收入为一次。一次取得属于数月、数年的租金收入，也可以根据合同和实际所得所属月份分别计算（需要确认）。财产租赁所得有扣缴义务人的，由扣缴义务人按月或按次代扣代缴税款。在确定财产租赁所得的应纳税所得额时，纳税人在出租财产过程中缴纳的税金和教育费附加等，可持完税（缴款）凭证，从其财产租赁收入中扣除。

【案例5-24】赵先生出租一套两居室给陈女士，租期为3年，月租金为2 000元，按年预收，房屋装修由出租人负责。2020年1月，赵先生一次性收取年租金2.4万元，支付装修费1 500元，缴纳税金及附加6 000元，并将有关凭证交主管税务机关确认。

【筹划方案】

方案一：一次性计算应纳税额。如果严格按《个人所得税法》的规定，以一个月内取得的收入为一次计算纳税，那么赵先生应纳个人所得税计算如下：

应纳税额=(24 000-6 000-800)×(1-20%)×10%=1 376（元）

方案二：按月份平均计算应纳税额。如果取得的收入确属数月或数年，并能提供合同依据，赵先生就可以把一次性取得的租金收入按月份平均计算纳税。

每月租金=24 000÷12=2 000（元）

每月税费=6 000÷12=500（元）

1 月份应纳税额=(2 000-500-800-800)×10%<0（不需要）

2 月份应纳税额=(2 000-500-700-800)×10%=0（不需要）

3~12 月每月应纳税额=(2 000-500-800)×10%=70（元）

全年应纳税额=70×10=700（元）

通过税收筹划，赵先生可以少缴纳个人所得税 676 元（1 376-700）。

第三节　个人所得税优惠政策的税收筹划

一、优惠政策的有关规定

《个人所得税法》及其实施条例以及财政部、国家税务总局的若干规定等，都对个人所得项目给予了减税或免税的优惠。

（一）免征个人所得税的项目

(1) 省级人民政府、国务院部委和中国人民解放军军以上单位以及外国组织颁发的科学、教育、技术、文化、卫生、体育、环境保护等方面的奖金。

(2) 国债和国家发行的金融债券利息。这里所说的国债利息，是指个人持有中华人民共和国财政部发行的债券而取得的利息所得；所说的国家发行的金融债券利息，是指个人持有经国务院批准发行的金融债券而取得的利息所得。一般而言，国务院批准发行的金融债券主要是三大政策性银行，即国家开发银行、中国进出口银行、农业发展银行发行的金融债券。

根据《国家税务总局关于中国铁路建设债券利息征收个人所得税问题的批复》(国税函〔1999〕738 号）的规定，中国铁路建设债券属于企业债券，不属于财政部发行的债券和经国务院批准发行的金融债券。因此，个人持有中国铁路建设债券而取得的利息所得，不属于可以免纳个人所得税的“国债和国家发行的金融债券利息”的范围，必须缴纳个人所得税。

(3) 按照国家统一规定发给的补贴、津贴。这里所说的按照国家统一规定发给的补贴、津贴，是指按照国务院规定发给的政府特殊津贴、院士津贴和国务院规定免纳个人所得税的补贴、津贴。

发给中国科学院资深院士和中国工程院资深院士每人每年 1 万元的资深院士津贴免予征收个人所得税。

（4）福利费、抚恤金、救济金。这里所说的福利费，是指根据国家有关规定，从企业、事业单位、国家机关、社会团体提留的福利费或工会经费中支付给困难个人的生活补助费；所说的救济金，是指各级人民政府民政部门支付给个人的生活困难补助费。

（5）保险赔款。

（6）军人的转业费、复员费。

（7）按照国家统一规定发给干部、职工的安家费、退职费、退休工资、离休工资、离休生活补助费。

（8）依照我国有关法律规定应予免税的各国驻华使馆、领事馆的外交代表、领事官员和其他人员的所得。上述“所得”是指依照《中华人民共和国外交特权与豁免条例》和《中华人民共和国领事特权与豁免条例》规定免税的所得。

（9）中国政府参加的国际公约以及签订的协议中规定免税的所得。

（10）关于发给见义勇为者的奖金问题。对乡、镇（含乡、镇）以上人民政府或经县（含县）以上人民政府主管部门批准成立的有机构、有章程的见义勇为基金或类似性质的组织，奖励见义勇为者的奖金或奖品，经主管税务机关核准，免征个人所得税。

（11）企业和个人按照省级以上人民政府规定的比例提取并缴付的住房公积金、医疗保险金、基本养老保险金、失业保险金，不计入个人当期的工资、薪金收入，免予征收个人所得税；超过规定比例缴付的部分计征个人所得税。个人领取原提存的住房公积金、医疗保险金、基本养老保险金时，免予征收个人所得税。

（12）个人取得的教育储蓄存款利息所得以及国务院财政部门确定的其他专项储蓄存款或储蓄性专项基金存款的利息所得，免征个人所得税。

（13）储蓄机构内从事代扣代缴工作的办税人员取得的扣缴利息税手续费所得，免征个人所得税。

（14）生育妇女按照县级以上人民政府根据国家有关规定制定的生育保险办法取得的生育津贴、生育医疗费或其他属于生育保险性质的津贴、补贴，免征个人所得税。

（15）工伤职工及其近亲属按照《工伤保险条例》规定取得的工伤医疗保险待遇，免征个人所得税。

（16）被拆迁人按照国家有关城镇住房拆迁管理办法规定的标准取得的拆迁补偿款，免征个人所得税。

（17）保险营销员、证券经纪人取得的佣金收入，属于劳务报酬所得，以不含增值税的收入减除20%的费用后的余额为收入额，收入额减去展业成本以及附加税费后并入当年综合所得，计算缴纳个人所得税。保险营销员、证券经纪人展业成本按照收入额的25%计算。

（18）依法批准设立的非营利性研究开发机构和高等学校（含国家设立的科研机构和高校、民办非营利性科研机构和高校），根据《中华人民共和国促进科技成果转化法》的规定，从职务科技成果转化收入中给予科技人员的现金奖励，可减按50%计入科技人员当月工资、薪金所得，依法缴纳个人所得税。

（19）由亚洲开发银行支付给我国公民或国民（包括为亚洲开发银行执行任务的专家）的薪金和津贴，凡经亚洲开发银行确认这些人员为亚洲开发银行雇员或执行项目专家的，其取得的符合我国税法规定的有关薪金和津贴等报酬，免征个人所得税。

（20）2018 年 1 月 1 日至 2020 年 12 月 31 日，易地扶贫搬迁贫困人口按规定取得的住房建设补助资金、拆旧复垦奖励资金等与易地扶贫搬迁相关的货币化补偿和易地扶贫搬迁安置住房（以下简称“安置住房”），免征个人所得税。

（21）经国务院财政部门批准免税的所得。

（二）经批准可以减征个人所得税的情形

（1）残疾、孤老人员和烈属的所得。

（2）因严重自然灾害造成重大损失的。

（3）其他经国务院财政部门批准减税的。

（三）暂免征收个人所得税的所得

（1）个人举报、协查各种违法、犯罪行为而获得的奖金。

（2）个人办理代扣代缴税款手续，按规定取得的扣缴手续费。

（3）个人转让自用达 5 年以上并且是唯一的家庭居住用房取得的所得。

（4）按照《国务院关于高级专家离休退休若干问题的暂行规定》和《国务院办公厅关于杰出高级专家暂缓离休审批问题的通知》的精神，达到离休、退休年龄，但确因工作需要，适当延长离休、退休年龄的高级专家（指享受国家发放的政府特殊津贴的专家、学者），其在延长离休、退休期间的工资、薪金所得，视同退休工资、离休工资免征个人所得税。

（5）外籍个人从外商投资企业取得的股息、红利所得。

（6）凡符合下列条件之一的外籍专家取得的工资、薪金所得可免征个人所得税：

①根据世界银行专项贷款协议由世界银行直接派往我国工作的外国专家。

②联合国组织直接派往我国工作的专家。

③为联合国援助项目来华工作的专家。

④援助国派往我国专为该国无偿援助项目工作的专家。

⑤根据两国政府签订的文化交流项目来华工作 2 年以内的文教专家，其工资、薪金所得由该国负担的。

⑥根据我国大专院校国际交流项目来华工作 2 年以内的文教专家，其工资、薪金所得由该国负担的。

⑦通过民间科研协定来华工作的专家，其工资、薪金所得由该国政府机构负担的。

（7）股权分置改革中非流通股股东通过对价方式向流通股股东支付的股份、现金等收入，暂免征收个人所得税。

（8）自 2015 年 9 月 8 日起，个人从国内公开发行和转让市场（包括上海证券交易所、深圳证券交易所和全国中小企业股份转让系统）取得的上市公司股票，持股期限超过 1 年的，股息红利所得暂免征收个人所得税；持股期限在 1 个月至 1 年

（含）的，股息红利所得暂减按 50%计入应纳税所得额按 20%税率征收，即股息红利实际执行税率为 10%；持股期限在 1 个月（含）以内的，股息红利全额计入应纳税所得额按 20%税率征收。

（9）内地个人投资者通过基金互认买卖香港基金份额取得的转让差价所得，自 2018 年 12 月 18 日起至 2019 年 12 月 4 日止，继续暂免征收个人所得税。

（10）个体工商户或个人以及个人独资企业和合伙企业从事种植业、养殖业、饲养业和捕捞业（以下简称“四业”），其投资者取得的“四业”所得暂不征收个人所得税。

（11）个人投资者从投保基金公司取得的行政和解金，暂免征收个人所得税。

（12）自 2008 年 10 月 9 日起，证券市场个人投资者取得的证券交易结算资金利息所得，即证券市场个人投资者的证券交易结算资金在 2008 年 10 月 9 日后（含 10 月 9 日）孳生的利息所得，暂免征收个人所得税。

（13）个人取得的下列中奖所得，暂免征收个人所得税：

①单张有奖发票奖金所得不超过 800 元（含 800 元）的，暂免征收个人所得税；个人取得单张有奖发票奖金所得超过 800 元的，应按照个人所得税法规定的“偶然所得”项目征收个人所得税。

②购买社会福利有奖募捐奖券、体育彩票，一次中奖收入不超过 10 000 元的，暂免征收个人所得税；一次中奖收入超过 10 000 元的，应按税法规定全额征税。

（14）乡镇企业的职工和农民取得的青苗补偿费，属种植业的收益范围，同时也属经济损失的补偿性收入，暂不征收个人所得税。

（15）自原油期货对外开放之日起，对境外个人投资者投资中国境内原油期货取得的所得，3 年内暂免征收个人所得税。

（四）优惠政策的特殊规定

1. 关于中央企业负责人年度绩效薪金延期兑现收入和任期奖励的政策

2021 年 12 月 31 日前，中央企业负责人取得的年度绩效薪金延期兑现收入和任期奖励，不并入当年综合所得。以取得的年度绩效薪金延期兑现收入和任期奖励收入除以 12 个月得到的数额，按照月度综合所得税率表（见表 5-7）确定适用税率和速算扣除数，单独计算纳税。计算公式如下：

应纳税额=取得的年度绩效薪金延期兑现收入和任期奖励收入×适用税率-速算扣除数

2. 关于外籍个人有关津（补）贴的政策

（1）2019 年 1 月 1 日至 2021 年 12 月 31 日，外籍个人符合居民个人条件的，可以选择享受个人所得税专项附加扣除，也可以选择将取得的下列津贴继续享受暂免征税待遇，但不得同时享受。外籍个人一经选择，在一个纳税年度内不得变更。

上述可以继续享受暂缓征税待遇的津贴包括外籍个人以非现金形式或实报实销形式取得的住房补贴、伙食补贴、搬迁费、洗衣费；外籍个人按合理标准取得的境内外出差补贴；外籍个人取得的探亲费、语言训练费、子女教育费等，经当地税务机关审核批准为合理的部分。

（2）自 2022 年 1 月 1 日起，外籍个人不再享受住房补贴、语言训练费、子女教育费津（补）贴免税优惠政策，应按规定享受专项附加扣除。

3. 关于解除劳动关系、提前退休、内部退养的一次性补偿收入的政策

（1）个人与用人单位解除劳动关系取得一次性补偿收入（包括用人单位发放的经济补偿金、生活补助费和其他补助费），在当地上年职工平均工资 3 倍数额以内的部分，免征个人所得税；超过 3 倍数额的部分，不并入当年综合所得，单独适用综合所得税率表（见表 5-6）计算纳税。

（2）个人办理提前退休手续而取得的一次性补贴收入，应按照办理提前退休手续至法定离退休年龄之间实际年度数平均分摊，确定适用税率和速算扣除数，单独适用综合所得税率表（见表 5-6）计算纳税。计算公式如下：

应纳税额=[（一次性补贴收入÷办理提前退休手续至法定退休年龄的实际年度数-费用扣除标准）×适用税率-速算扣除数]×办理提前退休手续至法定退休年龄的实际年度数

（3）个人办理内部退养手续而取得的一次性补贴收入，应按办理内部退养手续后至法定离退休年龄之间的所属月份进行平均，并与领取当月的工资、薪金所得合并后减除当月费用扣除标准，以余额为基数确定适用税率，再将当月工资、薪金加上取得的一次性收入，减去费用扣除标准，按适用税率预扣预缴个人所得税。

4. 关于单位低价向职工售房的政策

单位按低于购置或建造成本价格出售住房给职工，职工因此而少支出的差价部分，符合《财政部 国家税务总局关于单位低价向职工售房有关个人所得税问题的通知》（财税〔2007〕13 号）第二条规定的，不并入当年综合所得，以差价收入除以 12 个月得到的数额，按照月度税率表（见表 5-7）确定适用税率和速算扣除数，单独计算纳税。计算公式如下：

应纳税额=职工实际支付的购房价款低于该房屋的购置或建造成本价格的差额×适用税率-速算扣除数

5. 有限合伙制创业投资企业和天使投资个人的个人所得税规定

（1）有限合伙制创业投资企业采取股权投资方式直接投资于初创科技型企业满 2 年的，其个人合伙人可以按照对初创科技型企业投资额的 70%抵扣该合伙人从合伙制创业投资企业分得的经营所得；当年不足抵扣的，可以在以后纳税年度结转抵扣。

（2）天使投资个人采取股权投资方式直接投资于初创科技型企业满 2 年的，可以按照投资额的 70%抵扣转让该初创科技型企业股权取得的应纳税所得额；当期不足抵扣的，可以在以后取得转让该初创科技型企业股权的应纳税所得额时结转抵扣。

天使投资个人投资多个初创科技型企业的，对其中办理注销清算的初创科技型企业，天使投资个人对其投资额的 70%尚未抵扣完的，可以自注销清算之日起 36 个月内抵扣天使投资个人转让其他初创科技型企业股权取得的应纳税所得额。

（3）作为被投资对象的初创科技型企业应同时满足以下条件：

①在中国境内注册成立、实行查账征收的居民企业。

②接受投资时，从业人数不超过 200 人，其中具有大学本科以上学历的从业人数不低于 30%；资产总额和年销售收入均不超过 3 000 万元。

③接受投资时设立时间不超过 5 年（60 个月）。

④接受投资时以及接受投资后 2 年内未在境内外证券交易所上市。

⑤接受投资当年及下一纳税年度，研发费用总额占成本费用支出的比例不低于 20%。

（4）享受上述税收政策的合伙制创业投资企业应同时满足以下条件：

①在中国境内注册成立、实行查账征收的居民企业，且不属于被投资初创科技型企业的发起人。

②符合《创业投资企业管理暂行办法》（发展改革委等 10 部门令第 39 号）的规定或《私募投资基金监督管理暂行办法》（证监会令第 105 号）关于创业投资基金的特别规定，按照上述规定完成备案且规范运作。

③投资后 2 年内，创业投资企业及其关联方持有被投资初创科技型企业的股权比例合计应低于 50%。

（5）享受上述税收政策的天使投资个人应同时满足以下条件：

①不属于被投资初创科技型企业的发起人、雇员或其亲属（包括配偶、父母、子女、祖父母、外祖父母、孙子女、外孙子女、兄弟姐妹，下同），且与被投资初创科技型企业不存在劳务派遣等关系。

②投资后 2 年内，本人及其亲属持有被投资初创科技型企业的股权比例合计应低于 50%。

（6）享受上述税收政策的投资，仅限于通过向被投资初创科技型企业直接支付现金方式取得的股权投资，不包括受让其他股东的存量股权。

6. 关于创业投资企业个人合伙人所得税政策的规定

创业投资企业是指符合国家有关规定，并按照这些规定完成备案且规范运作的合伙制创业投资企业（基金）。

（1）自 2019 年 1 月 1 日起至 2023 年 12 月 31 日止，创业投资企业可以选择按单一投资基金核算或按创业投资企业年度所得整体核算，对其个人合伙人来源于创业投资企业的所得计算个人所得税应纳税额。

（2）创业投资企业选择按单一投资基金核算的，其个人合伙人从该基金应分得的股权转让所得和股息红利所得，按照 20%的税率计算缴纳个人所得税。

创业投资企业选择按年度所得整体核算的，其个人合伙人应从创业投资企业取得的所得，按照经营所得项目、5%~35%的超额累进税率计算缴纳个人所得税。

（3）单一投资基金核算是指单一投资基金（包括不以基金名义设立的创业投资企业）在一个纳税年度内从不同创业投资项目取得的股权转让所得和股息红利所得按下述方法分别核算纳税：

①股权转让所得。单个投资项目的股权转让所得，按年度股权转让收入扣除对应股权原值和转让环节合理费用后的余额计算，股权原值和转让环节合理费用的确定方法，参照股权转让所得个人所得税有关政策规定执行。单一投资基金的股权转让所得，按一个纳税年度内不同投资项目的所得和损失相互抵减后的余额计算，余额大于或等于 0 的，即确认为该基金的年度股权转让所得；余额小于 0 的，该基金年度股权转让所得按零计算且不能跨年结转。

个人合伙人按照其应从基金年度股权转让所得中分得的份额计算其应纳税额，并由创业投资企业在次年3月31日前代扣代缴个人所得税。符合前述相关规定条件的，创业投资企业个人合伙人可以按照被转让项目对应投资额的70%抵扣其应从基金年度股权转让所得中分得的份额后再计算其应纳税额，当期不足抵扣的，不得向以后年度结转。

②股息红利所得。单一投资基金的股息红利所得，以其来源于所投资项目分配的股息、红利收入以及其他固定收益类证券等收入的全额计算。

个人合伙人按照其应从基金股息红利所得中分得的份额计算其应纳税额，并由创业投资企业按次代扣代缴个人所得税。

③除前述可以扣除的成本、费用之外，单一投资基金发生的包括投资基金管理人的管理费和业绩报酬在内的其他支出，不得在核算时扣除。

④上述规定的单一投资基金核算方法仅适用于计算创业投资企业个人合伙人的应纳税额。

（4）创业投资企业年度所得整体核算是指将创业投资企业每一纳税年度的收入总额减除成本、费用以及损失后，计算应分配给个人合伙人的所得。符合前述相关规定条件的，创业投资企业个人合伙人可以按照被转让项目对应投资额的70%抵扣其可以从创业投资企业应分得的经营所得后再计算其应纳税额；年度核算亏损的，准予按有关规定向以后年度结转。

按照经营所得项目计税的个人合伙人，没有综合所得的，可依法减除基本减除费用、专项扣除、专项附加扣除以及国务院确定的其他扣除；从多处取得经营所得的，应汇总计算个人所得税，只减除一次上述费用和扣除。

（5）创业投资企业选择按单一投资基金核算或按创业投资企业年度所得整体核算后，3年内不能变更。

（6）创业投资企业选择按单一投资基金核算的，应当在按照相关规定完成备案的30日内，向主管税务机关进行核算方式备案；未按规定备案的，视同选择按创业投资企业年度所得整体核算。2019年1月1日前已经完成备案的创业投资企业，选择按单一投资基金核算的，应当在2019年3月1日前向主管税务机关进行核算方式备案。创业投资企业选择一种核算方式满3年需要调整的，应当在满3年的次年1月31日前重新向主管税务机关备案。

二、扣除境外已纳税额

在对纳税人的境外所得征税时，会存在其境外所得已在来源国或地区缴税的实际情况。基于国家之间对同一所得应避免双重征税的原则，我国在对纳税人的境外所得行使税收管辖权时，对该所得在境外已纳税额采取了分不同情况从应征税额中予以扣除的做法。

我国税法规定，居民个人从中国境外取得的所得，准予其在应纳税额中扣除已在境外缴纳的个人所得税税额，但扣除额不得超过该纳税人境外所得依照我国税法规定计算的应纳税额。居民个人从境内和境外取得的综合所得或经营所得，应当分别合并计算应纳税额，从境内和境外取得的其他所得应当分别单独计算应纳税额。

已在境外缴纳的个人所得税税额是指居民个人来源于中国境外的所得，依照该所得来源国或地区的法律应当缴纳并且实际已经缴纳的所得税税额。境外所得依照我国《个人所得税法》的规定计算的应纳税额，是居民个人境外所得已缴境外个人所得税的抵免限额。除国务院财政、税务主管部门另有规定外，来源于一国或地区的抵免限额为来源于该国的综合所得抵免限额、经营所得抵免限额、其他所得项目抵免限额之和。

来源于一国（地区）的综合所得抵免限额=中国境内、境外综合所得依照《个人所得税法》及其实施条例的规定计算的综合所得应纳税总额×来源于该国（地区）的综合所得收入额÷中国境内、境外综合所得收入总额

来源于一国（地区）的经营所得抵免限额=中国境内、境外经营所得依照《个人所得税法》及其实施条例的规定计算的经营所得应纳税总额×来源于该国（地区）的经营所得的应纳税所得额÷中国境内、境外经营所得的应纳税所得额

来源于一国（地区）的其他所得项目抵免限额，为来源于该国（地区）的其他所得项目依照《个人所得税法》及其实施条例的规定计算的应纳税额。

居民个人在中国境外一个国家或地区实际已经缴纳的个人所得税税额，低于依照上述规定计算出的该国或地区抵免限额的，应当在中国缴纳差额部分的税款；超过该国或地区抵免限额的，其超过部分不得在本纳税年度的应纳税额中扣除，但是可以在以后纳税年度的该国或地区抵免限额的余额中补扣。补扣期限最长不得超过 5 年。

居民个人申请抵免已在境外缴纳的个人所得税税额，应当提供境外税务机关出具的税款所属年度的有关纳税凭证。

这里进行税收筹划应当思考的问题是，如何才能让“超过扣除限额的部分”在 5 年内获得扣除，以充分削减在我国境外缴纳的超过抵扣限额的高税负？下列几种情况可以解决这一问题：

一是纳税人在以后年度必须继续从该国取得应税收入，而且来自该国的所有应税收入的已纳税额之和小于税法规定的扣除限额，可以获得抵扣。

二是如果纳税人在某个国家只有一项收入来源，而且该项收入来源在该国的已纳税额超过了按照我国税法计算的应纳税额，这种情况只会使“超过扣除限额的部分”越来越高，除非该国税制变化（降低税率），或者我国税制变化（提高税率），否则永远不能扣除。

三是以后年度来源于该国的各项应税收入中又增加了其他应税收入项目，这些应税收入项目在该国的税负低于我国。

四是以后年度来源于该国的应税收入中减少了一些应税收入项目，这些应税收入项目在该国的税负高于我国。

第四节　个人所得税的反避税

本书曾提到，税收筹划具有合法性和风险性的特点。为了加强打击违反税法的行为，堵塞税收漏洞，维护国家税收权益，2018 年修订的《个人所得税法》参照

《企业所得税法》有关反避税规定，针对个人不按独立交易原则转让财产、在境外避税地避税、实施不合理商业安排获取不当税收利益等避税行为，赋予税务机关按合理方法进行纳税调整的权力，明确当税务机关作出纳税调整时，需要补征税款的，应当补征税款，并依法加收利息。为应对税法的新变化，纳税人在进行税收筹划时需要强化合规意识，注意规避不当税收筹划的风险。

有下列情形之一的，税务机关有权按照合理方法进行纳税调整：

第一，个人与其关联方之间的业务往来不符合独立交易原则而减少本人或其关联方应纳税额，且无正当理由。所称关联方，是指与个人有下列关联关系之一的个人、企业或其他经济组织：夫妻、直系血亲、兄弟姐妹以及其他抚养、赡养、扶养关系；资金、经营、购销等方面的直接或间接控制关系；其他经济利益关系。个人之间有上述第一种关联关系的，其中一方个人与企业或其他组织存在上述第二种和第三种关联关系的，另一方个人与该企业或其他组织构成关联方。上述所称独立交易原则，是指没有关联关系的交易各方，按照公平成交价格和营业常规进行业务往来遵循的原则。

通过与关联方之间的交易利用转让定价手段将利润或所得转移到低税负区域（国家），是纳税人进行跨区域（国家）避税的常用手段。独立交易原则目前已得到大多数国家的接受和采纳，是税务部门处理关联企业间收入和费用分配的指导原则。

第二，居民个人控制的，或者居民个人和居民企业共同控制的设立在实际税负明显偏低的国家（地区）的企业，无合理经营需要，对应当归属于居民个人的利润不进行分配或减少分配。上述所称控制，是指居民个人、居民企业直接或间接单一持有外国企业10%以上有表决权股份，且由其共同持有该外国企业50%以上股份；居民个人、居民企业持股比例未达到上述规定的标准，但在股份、资金、经营、购销等方面对该外国企业构成实质控制。上述所称实际税负明显偏低，是指实际税负低于《企业所得税法》规定的税率的50%。居民个人或居民企业能够提供资料证明其控制的企业满足国务院财政、税务主管部门规定的条件的，可免予纳税调整。

第三，个人实施其他不具有合理商业目的的安排而获取不当税收利益。上述所称不具有合理商业目的，是指以减少、免除或推迟缴纳税款为主要目的。

一旦税务部门依照上述规定作出纳税调整，需要补征税款的，在补征税款外还要加征利息。利息按照税款所属纳税年度最后一日中国人民银行公布的同期人民币贷款基准利率加5个百分点计算，自税款纳税申报期满次日起至补缴税款期限届满之日止按日加收。纳税人在补缴税款期限届满前补缴税款的，加收利息至补缴税款之日；但纳税人如实向税务部门提供有关资料，配合税务部门补征税款的，利息可以按照前款规定的人民币贷款基准利率计算。

此外，税法规定，个人应当凭纳税人识别号实名办税。个人首次取得应税所得或首次办理纳税申报时，应当向扣缴义务人或税务部门如实提供纳税人识别号及与纳税有关的信息。个人上述信息发生变化的，应当报告扣缴义务人或税务部门。没有中国居民身份证号码的个人，应当在首次发生纳税义务时，按照税务部门的规定报送与纳税有关的信息，由税务部门赋予其纳税人识别号。

个人所得税属于直接税，税额由纳税人自行承担。我国社会主义税收的本质是

“取之于民，用之于民”，个人所得税亦是如此。新型冠状病毒肺炎疫情的应对就体现了社会主义税收“聚财为民”和社会主义国家众志成城“集中力量办大事”的责任担当。每位个人所得税的纳税人都应明白依法纳税、诚信纳税的重要性，在学习税法进行税收筹划的过程中应树立正确的人生观和价值观，培养良好的职业道德，公私分明，不贪不占，遵纪守法。

【案例 5-25】

2018 年 10 月 3 日，新华社发布《税务部门依法查处范冰冰“阴阳合同”等偷逃税问题》（以下简称“通稿”），范冰冰在电影《大轰炸》剧组拍摄过程中实际取得片酬 3 000 万元，其中 2 000 万元以拆分合同方式偷逃个人所得税 618 万元，少缴营业税及附加 112 万元，合计 730 万元。此外，税务部门还查出范冰冰及其担任法定代表人的企业少缴税款 2. 48 亿元，其中偷逃税款 1. 34 亿元。

根据国家税务总局指定管辖，江苏省税务局对范冰冰及其担任法定代表人的企业追缴税款 2. 55 亿元，加收滞纳金 0. 33 亿元；对范冰冰采取拆分合同手段隐瞒真实收入、偷逃税款处 4 倍罚款计 2. 4 亿元，对其利用工作室账户隐匿个人报酬的真实性质偷逃税款处 3 倍罚款计 2. 39 亿元；对其担任法定代表人的企业少计收入、偷逃税款处 1 倍罚款计 94. 6 万元；对其担任法定代表人的两户企业未代扣代缴个人所得税和非法提供便利协助少缴税款各处 0. 5 倍罚款，分别计 0. 51 亿元、0. 65 亿元。以上合计税款 2. 55 亿元（其中偷逃税款 1. 41 亿元），滞纳金 0. 33 亿元，罚款 5. 96 亿元，合计 8. 84 亿元。

2018 年 10 月 3 日，新华社报道，范冰冰偷税案已基本查清，共计补税罚款达 8 亿多元，作为举报人的崔永元按照相关规定将获得一定奖励。

依据《中华人民共和国刑法》第二百零一条的规定，由于范冰冰属于首次被税务机关按偷税予以行政处罚且此前未因逃避缴纳税款受过刑事处罚，上述定性为偷税的税款、滞纳金、罚款在税务机关下达追缴通知后在规定期限内缴纳的，依法不予追究刑事责任。超过规定期限不缴纳税款和滞纳金、不接受行政处罚的，税务机关将依法移送公安机关处理。

思考一：逃避缴纳个人所得税将对个人及国家造成何种影响？

思考二：国家为什么要对检举纳税人税收违法行为进行奖励？

思考三：针对案例所述情况，为了更好地建设祖国，思考应如何进一步加强税收征收管理？

根据《中华人民共和国税收征收管理法》的规定，以暴力、威胁方法拒不缴纳税款的，是抗税，除由税务机关追缴其拒缴的税款、滞纳金外，依法追究刑事责任；情节轻微，未构成犯罪的，由税务机关追缴其拒缴的税款、滞纳金，并处拒缴税款 1 倍以上 5 倍以下的罚款。纳税人、扣缴义务人在规定期限内不缴或少缴应纳或应解缴的税款，经税务机关责令限期缴纳，逾期仍未缴纳的，税务机关除依照规定采取强制执行措施追缴其不缴或少缴的税款外，可以处不缴或少缴的税款 50%以上 5 倍以下的罚款。扣缴义务人应扣未扣、应收未收税款的，由税务机关向纳税人追缴税款，对扣缴义务人处应扣未扣、应收未收税款 50%以上 3 倍以下的罚款。纳税人、扣缴义务人逃避、拒绝或以其他方式阻挠税务机关检查的，由税务机关责令改正，可以处 1 万元以下的罚款；情节严重的，处 1 万元以上 5 万元以下的罚款。除规定的上述惩罚外，还有可能会录入失信名单当中，进而影响自身的生活。逃避缴纳税款是对国家利益的侵害，若纳税人遵从度不高，则会造成国家征收管理成本的增加以及其他不良的社会影响。

《税务违法案件举报奖励办法》对鼓励群众检举税收违法行为起到了积极作用，也有不少重大案件从检举中获得线索。《税务违法案件举报奖励办法》在遵循鼓励原则的同时，对奖励的范围和标准等做了补充规定，进一步规范了检举奖励工作。具体规定如下：检举奖励的对象为实名举报人；根据检举人贡献的大小，按照实际追缴入库的金额标准计发奖金，每案最高奖励金额不超过 10 万元；检举奖金由负责查处税收违法行为的税务机关支付；检举人接到领奖通知后，逾期不领奖的视为放弃权利；税收违法案件举报中心发放检举奖金时，可应检举人的要求，简要告知其所检举的税收违法行为的查处情况，但不得告知其检举线索以外的税收违法行为查处情况，不得提供税务处理（处罚）决定书及有关案情材料；同一税收违法行为被多个举报人分别举报的，奖励最先检举人；检举次序以负责查处的税务机关受理检举的登记时间为准，但其他检举人提供的证据对查清该案确有直接作用的，可以酌情给予奖励；征得检举人的同意，物质奖励之外可以给予公开表彰等。以上措施可以激励公民相互监督，提高政府的征收管理效率。

针对此案例，企业方面也需要重视，应开展规范影视行业税收秩序工作。税务机关对在 2018 年 12 月 31 日前自查自纠并到主管税务机关补缴税款的影视企业及相关从业人员，免予行政处罚，不予罚款；对个别拒不纠正的依法严肃处理。另外，税务机关的执法风险不容忽视，国家税务总局已责成江苏省税务局对原无锡市地方税务局、原无锡市地方税务局第六分局等主管税务机关的有关负责人和相关责任人员依法依规进行问责。对出现严重偷逃税行为且未依法履职的税务机关负责人及相关人员，将根据不同情形依法依规严肃问责或追究法律责任，进一步完善责任落实，以达到对此种情况的时刻警惕。

第六章
其他税种筹划

【学习提示】

本章介绍若干其他税种的税收筹划，这些税种包括资源税、房产税、契税、土地增值税和印花税。通过对本章的学习，学生要了解相关税种的法律规定及税收筹划空间。

第一节 资源税筹划

资源税是对在我国境内从事应税矿产品开采和生产盐的单位与个人课征的一种税，属于对自然资源占用课税的范畴。

自 2020 年 9 月 1 日起，《中华人民共和国资源税法》（以下简称"《资源税法》"）开始实施，该税法从暂行条例上升为法律。资源税法作为绿色税制的重要组成部分，在保持现行税制框架和税负水平总体不变的基础上，适应经济社会发展的新形势新要求，增强了资源税在促进资源节约集约利用、加强生态环境保护方面的功能。

一、纳税义务人、税目与税率

（一）纳税义务人

资源税的纳税义务人是指在中华人民共和国领域及管辖的其他海域开发应税资源的单位和个人。应税资源的具体范围由《资源税法》所附资源税税目税率表确定。

单位和个人以应税产品投资、分配、抵债、赠与、以物易物等，视同销售，应按规定计算缴纳资源税。

（二）税目与税率

资源税的税目包括能源矿产、金属矿产、非金属矿产、水气矿产和盐 5 大类，在 5 个税目下面又设有若干子目。目前所列的税目有 164 个，涵盖了所有已经发现的矿种和盐。

部分应税资源的征税对象规定为原矿，部分应税资源的征税对象规定为选矿产品，还有一部分应税资源的征税对象规定为原矿或选矿产品。

资源税按照税目税率表实行从价计征或从量计征，分别以应税产品的销售额乘以纳税人具体适用的比例税率或以应税产品的销售数量乘以纳税人具体适用的定额税率计算，实施级差调节。

纳税人开采或生产不同税目应税产品的，应当分别核算不同税目应税产品的销售额或销售数量；未分别核算或不能准确提供不同税目应税产品的销售额或销售数量的，从高适用税率。

二、应纳税额的计算

资源税的应纳税额按照从价定率或从量定额的办法，分别以应税产品的销售额乘以纳税人具体适用的比例税率或以应税产品的销售数量乘以纳税人具体适用的定额税率计算。

（一）从价定率方式应纳税额的计算

实行从价定率方式征收资源税的，根据应税产品的销售额和规定的适用税率计算应纳税额。计算公式如下：

应纳税额=销售额×适用税率

（二）从量定额方式应纳税额的计算

实行从量定额征收资源税的，根据应税产品的课税数量和规定的单位税额计算应纳税额。计算公式如下：

应纳税额=课税数量×单位税额

代扣代缴应纳税额=收购未税矿产品的数量×适用的单位税额

三、减免税项目

（一）免征资源税

有下列情形之一的，免征资源税：

（1）开采原油以及油田范围内运输原油过程中用于加热的原油、天然气。

（2）煤炭开采企业因安全生产需要抽采的煤成（层）气。

（二）减征资源税

有下列情形之一的，减征资源税：

（1）从低丰度油气田开采的原油、天然气减征20%资源税。

（2）高含硫天然气、三次采油和从深水油气田开采的原油、天然气，减征30%资源税。

（3）稠油、高凝油减征40%资源税。

（4）从衰竭期矿山开采的矿产品，减征30%资源税。

四、资源税的税收筹划空间

（一）分别核算应税资源

2020年9月1日起施行的《资源税法》规定，纳税人开采或生产不同税目应税产品的，应当分别核算不同税目应税产品的销售额或销售数量；未分别核算或不能准确提供不同税目应税产品的销售额或销售数量的，从高适用税率。

纳税人的免税、减税项目，应当单独核算销售额或销售数量；未单独核算或不能准确提供销售额或销售数量的，不予免税或减税。

因此，纳税人可以通过准确核算各应税资源的课税数量或销售额，分清不同税率的产品，区分免税产品与征税产品，从而充分享受税收优惠，节约资源税。

【案例 6-1】山西省某煤矿开采企业 2020 年 2 月 5 日销售自采原煤 200 万元（不含增值税，下同），2 月 10 日开采销售原油 400 万元。同时，该企业在开采原油过程中开采用于加热的天然气 5 万立方米，该企业未分开核算。假设山西省适用的资源税税率如下：原油 6%，原煤 8%，天然气 6%。天然气销售价格为 6 元/立方米。

该企业 2 月应缴纳的资源税 = 200×8%+400×6%+5×6×6% = 41.8（万元）

【筹划方案】

根据税法的规定，开采原油以及油田范围内运输原油过程中用于加热的原油、天然气免征资源税。那么，如果该企业将上述天然气分开核算，则可以享受天然气的免税待遇，节省资源税 1.8 万元（5×6×6%）。

（二）巧妙利用综合回收率和选矿比进行税收筹划

税法规定，对于连续加工前无法正确计算原煤移送使用量的煤炭，可以按加工产品的综合回收率，将加工产品实际销售量和自用量折算成原煤数量作为课税数量；对于金属和非金属矿产品原矿，无法准确掌握纳税人移送使用原矿数量的，可将其精矿按选矿比折算成原矿数量作为课税数量。这就给税收筹划提供了一定的空间。

企业测算后，如果自身煤炭回收率或选矿比低于同行业平均水平，则可不提供应税资源销售数量或自用数量。在这种情况下，税务机关就会根据同行业的平均综合回收率或平均选矿比来折算，计算出来的应税产品的数量则会少于实际使用数量，达到节税的目的。反之，如果企业的加工技术或选矿技术比较先进，本企业煤炭的加工生产综合回收率或金属矿选矿比相对同行业较高，则应该向税务机关提供准确的应税产品销售数量或移送数量，以避免使用税务机关的核定数，达到节省税款的目的。

【案例 6-2】某省煤炭资源税税率为 8%，某煤矿 2020 年 2 月销售自采原煤 200 万元（不含增值税，下同），用自采未税原煤连续加工成洗选煤 800 吨，销售 380 吨，每吨售价 950 元，移送自用洗选煤 120 吨用于集体宿舍采暖。已知该企业自测的综合回收率为 80%，税务机关确定的同行业综合回收率为 60%，原煤适用的资源税税率为 8%。

【筹划方案】

按实际折算率计算。

应纳资源税 = 200×8%+(380+120)×0.095÷80%×8% = 20.75（万元）

按税务机关确定的选矿比计算。

应纳资源税 = 200×8%+(380+120)×0.095÷60%×8% = 22.33（万元）

比较计算结果可以发现，按实际综合回收率计算可节省税款 1.58 万元（22.33-20.75）。因此，当企业实际综合回收率高于税务机关确定的综合回收率时，企业应当加强财务核算，准确提供应税产品销售数量或移送数量，免除不必要的税收负担。

（三）扣减销售额的税收筹划

纳税人将自采原煤与外购原煤（包括煤矸石）进行混合后销售的，应当准确核算外购原煤的数量、单价以及运费，在确认计税依据时可以扣减外购相应原煤的购进金额。

计税依据=当期混合原煤销售额-当期用于混售的外购原煤的购进金额

外购原煤的购进金额=外购原煤的购进数量×单价

纳税人将自采原煤连续加工的洗选煤与外购洗选煤进行混合后销售的，比照上述有关规定计算缴纳资源税。

【案例 6-3】某煤矿将外购原煤和自采原煤按照 1∶1 的比例混合在一起销售，4 月销售混合原煤 600 吨，取得不含增值税销售额 30 万元。该煤矿适用的煤炭资源税税率为 8%。若企业外购原煤的数量和金额不能准确核算。

当期该煤矿应纳的资源税=30×8%=2.4（万元）

【筹划方案】

若该企业保留了外购原煤的相关票据，经增值税发票认证，外购原煤单价 500 元/吨（不含增值税）。

外购原煤的购进金额=600×1÷2×500÷10 000=15（万元）

应税原煤计税依据=30-15=15（万元）

应纳资源税=15×8%=1.2（万元）

第二节 房产税筹划

房产税是以房屋为征税对象，按照房屋的计税余值或租金收入，向产权所有人征收的一种财产税。

实施房产税有利于深化分税制改革，完善地方税收体系，培养地方主体税种和调节收入分配。同时，房产税可以抑制房价过快上涨，促进经济健康发展，从而调节收入分配差距，促进社会和谐。

一、纳税义务人与征税范围

房产税以在征税范围内的房屋产权所有人为纳税人，以房产为征税对象。所谓房产，是指有屋面和围护结构（有墙或两边有柱），能够遮风避雨，可供人们在其中生产、学习、工作、娱乐、居住或储藏物资的场所。房产税的征税范围为城市、县城、建制镇和工矿区，不包括农村。

二、应纳税额的计算

我国现行房产税采用的是比例税率。房产税的计税依据是房产的计税价值或房产的租金收入。按照房产计税价值征税的，称为从价计征；按照房产租金收入计征的，称为从租计征。因此，房产税的税率也有两种：一种是按房产原值一次减除 10%~30%后的余值计征，税率为 1.2%；另一种是按房产出租的租金收入计征，税率为 12%。

自 2008 年 3 月 1 日起，税务机关对个人出租住房，不区分用途，按 4%的税率征收房产税。

1. 从价计征的计算

从价计征是按房产的原值减除一定比例后的余值计征。计算公式如下：

应纳税额=应税房产原值×(1-扣除比例)×1.2%

如前所述，房产原值是“固定资产”科目中记载的房屋原价；减除一定比例是省、自治区、直辖市人民政府规定的10%~30%的减除比例；适用税率为1.2%。

2. 从租计征的计算

从租计征是按房产的租金收入计征。计算公式如下：

应纳税额=租金收入×12%（或4%）

三、税收优惠

（1）国家机关、人民团体、军队自用的房产免征房产税，但上述免税单位的出租房产以及非自身业务使用的生产、营业用房，不属于免税范围。

（2）由国家财政部门拨付事业经费的单位，如学校、医疗卫生单位、托儿所、幼儿园、敬老院、文化、体育、艺术这些实行全额或差额预算管理的事业单位所有的，本身业务范围内使用的房产免征房产税。

（3）宗教寺庙、公园、名胜古迹自用的房产免征房产税。

（4）个人所有非营业用的房产免征房产税。

（5）经财政部批准免税的其他房产主要如下：

①非营利性医疗机构、疾病控制机构和妇幼保健机构等卫生机构自用的房产，免征房产税。

②从2001年1月1日起，按政府规定价格出租的公有住房和廉租住房，包括企业和自收自支事业单位向职工出租的单位自有住房，房管部门向居民出租的公有住房，落实私房政策中带户发还产权并以政府规定租金标准向居民出租的私有住房等，暂免征收房产税。

③经营公租房的租金收入，免征房产税。公共租赁住房经营管理单位应单独核算公共租赁住房租金收入，未单独核算的，不得享受免征房产税优惠政策。

四、房产税的税收筹划空间

（一）合理确定房产范畴

前已述及，房产是指有屋面和围护结构（有墙或两边有柱），能够遮风避雨，可供人们在其中生产、学习、工作、娱乐、居住或储藏物资的场所。独立于房屋以外的建筑物，如单独建造的围墙、烟囱、露天游泳池等，则不属于房产。若将不符合房产定义的建筑物在会计中单独核算，则这些建筑物的造价不计入房产原值，不缴纳房产税。

【案例6-4】A公司新建一栋厂房，工程造价为500万元，其中厂房建筑成本为400万元，厂区围墙、防护栏、烟囱等建筑成本为100万元。假定当地政府确定的扣除比例为30%。

【筹划方案】

方案一：A 公司将全部建筑物都作为房产计入房产原值。

应纳房产税＝500×（1－30%）×1.2%＝4.2（万元）

方案二：A 公司将厂区围墙、防护栏、烟囱等建筑成本 100 万元在会计凭证中单独分开核算。

应纳房产税＝（500－100）×（1－30%）×1.2%＝3.36（万元）

方案二节省支出 0.84 万元（4.2－3.36）。

（二）合理划分租赁范围

企业租赁房产要按租金收入的 12%缴纳房产税。一般情况下，企业若要租赁厂房或办公楼，除了基本的房屋设施以外，还有办公家具、机器设备等附属设施。目前，税务机关对这类附属设施并不征收房产税，若将这类设施与房屋一同缴纳房产税，便会提升企业的税负压力。

【案例 6－5】A 公司现有 栋空置写字楼对外出租，年租金为 200 万元。

【筹划方案】

方案一：租赁双方就整栋写字楼签署房屋租赁合同。

A 公司每年应纳房产税＝200×12%＝24（万元）

应纳增值税＝200×9%＝18（万元）

不考虑其他附加税费，总共支出 42 万元（24+18）。

方案二：年租金仍为 200 万元，但对写字楼内的办公家具、家用电器等附属设施进行合理分拆，签署两份租赁合同：一份为房屋租赁合同 100 万元，一份为附属设施租赁合同 100 万元。

A 公司每年应纳房产税＝100×12%＝12（万元）

应纳增值税＝100×9%+100×13%＝22（万元）

不考虑其他附加税费，总共支出 34 万元（12+22）。

由此可见，方案二节省支出 8 万元（42－34）。

（三）谨慎确定“免租期”

纳税人出租不动产，租赁合同中约定免租期的，不属于《营业税改征增值税试点实施办法》（财税〔2016〕36 号）第十四条规定的视同销售服务。纳税人出租不动产，免租期内由产权所有人按房产计税余值从价计算缴纳房产税，但是不必将免租视同销售，不需要对该行为缴纳增值税。

【案例 6－6】A 公司将其名下一栋写字楼出租给某培训学校，双方签订租赁合同约定月租金 20 万元，但因为该培训学校须对该写字楼再次装修，前 3 个月没法正常营业。假定该写字楼房产原值为 500 万元，地方政府规定的扣除比例为 30%。

【筹划方案】

方案一：双方约定租赁期自 2020 年 1 月 1 日起至 2020 年 12 月 31 日止，月租金 20 万元，前 3 个月免租金。

年租金＝20×9＝180（万元）

1～3 月依照房产原值计税，应纳房产税＝500×（1－30%）×1.2%×3÷12＝1.05（万元）

4～12 月按租金收入计税＝180×12%＝21.6（万元）

合计全年应纳房产税＝1.05+21.6＝22.65（万元）

方案二：租赁期自 2020 年 1 月 1 日起至 2020 年 12 月 31 日止，月租金 15 万元。

年租金＝15×12＝180（万元）

全年租金和方案一相等，但此时房产税全年适用从租计征。

全年应纳房产税＝180×12%＝21.6（万元）

因此，方案二节省支出 1.05 万元（22.65－21.6）。

（四）投资联营的税收筹划

税法规定，对投资联营的房产，在计征房产税时应予以区别对待。对以房产投资联营、投资者参与投资利润分红、共担风险的，按房产余值作为计税依据计征房产税；对以房产投资、收取固定收入、不承担联营风险的，实际是以联营名义取得房产租金，应根据《中华人民共和国房产税暂行条例》的有关规定由出租方按租金收入计算缴纳房产税。纳税人可以进行成本效益分析，以决定投资方式。

【案例 6-7】A 公司 2020 年购进一栋写字楼，年初将该写字楼用于投资联营。现有两种方案可供选择：

方案一：参与投资利润分红，共担风险，每年取得收入 300 万元。

方案二：只收取固定收入，不承担联营风险，每年取得收入 350 万元。

该写字楼的房产原值为 2 000 万元，当地政府规定的减除比例为 30%。若只考虑房产税，A 公司应选择哪一种方案？

【筹划方案】

方案一：应纳房产税＝2 000×(1－30%)×1.2%＝16.8（万元）

税后收入＝300－16.8＝283.2（万元）

方案二：应纳房产税＝350×12%＝42（万元）

税后收入＝350－42＝308（万元）

因此，A 公司应该选择方案二。

第三节　契税筹划

契税是以在中华人民共和国境内转移土地、房屋权属为征税对象，向产权承受人征收的一种财产税。

2020 年 8 月 11 日，第十三届全国人大常委会第二十一次会议经表决通过了《中华人民共和国契税法》（以下简称“《契税法》”），并于 2021 年 9 月 1 日起施行，该税法从暂行条例上升为法律。征收契税的宗旨是保障不动产所有人的合法权益。通过征税，契税征收机关便以政府名义发放契证，作为合法的产权凭证，政府即承担保证产权的责任。这是契税不同于其他税种的鲜明特点。

一、纳税义务人和征税范围

契税的纳税义务人是境内转移土地、房屋权属，承受的单位和个人。

契税的具体征税范围包括国有土地使用权出让、土地使用权转让、房屋买卖、房屋赠与和房屋交换。

二、应纳税额的计算

契税实行3%~5%的幅度税率。各省、自治区、直辖市人民政府可以在3%~5%的幅度税率范围内，按照本地区的实际情况决定。

契税的计税依据为不动产的价格。由于土地、房屋权属转移方式不同，定价方法不同，因此具体计税依据视不同情况而定。

国有土地使用权出让、土地使用权出售、房屋买卖，以成交价格为计税依据。

土地使用权赠与、房屋赠与，由征收机关参照土地使用权出售、房屋买卖的市场价格核定。

土地使用权交换、房屋交换，计税依据为所交换的土地使用权、房屋的价格差额。

契税采用比例税率。当计税依据确定以后，应纳税额的计算比较简单。应纳税额的计算公式如下：

应纳税额=计税依据×税率

三、税收优惠

（1）国家机关、事业单位、社会团体、军事单位承受土地、房屋用于办公、教学、医疗、科研和军事设施的，免征契税。

（2）城镇职工按规定第一次购买公有住房，免征契税。

（3）因不可抗力灭失住房而重新购买住房的，酌情减免契税。

（4）土地、房屋被县级以上人民政府征用、占用后，重新承受土地、房屋权属的，由省级人民政府确定是否减免契税。

（5）承受荒山、荒沟、荒丘、荒滩土地使用权，并用于农、林、牧、渔业生产的，免征契税。

（6）个人购买家庭唯一住房（家庭成员范围包括购房人、配偶以及未成年子女，下同），面积为90平方米及以下的，减按1%的税率征收契税；面积为90平方米以上的，减按1.5%的税率征收契税。

（7）个人购买家庭第二套改善性住房，面积为90平方米及以下的，减按1%的税率征收契税；面积为90平方米以上的，减按2%的税率征收契税。

四、契税的税收筹划空间

（一）等价交换免征契税

税法规定，土地使用权、房屋交换，契税的计税依据为所交换的土地使用权、房屋的价格差额。交换价格相等时，免征契税；交换价格不等时，由多交付的货币、实物、无形资产或其他经济利益的一方缴纳契税。

【案例6-8】A公司有一块土地价值为5 000万元拟出售给B公司，同时从B公司购买另外一块相同价值的土地。双方就两块土地各自签订了土地购销合同。假定当地省政府规定的契税税率为5%。

A公司应纳契税 = 5 000×5% = 250（万元）

B公司应纳契税 = 5 000×5% = 250（万元）

【筹划方案】

A公司与B公司改变合同订立方式，改为签订土地使用权交换合同，约定以5 000万元的价格等价交换双方土地。根据税法的规定，A公司和B公司的土地使用权交换行为由于是等价交换，因此免征契税，双方各节税250万元。

（二）房屋附属设施的税收筹划

《财政部 国家税务总局关于房屋附属设施有关契税政策的批复》的规定如下：

（1）对于承受与房屋相关的附属设施（包括停车位、汽车库、自行车库、顶层阁楼以及储藏室，下同）所有权或土地使用权的行为，按照契税法律、法规的规定征收契税；对于不涉及土地使用权和房屋所有权转移变动的，不征收契税。

（2）采取分期付款方式购买房屋附属设施土地使用权、房屋所有权的，应按合同规定的总价款计征契税。

（3）承受的房屋附属设施权属如为单独计价的，按照当地确定的适用税率征收契税；如果与房屋统一计价的，适用与房屋相同的契税税率。

因此，根据上述文件对于免征契税的规定，可以得知，在支付独立于房屋之外的建筑物、构筑物以及地面附着物价款时不征收契税。

【案例6-9】A公司有一生产车间拟出售给B公司。该生产车间有一栋生产厂房及其他附属物。附属物主要为围墙、烟囱、水塔、变电塔、蓄水池等。该生产车间总占地面积5 000平方米，整体评估价为800万元（其中，生产厂房评估价为200万元，5 000平方米土地评估价为350万元，其他生产厂房附属物评估价为250万元）。假定当地省政府规定的契税税率为5%，B公司按整体评估价800万元购买。

应纳契税 = 800×5% = 40（万元）

【筹划方案】

A公司与B公司分别签订两份销售合同，第一份合同为销售生产厂房及占地5 000平方米土地使用权的合同，销售合同价款为550万元，第二份合同为销售独立于房屋之外的建筑物、构筑物以及地面附着物等房屋附属设施（主要包括围墙、烟囱、水塔、变电塔、蓄水池等），销售合同价款为250万元。经过税收筹划，B公司只就第一份销售合同缴纳契税。

应纳契税 = 550×5% = 27.5（万元）

节约契税支出12.5万元（40-27.5）。

（三）以房产投资、入股的税收筹划

以房产投资、入股，这种交易业务属房屋产权转移，应根据国家房地产管理的有关规定，办理房屋产权交易和产权变更登记手续，视同房屋买卖，由产权承受方按契税税率计算缴纳契税。但以自有房产作股投入本人独资经营的企业，免纳契税。因为以自有的房地产投入本人独资经营的企业，产权所有人和使用权使用人未发生变化，无需办理房产变更手续，也无需办理契税手续。

另外，非公司制企业按照《中华人民共和国公司法》的规定，整体改建为有限责任公司或股份有限公司，或者有限责任公司整体改建为股份有限公司的，改建后的公司承受原企业土地、房屋权属，免征契税。

【案例 6-10】王五有一栋商品房价值 500 万元，李四有货币资金 200 万元，两人共同投资开办 A 有限责任公司，A 公司的注册资本为 700 万元。A 公司接受王五的房产投资后应缴纳契税。假定当地省政府规定的契税税率为 5%。

应纳契税 = 500×5% = 25（万元）

【筹划方案】

王五到工商部门注册登记成立王五个人独资公司，将自有房产投入该个人独资公司。由于房屋产权所有人和使用人未发生变化，因此无需办理房产变更手续，无需缴纳契税。

王五对其个人独资公司进行公司制改造，改建为有限责任公司，吸收李四的投资，改建为 A 有限责任公司。改建后的 A 有限责任公司承受王五个人独资公司的房屋，免征契税，A 公司减少契税支出 25 万元。

第四节　土地增值税筹划

土地增值税是对有偿转让国有土地使用权及地上建筑物和其他附着物产权，取得增值收入的单位和个人征收的一种税。

1993 年 12 月 13 日，国务院发布了《中华人民共和国土地增值税暂行条例》（以下简称“《土地增值税暂行条例》”），自 1994 年 1 月 1 日起施行。我国开征土地增值税主要是为了规范土地和房地产市场交易秩序，抑制房地产投机和炒卖活动，合理调节土地增值收益，防止国有土地收益流失。

一、纳税义务人与征税范围

土地增值税的纳税义务人为转让国有土地使用权、地上的建筑及其附着物（以下简称“转让房地产”）并取得收入的单位和个人。

土地增值税的征税范围包括转让国有土地使用权、地上的建筑物及其附着物连同国有土地使用权一并转让以及存量房地产的买卖。

土地增值税实行四级超率累进税率（见表 6-1）。

表 6-1　土地增值税四级超率累进税率表

级数	增值额与扣除项目金额的比率	税率/%	速算扣除系数/%
1	不超过 50%的部分	30	0
2	超过 50%~100%的部分	40	5
3	超过 100%~200%的部分	50	15
4	超过 200%的部分	60	35

二、应纳税额的计算

(一) 增值额的确定

土地增值税纳税人转让房地产所取得的收入减除规定的扣除项目金额后的余额，为增值额。

1. 应税收入

根据《土地增值税暂行条例》及其实施细则的规定，纳税人转让房地产取得的应税收入，应包括转让房地产的全部价款及有关的经济收益。从收入的形式来看，应税收入包括货币收入、实物收入和其他收入。

2. 扣除项目

税法准予纳税人从转让收入额中减除的扣除项目包括以下几项：

(1) 取得土地使用权所支付的金额。取得土地使用权所支付的金额包括纳税人为取得土地使用权所支付的地价款及纳税人在取得土地使用权时按国家统一规定缴纳的有关费用。

(2) 房地产开发成本。房地产开发成本是指纳税人房地产开发项目实际发生的成本，包括土地的征用及拆迁补偿费、前期工程费、建筑安装工程费、基础设施费、公共配套设施费、开发间接费用等。

(3) 房地产开发费用。纳税人能够按转让房地产项目计算分摊利息支出，并能提供金融机构的贷款证明的，其允许扣除的房地产开发费用为“利息+（取得土地使用权所支付的金额+房地产开发成本）×5%以内”（利息最高不能超过按商业银行同类同期贷款利率计算的金额）。

纳税人不能按转让房地产项目计算分摊利息支出或不能提供金融机构贷款证明的，其允许扣除的房地产开发费用为“（取得土地使用权所支付的金额+房地产开发成本）×10%以内”。

(4) 与转让房地产有关的税金。与转让房地产有关的税金是指在转让房地产时缴纳的城市维护建设税、印花税。转让房地产缴纳的教育费附加，也可视同税金予以扣除。

(5) 其他扣除项目。从事房地产开发的纳税人可以按《中华人民共和国土地增值税暂行条例实施细则》（以下简称“《实施细则》”）第七条（一）（二）项规定计算的金额之和加计 20%扣除。

(6) 旧房及建筑物的评估价格。

(二) 应纳税额的计算方法

土地增值税按照纳税人转让房地产所取得的增值额和规定的税率计算征收。土地增值税的计算公式如下：

应纳税额=增值额×税率-扣除项目金额×速算扣除系数

三、税收优惠

纳税人建造普通标准住宅出售，增值额未超过扣除项目金额 20%的，免征土地增值税。这里所说的“普通标准住宅”，是指按所在地一般民用住宅标准建造的居住用住宅。高级公寓、别墅、度假村等不属于普通标准住宅。

因国家建设需要依法征用、收回的房地产，免征土地增值税。

因城市实施规划、国家建设的需要而搬迁，由纳税人自行转让原房地产的，免征土地增值税。

企事业单位、社会团体以及其他组织转让旧房作为公共租赁住房房源的且增值额未超过扣除项目金额20%的，免征土地增值税。

四、土地增值税的税收筹划空间

（一）开发费用的税收筹划

房地产开发费用是指与房地产开发项目有关的销售费用、管理费用和财务费用。根据现行财务会计制度的规定，这三项费用作为期间费用，直接计入当期损益，不按成本核算对象进行分摊。作为土地增值税扣除项目的房地产开发费用，不按纳税人房地产开发项目实际发生的费用进行扣除，而按《实施细则》的标准进行扣除。

《实施细则》规定，财务费用中的利息支出，凡能够按转让房地产项目计算分摊并提供金融机构证明的，允许据实扣除，但最高不能超过按商业银行同类同期贷款利率计算的金额。其他房地产开发费用，按《实施细则》第七条（一）（二）项规定（取得土地使用权所支付的金额和房地产开发成本，下同）计算的金额之和的5%以内计算扣除。凡不能按转让房地产项目计算分摊利息支出或不能提供金融机构证明的，房地产开发费用按《实施细则》第七条（一）（二）项规定计算的金额之和的10%以内计算扣除。计算扣除的具体比例由各省、自治区、直辖市人民政府规定。

这两种扣除方式为企业进行税收筹划提供了空间，企业可以根据自身实际情况，选择扣除金额较高的一种方式进行扣除。企业判断是否提供金融机构证明，关键在于所发生的能够扣除的利息支出占税法规定的开发成本的比例，如果超过5%，则提供证明比较有利；如果没有超过5%，则不提供证明比较有利。

【案例6-11】A房地产公司2020年3月开发一处房地产，为取得土地使用权支付的价款为2 000万元，为开发土地和新建房及配套设施花费1 500万元，财务费用中可以按转让房地产项目计算分摊利息的利息支出为300万元，不超过商业银行同类同期贷款利率。

【筹划方案】

对于是否提供金融机构证明，A房地产公司财务人员通过核算发现，如果不提供金融机构证明，则该公司所能扣除费用的最高额为（2 000+1 500）×10%＝350万元；如果提供金融机构证明，该公司所能扣除费用的最高额为300+(2 000+1 500)×5%＝475万元。可见，在这种情况下，A房地产公司提供金融机构证明是有利的选择。

【案例6-12】A房地产公司2020年8月开发另一处房地产，为取得土地使用权支付的价款为2 000万元，为开发土地和新建房及配套设施花费1 500万元，财务费用中可以按转让房地产项目计算分摊的利息支出为100万元，不超过商业银行同类同期贷款利率。现在A房地产公司需要决定是否提供金融机构证明。

【筹划方案】

同【案例6-11】一样，如果不提供金融机构证明，该公司所能扣除费用的最高额为（2 000+1 500）×10%＝350万元；如果提供金融机构证明，该公司所能扣除费用的最高额为100+(2 000+1 500)×5%＝275万元。可见，在这种情况下，A房地产公司不提供金融机构证明是有利的选择。

（二）增值额的税收筹划

纳税人建造普通标准住宅出售，增值额未超过扣除项目金额20%的，免征土地增值税；增值额超过扣除项目金额20%的，应就其全部增值额按规定计税。这里所说的“普通标准住宅”，是指按所在地一般民用住宅标准建造的居住用住宅。高级公寓、别墅、度假村等不属于普通标准住宅。

纳税人既建造普通标准住宅，又建造其他房地产开发的，应分别核算增值额。不分别核算增值额或不能准确核算增值额的，其建造的普通标准住宅不能适用这一免税规定。

【案例6-13】A房地产开发公司2021年预计商品房销售收入为50 000万元，其中普通标准住宅的销售额为30 000万元，豪华住宅的销售额为20 000万元。根据税法规定，可扣除项目金额为35 000万元，其中普通标准住宅的可扣除项目金额为26 000万元，豪华住宅的可扣除项目金额为9 000万元。从税收的角度考虑，该公司应如何操作才能实现利益最大化？其在具体的税收筹划过程中应注意什么问题？

【筹划方案】

A房地产开发公司可以选择将普通标准住宅与豪华住宅放在一起核算或独立核算。

方案一：不分开核算。

增值额与扣除项目金额的比例＝(50 000－35 000)÷35 000×100%＝42.86%

应纳土地增值税＝(50 000－35 000)×30%＝4 500（万元）

方案二：独立核算。

普通标准住宅增值率＝(30 000－26 000)÷26 000×100%＝15.38%<20%

普通标准住宅免征土地增值税。

豪华住宅增值率＝(20 000－9 000)÷9 000×100%＝122.22%

豪华住宅应纳土地增值税＝(20 000－9 000)×50%－9 000×15%＝4 150（万元）

4 150万元<4 500万元，因此纳税人应将普通标准住宅与豪华住宅分开独立核算，从而实现利益最大化。

（三）收入分散的税收筹划

由于土地增值税使用的是以增值额为基础的超率累进税率，因此土地增值税的税收筹划最为关键的一点就是合理合法地控制、降低增值额。增值额是纳税人转让房地产所取得的收入减去规定扣除项目金额后的余额，因此通过控制增值额进行税收筹划的方法还包括收入筹划法。

收入筹划法主要是指收入分散的税收筹划，即将可以分开单独处理的部分从整个房地产中分离，如房屋里面的各种设施，从而使得转让收入变少，降低纳税人转让的土地增值额。当然，这种税收筹划应有一定的限度，无节制地任意分散容易导致税务机关的纳税调整，因此企业可以根据自身实际情况合理分散收入。

【案例 6-14】A 房地产开发企业有可供销售的 10 000 平方米同档次的商品房两栋：甲栋房每平方米售价为 6 000 元（不含装修费 400 元），转让收入为 6 000 万元，它的扣除项目金额为 5 100 万元，增值额为 900 万元；乙栋房每平方米售价为6 400 元（含装修费 400 元），转让收入为 6 400 万元，它的扣除项目金额为 5 200 万元，增值额为 1 200 万元。

【筹划方案】

甲栋房的增值率 = 900÷5 100×100% = 17.65%

按照税法的规定，甲栋房的增值额没有超过扣除项目金额的 20%，不需要缴纳土地增值税，企业获得的利润为 900 万元。

乙栋房的增值率 = 1 200÷5 200×100% = 23.08%

应纳土地增值税 = 1 200×30% = 360（万元）

A 房地产开发企业获得的利润是 840 万元（1 200−360）。

A 房地产开发企业正是采用了分散收入以控制增值额的方法进行税收筹划。甲栋房售价分离了装修费用，使得每平方米售价比乙栋房低，从而降低了增值额并将增值率控制在 20%以内，可依法享受免征土地增值税的税收优惠，所得利润反而比乙栋房多 60 万元（900−840）。由于价格上的优势，甲栋房的市场竞争力将强于乙栋房，因此 A 房地产开发企业应该考虑以后多采取甲栋房的销售方式进行销售。

（四）代收费用的税收筹划

房地产开发企业在销售不动产时，经常要代其他部门收取一些费用，如管道煤气初装费、有线电视初装费、物业管理费以及部分政府基金等。这些费用一般先由房地产企业收取，后由房地产企业按规定转交给委托单位。目前，纳税人有两种收取方式：一是将代收费用视为房产销售收入，并入房价向购买方一并收取；二是在房价之外向购买方单独收取。从土地增值税的角度分析，两种方式的税收待遇是不一样的。

按照规定，房地产开发企业在售房时按县级及县级以上人民政府要求代收的各项费用，如果代收费用未计入房价中，而是在房价之外单独收取的，可以不作为转让房地产的收入，在计算增值额时也不允许扣除代收费用；如果代收费用是计入房价中向购买方一并收取的，要作为转让房地产所取得的收入计税，在计算扣除项目金额时，可予以扣除，但不允许作为加计 20%扣除的基数。

是否将代收费用计入房价对于计算土地增值税的增值额不会产生影响，但是会影响房地产开发的总成本，也会影响适用的增值率，进而影响土地增值税的税额。以上规定显然为税收筹划创造了空间。

【案例 6-15】A 房地产开发公司出售一栋商品房，获得销售收入 5 000 万元，并按当地市政府的要求，在售房时代收了 500 万元的各项费用。A 房地产开发公司开发该商品房的支出如下：支付土地出让金 800 万元，房地产开发成本 1 000 万元，其他允许税前扣除的项目合计 200 万元。

【筹划方案】

方案一：如果 A 房地产开发公司未将代收费用并入房价，而是单独向购房者收取。

允许扣除的金额=800+1 000+200+(800+1 000)×20%=2 360（万元）

增值额=5 000-2 360=2 640（万元）

增值率=2 640÷2 360×100%=111.86%

应纳土地增值税=2 640×50%-2 360×15%=966（万元）

方案二：如果A房地产开发公司将代收费用并入房价向购买方一并收取。

允许扣除的金额=500+800+1 000+200+(800+1 000)×20%=2 860（万元）

增值额=5 000+500-2 860=2 640（万元）

增值率=2 640÷2 860×100%=92.31%

应纳土地增值税=2 640×40%-2 860×5%=913（万元）

显然，A房地产开发公司无论代收费用的处理方式如何，A房地产开发公司销售该商品房的增值额均为2 640万元。但是，采用方案二的代收方式，即将代收费用并入房价，会使得可扣除项目增加500万元，从而使纳税人少缴纳土地增值税税款53万元（966-913）。

第五节　印花税筹划

印花税是以经济活动和经济交往中书立、领受应税凭证的行为为征税对象征收的一种税。印花税因其采用在应税凭证上粘贴印花税票的方法缴纳税款而得名。

党的十一届三中全会后，我国经济得到迅速发展。1988年8月6日，国务院发布《中华人民共和国印花税暂行条例》，这是现行印花税法的基本规范。2021年6月10日，第十三届全国人大常委会第二十九次会议通过《中华人民共和国印花税法》，自2022年7月1日起施行。征收印花税有利于配合和加强经济合同的监督管理，培养纳税人正确纳税的意识，增加财政收入。

一、纳税义务人

印花税的纳税义务人是在中国境内书立、使用、领受税法所列举的凭证并应依法履行纳税义务的单位和个人。上述单位和个人，按照书立、使用、领受应税凭证的不同，可以分别确定为立合同人、立据人、立账簿人、领受人、使用人和各类电子应税凭证的签订人。

（1）立合同人是指合同的当事人。

（2）立据人是指产权转移书据的纳税人。

（3）立账簿人是指营业账簿的纳税人。

（4）领受人是指权利、许可证照的纳税人。

（5）使用人是指在国外书立、领受但在国内使用的应税凭证的纳税人。

（6）各类电子应税凭证的签订人是指以电子形式签订的各类应税凭证的当事人。

二、税目和税率

印花税共有 13 个税目。印花税的税率设计遵循税负从轻、共同负担的原则，因此税率比较低。印花税的税率有两种形式，即比例税率和定额税率。印花税税目、税率如表 6-2 所示。

表 6-2　印花税税目、税率

税目	范围	税率
1. 购销合同	包括供应、预购、采购、易货等合同	按购销金额 0.3‰贴花
2. 加工承揽合同	包括加工、修理、印刷广告、测绘等合同	按加工或承揽收入 0.5‰贴花
3. 建设工程勘察设计合同	包括勘察、设计合同	按收取费用 0.5‰贴花
4. 建筑安装工程承包合同	包括建筑、安装工程承包合同	按承包金额 0.3‰贴花
5. 财产租赁合同	包括租赁房屋、机动车辆、机械设备等合同	按租赁金额 1‰贴花。税额不足 1 元，按 1 元贴花
6. 货物运输合同	包括民用航空运输、铁路运输、海上运输、内河运输、公路运输等合同	按运输费用 0.5‰贴花
7. 仓储保管合同	包括仓储、保管合同	按仓储保管费用 1‰贴花
8. 借款合同	银行及其他金融组织和借款人签订借款合同	按借款金额 0.05‰贴花
9. 财产保险合同	包括财产、责任、保证、信用等保险合同	按收取保险费 1‰贴花
10. 技术合同	包括技术开发、转让、咨询、服务等合同	按所记载金额 0.3‰贴花
11. 产权转移书据	包括财产所有权、专利权等转移书据	按所记载金额 0.5‰贴花
12. 营业账簿	生产、经营用账册	按金额 0.5‰贴花或按件贴花 5 元
13. 权利、许可证照	房屋产权证、工商营业执照、商标注册证、专利证、土地使用证	按件贴花 5 元

纳税人的应纳税额，根据应纳税凭证的性质，分别按比例税率或定额税率计算。其计算公式如下：

应纳税额=应税凭证计税金额（或应税凭证件数）×适用税率

三、税收优惠

印花税的税收优惠规定如下：

（1）已缴纳印花税凭证的副本或抄本免税。

（2）无息、贴息贷款合同免税。

（3）房地产管理部门与个人签订的用于生活居住的租赁合同免税。

（4）农牧业保险合同免税。

（5）自 2018 年 5 月 1 日起，按 0.05%税率贴花的资金账簿减半征收印花税，按件贴花 5 元的其他账簿免征印花税。

四、印花税的税收筹划空间

（一）减少流转环节

减少流转环节可以避免重复缴纳印花税，因为在货物或劳务的流转环节中，每一次订立合同都需要缴纳一次印花税。纳税人如果事先能够确定下一个流转环节，就完全可以节省印花税。

【案例 6-16】甲公司将一笔价款为 5 000 万元的工程承包给乙公司，乙公司将其中 3 000 万元的工程分包给丙公司，1 200 万元的工程分包给丁公司。各公司应纳印花税税额计算如下：

甲公司应纳税额 = 5 000×0.3‰ = 1.5（万元）

乙公司应纳税额 = 5 000×0.3‰+3 000×0.3‰+1 200×0.3‰ = 2.76（万元）

丙公司应纳税额 = 3 000×0.3‰ = 0.9（万元）

丁公司应纳税额 = 1 200×0.3‰ = 0.36（万元）

【筹划方案】

如果乙公司与甲公司协商，让甲公司直接与丙公司、丁公司分别签订 3 000 万元和 1 200 万元的合同，剩余 800 万元的合同由甲公司与乙公司签订。这样甲公司、丙公司、丁公司应纳税额不变，乙公司应纳税额为 0.24 万元（800×0.3‰），比原来节省税额 2.52 万元（2.76−0.24）。

（二）分项核算的税收筹划

一个合同如果涉及若干项经济业务，应当分别核算各项业务的金额，因为业务类型不同，适用的印花税税率也不同。税法规定，同一凭证载有两个或两个以上经济事项而适用不同税目与税率，分别记载金额的，应分别计算应纳税额，相加后按合计税额贴花；未分别记载金额的，按税率较高的计税贴花。

【案例 6-17】A 铝合金门窗厂与一家建筑安装企业签立了一份加工承揽合同。合同中规定：A 铝合金门窗厂受建筑安装公司委托，负责加工总价值 500 万元的铝合金门窗，加工所需原材料由 A 铝合金门窗厂提供，A 铝合金门窗厂共收取加工费及原材料费 150 万元；同时，A 铝合金门窗厂提供价值 20 万元的零配件。

该份合同由 A 铝合金门窗厂缴纳印花税。

应纳税额 =（150+20）×0.5‰ = 0.085（万元）

【筹划方案】

由于合同签订形式不恰当，A 铝合金门窗厂多缴纳了印花税款。

税法对加工承揽合同的计税依据有如下规定：加工承揽合同的计税依据为加工或承揽收入，如由受托方提供原材料金额的，可不并入计税依据，但受托方提供辅助材料的金额，则应并入计税金额。由受托方提供原材料的，若合同中分别记载加工费金额和原材料金额，应分别计税。加工费金额按加工承揽合同适用 0.5‰的税率计税，原材料金额按购销合同适用 0.3‰的税率计税，并按两项税额相加的金额贴花。若合同中未分别记载两项金额，则从高适用税率，即全部金额应按加工承揽合同适用 0.5‰的税率计税贴花。

因此，在此案例中，如果 A 铝合金门窗厂与建筑安装企业签订合同时能注明将加工费金额与原材料金额分别核算，则能达到税收筹划的目的。

假设 A 铝合金门窗厂在合同中注明加工费为 50 万元、原材料费为 100 万元。

应纳印花税 = 100×0.3‰+(50+20)×0.5‰ = 0.065（万元）

A 铝合金门窗厂少缴纳印花税 0.02 万元（0.085-0.065）。

（三）不确定金额的税收筹划

有些合同在签订时无法确定计税金额，如技术转让合同中的转让收入，是按销售收入的一定比例收取或按实现利润分成的；财产租赁合同只是规定了月（天）租金标准而无租赁期限的。对于这类合同，纳税人可以在签订时先按定额 5 元贴花，以后结算时再按实际金额计税，补贴印花。

另外，应税合同在签订时纳税义务即已产生，纳税人应计算应纳税额并贴花。因此，不论合同是否兑现或是否按期兑现，纳税人均应贴花。

对已履行并贴花的合同，所载金额与合同履行后实际结算金额不一致的，只要双方未修改合同金额，一般不再办理完税手续。

【案例 6-18】A 房地产开发公司开发销售公寓、办公用房和商业用房，注册资本为 6 000 万元，员工为 60 人，2020 年度销售商品房收入为 15 000 万元，利润为 350 万元。2020 年 1 月，A 房地产开发公司与某建筑工程公司签订甲工程建筑施工合同，金额为 12 000 万元，合同签订后，印花税即已缴纳。该工程于 2020 年 11 月竣工。由于工程建筑图纸经过重大修改，原办公楼由七层改为五层，实际工程决算金额为 9 000 万元。A 房地产开发公司 2020 年 12 月签订乙工程建筑施工合同，合同金额为 18 000 万元，并以甲工程多缴印花税为由，直接冲减合同金额 3 000 万元，然后计算缴纳印花税。乙工程还有电力安装工程合同金额 800 万元、消防安装合同金额 600 万元、建筑技术咨询合同金额 80 万元，均尚未申报缴纳印花税。

根据税法的规定，A 房地产开发公司计算缴纳印花税的做法正确吗？应如何进行税收筹划？

【筹划方案】

根据税法的规定，A 房地产开发公司计算缴纳印花税的做法不正确。

税法规定，对已履行并贴花的合同，所载金额与合同履行后实际结算金额不一致的，只要双方未修改合同金额，一般不再办理完税手续。因此，甲工程施工合同多缴印花税不能直接冲减乙工程建筑施工合同金额，乙工程建筑施工合同应按合同金额贴花并缴纳印花税。

乙工程建筑施工合同应纳印花税 = 18 000×0.3‰ = 5.4（万元）

另外，电力安装工程合同、消防安装合同和建筑技术咨询合同应缴纳的印花税计算如下：

电力安装工程合同应纳印花税 = 800×0.3‰ = 0.24（万元）

消防安装合同应纳印花税＝600×0.3‰＝0.18（万元）

建筑技术咨询合同无需缴纳印花税。

因此，A房地产开发公司应纳印花税＝10.8+0.24+0.18＝11.22（万元）

为避免由于合同履行实际金额小于合同所载金额产生的额外印花税负担，出现像A房地产开发公司甲工程的这种情况，纳税人可以利用不确定金额和保守金额进行税收筹划。税法规定，在签订时无法确定计税金额的合同，可在签订时先按定额5元贴花，以后结算时再按实际金额计税，补贴印花。该规定提供了利用不确定金额进行税收筹划的可能性。纳税人在签订金额较大的合同时，双方应谨慎讨论合同金额，如确实无法确定，不能明确合同中所载的金额，那么就可以在签订时先按定额5元贴花，以达到递延缴纳印花税税款的目的。

双方也可以在订立合同时，充分考虑以后经济交往中可能会遇到的种种情况，确定比较合理、保守的金额，防止所载金额大于合同履行后的实际结算金额，避免多缴印花税税款而加重企业负担。

第七章
国际税收筹划概述

【学习提示】

随着经济全球化的不断深入，开放经济、国际贸易、国际资本和劳动力流动深刻地影响着各国的税收政策及其效应。国际税收筹划涉及的范围与内容更加广泛，因此筹划空间也就更大。本章重点对国际税收筹划的原理、方法、风险和国际反避税进行介绍。

第一节　国际税收筹划原理

一、国际税收筹划的概念

在国际税收领域，国际投资者在进行国际投资的可行性研究或选择最优投资方案时，总是要把有关国家政府税负的高低作为一个重要影响因素。对于国际投资者的跨国投资经营活动，各国政府也会给予某些特殊税收优惠待遇，因此各国在征税范围、税率高低以及征管水平上的差异，就可能为国际投资者进行国际税收筹划提供机会。当国际投资者的税收筹划活动超越一国的税收管辖范围时，这种税收筹划活动就具有了国际意义。

国际税收筹划是指纳税人在不违反相关国家的国内税法、国与国之间的税收协定、区域性的税收协调法规以及其他国际税收法律规定的前提下，基于降低其全球总税负的目的，对其跨国经济活动和税务成本进行规划与安排。国际税收筹划不仅需要在全球范围内降低企业税负，还需要重点关注国际重复征税和国际反避税问题。

二、国际税收筹划的特征

（一）综合考虑多国税法

税收筹划的合法性原则不仅适用于国内税收筹划，而且适用于国际税收筹划。与国内税收筹划不同，国际税收筹划不仅需要跨国企业遵循本国的税法，而且需要遵循东道国的税法。由于不同国家实现其税收管辖权的方式各不相同，因此各国对境外企业在境内从事经营活动的税收法律法规也不相同。

在现实中，大部分国家同时实行居民管辖权和收入来源地管辖权。这意味着大部分国家对境外企业在境内从事生产经营活动取得的所得需要征收所得税，同时对本国居民在境外从事经营活动取得的所得也要征收所得税。因此，当一国企业到另一国开展生产经营活动并取得收入时，往往需要按照东道国税法的规定缴纳税款，同时还要按照本国税法的规定缴纳税款。因此，跨国企业在进行国际税收筹划时，不仅应当遵循和考虑本国的税法，还要遵循和考虑东道国的税法，这也是国际税收筹划最主要的特征。

（二）目的是减轻整体税负

企业的跨国经营活动使得其可以在不同国家获得收入，并且要按照不同国家的税法规定缴纳税款。在这种情况下，国际税收筹划的目的就不仅仅是减轻企业在某一国的税负，而是要综合考虑，降低其整体税负。

由于各国税法存在差异，并且企业在不同国家开展经营活动的性质、获利水平同样也存在差异，因此企业仅降低其在某一国税负的税收筹划很有可能导致其在另一国税负的增加。这种税收筹划的方法是片面的，会增加跨国企业全球的整体税负。这显然不是国际税收筹划的初衷。因此，作为从全球获利、在多个国家纳税的跨国企业，其国际税收筹划活动需要综合考虑各国税制的特点和差异，并以此为基础，对企业的组织结构、交易形式、成本费用、收入等进行筹划安排，以降低企业的全球税负。在此背景下，一种税收筹划方案只要使得其整体税负降低，那么这种方案就是有效的。

从本质上来看，国际税收筹划的最终目标与跨国企业生产经营特点是相契合的。对大部分跨国企业来说，其生产经营目标往往并不局限于某一国的市场份额和盈利水平，而是着眼于全球，致力于企业全球价值最大化。从这个角度来看，国际税收筹划的这一特征正是由跨国企业生产经营的全球性、整体性特征所决定的。

（三）空间更大，方法更复杂，风险更高

由于跨国企业的生产经营活动涉及多个国家，因此与国内税收筹划相比，国际税收筹划不仅有着明显不同且更为复杂的筹划方法，而且往往拥有更大的空间。之所以会有这种不同，是因为国际税收筹划不仅仅是利用一国税法来减轻税负，其更多的是利用各国税法的差异来实现其减税目的。对企业来说，这不仅意味着国际税收筹划活动可以利用各国的税收优惠、税法空白等减轻税负，而且可以利用各国税法差异实现减税的目的。这就允许企业以更为复杂的方法进行税收筹划，国际税收筹划的空间因而得到极大的拓展。

不仅如此，由于世界各国税法差异巨大，有一部分国家（或地区）会采取非常优惠的税收政策，甚至是免税，这就形成了各国之间的“税收洼地”，如英属维尔京群岛、开曼群岛等“避税天堂”。“税收洼地”的存在使得跨国企业即使没有在这些“税收洼地”开展实质性的生产经营活动，也可以利用其进行税收筹划。这就为跨国企业开展生产经营活动提供了更多的税收筹划手段，使得企业可以采用更为复杂、更为精妙的方法进行税收筹划活动，使得税收筹划的空间进一步扩大。

然而，各国对于企业国际税收筹划的管理也越来越严格，这使得国际税收筹划越来越呈现出高风险性的特点。例如，近年来经济与合作发展组织（Organisation for Economic Co-operation and Development，OECD）发布的“税基侵蚀与利润转移行动计划”（Benefit Erosion and Profit Shifting，BEPS）就对国际税收筹划的空间形成了巨大的限制。国际税收筹划的手段和方法一旦运用不当，就容易使得税收筹划方案失效，甚至得不偿失。国际税收筹划的这种高风险性，也使得跨国企业的国际税收筹划方法变得越来越复杂精巧，且越来越具有隐蔽性。

三、国际税收筹划应注意的问题

（一）不同国家税制结构的差异

从总体上看，世界各国存在着三种不同的税制结构模式，不同的税制结构对税收筹划的影响不同。第一种是以直接税（所得税等）为主体的税制结构。实行这种税制结构的大多是经济发达国家。第二种是以间接税（流转税或商品劳务税）为主体的税制结构。由于受社会生产力发展水平的制约，发展中国家的间接税所占比重都比较高。第三种是实行低税模式，其中一些国家和地区被人们称为“避税天堂”。由于避税地的税负很轻，因此成为跨国纳税人进行税收筹划的理想场所。

（二）不同国家税负高低的差异

1. 宏观税负水平的差异

从宏观上看，国际上公认的衡量一国税负高低的标准是：税收总额（T）与国内生产总值（GDP）的比值。以 T/GDP 为衡量指标，世界各国税收负担总水平可划分为以下三类：

（1）重税负国。T/GDP 比值在 35%以上，大多数经济发达国家属于此类。税负最重的像瑞典、丹麦、比利时、法国、荷兰等几个国家，T/GDP 比值在 50%左右；多数国家 T/GDP 在 35%~45%，如欧洲各国；而美国、澳大利亚等国家，税负相对较轻，其 T/GDP 比值只在 30%左右。

（2）中等税负国。T/GDP 比值一般在 20%~30%，大多数国家属于此类。例如，印度、肯尼亚、南非、突尼斯、斯里兰卡、埃及、巴西、哥伦比亚等。

（3）轻税负国。T/GDP 比值不超过 20%，大多在 15%左右，有的还不到 10%。轻税负国家又可分为三类：第一类属于实行低税模式的“避税天堂”；第二类属经济不发达国家，这些国家税源少，财政收支紧张，如玻利维亚等；第三类是以非税收收入为主的资源国，特别是石油输出国，非税收收入比重高，税收收入占财政收入的比重低，如阿联酋、科威特、巴林、约旦、阿曼等。

2. 各国的税率差异

税率是世界各国税收制度中差别最大的一个要素，是国际税收筹划考虑的重要影响因素之一。一般来说，各国税收制度大多采用两种税率制度，即比例税率和累进税率。以企业所得税为例，黎巴嫩采用 10%的比例税率，中国和巴西采用 25%的比例税率，加拿大的税率为 38%，德国的税率高达 45%，美国、沙特阿拉伯又分别采用不同级别的超额累进税率。

（三）纳税义务的确定

跨国投资者在进行跨国税收筹划时，必须特别关注有关国家对纳税义务的确定。例如，就所得税而言，目前各国税法大多采取区分居民与非居民纳税义务的规定，对本国居民纳税人采取属人主义，要求其承担无限纳税义务，即对本国居民纳税人取得的来源于全世界范围的所得征收所得税；而对非居民纳税人则采取属地主义，只要求其承担有限纳税义务，即只对其从本国境内取得的所得征收所得税。

当然，也有少数国家或地区的税法规定，不仅是居民，公司也要负无限纳税义务，如美国、菲律宾、墨西哥等；另外还有一些国家或地区不分居民或公民，一律只承担有限纳税义务，如阿根廷、巴西、厄瓜多尔、危地马拉、埃塞俄比亚、津巴布韦等。通常，这类国家或地区对跨国纳税人有较大的吸引力。

（四）经济性重叠征税

在国际通行税制下，公司取得的经营利润，在公司层次要缴纳企业所得税；其税后利润作为股息分配给投资者时，在股东层次还要另行缴纳企业或个人所得税，这就是经济性重叠征税。例如，甲国母公司从其设在乙国的子公司处取得股息收入，这部分股息收入是乙国子公司就其利润向乙国政府缴纳企业所得税后的利润中的一部分。依据甲国税法的规定，母公司获得的这笔股息收入要向甲国政府纳税，因此产生了甲乙两国政府对不同纳税人（母公司和子公司）的不同课税客体或同一税源（子公司利润和股息）的双重征税。

由于重叠征税加重了纳税人的负担，有悖于税收公平、公正原则，因此越来越引起国际上许多国家和跨国集团的关注。目前，国际上已有20多个国家采取了有效措施，以消除或缓解企业所得和个人所得课税制的重叠征税的弊病。

由此可见，最大限度地消除企业所得税和个人所得税的重叠课征，是税收筹划的目标之一。纳税人在进行税收筹划时必须予以更多的关注与考虑。跨国投资者可以通过税负测算，对投资决策作出优化选择，如通过降低利润的派息比例、增大未分配利润的保留比例等办法，获得递延纳税的好处。

（五）国际税收协定

国际税收协定是两个或两个以上国家为了消除对跨国所得的国际重复征税和处理跨国纳税人征纳事务方面的关系而签订的书面协议。国际税收协定最初为消除国际重复征税而产生，经过不断发展和完善，如今已涵盖了避免国际重复征税、税收管辖权的划分、国际税收征管等更为丰富全面的内容，并且形成了较为完备的、得到大多数国家认可的国际准则——OECD税收协定范本和联合国税收协定范本。

作为各国制定对跨国所得征税规定的基础，国际税收协定不仅兼顾了各国居民管辖权和收入来源地管辖权，专门对税收居民和所得来源地（常设机构）作出了明确的规范，而且根据不同类型跨国所得的性质划分了缔约各国的征税权。跨国公司只有在充分掌握了各个国家的税收管辖权的差异、税收的法律法规和国际税收协定的内容后，税收筹划才能成功，才能实现税负最小化、利益最大化的目标。

第二节　国际税收筹划方法

一、利用国际避税地进行税收筹划

国际避税地又称“避税天堂”、避税港，是指那些税负非常低甚至不征收所得税的国家或地区。从目前主要的国际避税地来看，国际避税地主要包括以下几种类型：

（1）不征收任何所得税的国家或地区。这类国际避税地通常被称为“纯国际避税地”，如巴哈马、开曼群岛、瓦努阿图等。这些国家或地区对于在本地注册的公司，虽然每年会收取公司年检费，但费用也相对较低。

（2）虽征收所得税，但税率极低的国家或地区（税率一般不超过10%）。这类国际避税地较为典型的有英属维尔京群岛、所罗门群岛等。

（3）对特殊的境外控股企业设置非常低税率的国家或地区。这类国际避税地对本国的企业往往按照正常税率征收所得税。但是，对于境外企业在境内设立的不在其境内开展经营活动、仅具有控股作用的企业，往往不征收所得税或征收极低的所得税。

（4）与大部分国家签订具有特殊优惠条款的税收协定国家或地区。在这些国家或地区签订的税收协定中，预提税的税率往往非常低甚至为0。

（5）有的国家和地区实行单一的地域管辖权，仅对来源于境内的所得征税，对于来自境外的所得不征收所得税。这些国家或地区也常常被认为是国际避税地。

上述各种类型的国际避税地有一个共同的特点：对于境外控股的企业往往设置了非常低的税率，甚至不征收所得税。这就形成了明显的“税收洼地”。对跨国企业来说，这些国际避税地为其进行国际税收筹划活动提供了主要途径，即通过将利润从其他国家的子公司转移到位于国际避税地的子公司，并将利润累积在国际避税地，便可以在很大程度上降低企业的整体税负。除此之外，跨国企业还可以利用国际避税地进行多种形式的税收筹划，如规避较高的预提税税率、混合海外公司利润、降低间接转让财产的税负等。

【案例7-1】A国甲公司利用香港（避税港）的特殊优惠，在香港设立了一子公司。甲公司把成本为2 000万美元，原应按2 500万美元作价的一批货物，压低按2 100万美元作价，销售给香港子公司。香港子公司最后以2 800万美元的市价售出这批货物。

A国甲公司原应承担的所得税税款（A国企业所得税税率为34%）计算如下：

应纳税额=(2 500-2 000)×34%=170（万美元）

香港子公司所应负担的税款（香港企业所得税税率为16.5%）计算如下：

应纳税额=(2 800-2 500)×16.5%=49.5（万美元）

A国甲公司及其香港子公司的总税款=170+49.5=219.5（万美元）

【筹划方案】

采用内部定价后甲公司实际负担的税款计算如下：

应纳税额=(2 100-2 000)×34%=34（万美元）

香港子公司实际负担的税款计算如下：

应纳税额=(2 800-2 100)×16.5%=115.5（万美元）

A国甲公司及其香港子公司的总税负=34+115.5=149.5（万美元）

A国甲公司及其香港子公司通过利用转让定价，总税负降低了70万美元(219.5-149.5)。

二、利用转让定价进行税收筹划

转让定价是跨国企业进行国际税收筹划的基本手段。一般而言，转让定价是跨国集团内部各企业之间通过提供产品、劳务、资金等形式而进行的收入与费用的分配。从本质上来看，跨国集团的转让定价是利润在不同国家企业之间转移的过程。

为了实现集团利益的最大化，跨国企业会通过转让定价的手段来降低其位于高税负地区的关联企业的利润，同时增加低税负地区的关联企业的利润，从而降低集团的整体税负，实现税后利润最大化。简而言之，跨国企业通过转让定价在内部各企业间转移利润，主要是通过转让货物、提供劳务、资金融通、成本分摊等活动实现。

通过合理制定转让货物的价格转移利润是跨国企业常用的税收筹划方法。跨国集团位于高税率国家（或地区）的子公司将原材料或产品销售给位于低税率国家（或地区）的子公司，在相关国家（或地区）税法允许的范围内，通过制定尽可能低的交易价格，尽可能地降低位于高税率国家（或地区）子公司的利润，提高位于低税率国家（或地区）的子公司的利润，实现降低整体税负的目的。

【案例7-2】某跨国公司总部设在A国，并在B国、C国、D国分设甲、乙、丙三家子公司。甲公司为在C国的乙公司提供布料，假设有2 000匹布料，按甲公司所在国的正常市场价，成本为每匹2 800元，这批布料应以每匹3 200元的价格出售给乙公司；再由乙公司加工成服装后转售给D国的丙公司，乙公司利润率为20%。各国税率水平分别为B国50%、C国60%、D国30%。该跨国公司为降低税负，采取了由甲公司以每匹布3 000元的价格卖给D国的丙公司，再由丙公司以每匹3 600元的价格转售给C国的乙公司，再由C国的乙公司按每匹3 800元的价格在该国市场出售。

在正常交易情况下的税负计算如下：

甲公司应纳所得税=(3 200−2 800)×2 000×50%=400 000（元）

乙公司应纳所得税=3 200×20%×2 000×60%=768 000（元）

对此项交易，该跨国公司应纳所得税额合计=400 000+768 000=1 168 000（元）

【筹划方案】

在转让定价情况下的税负计算如下：

甲公司应纳所得税=(3 000−2 800)×2 000×50%=200 000（元）

乙公司应纳所得税=(3 800−3 600)×2 000×60%=240 000（元）

丙公司应纳所得税=(3 600−3 000)×2 000×30%=360 000（元）

该跨国公司应纳所得税合计=200 000+240 000+360 000=800 000（元）

税收筹划比正常交易节税368 000元（1 168 000−800 000）。

三、企业组织形式的税收筹划

企业组织形式的税收筹划主要是跨国企业根据各国对于子公司和分公司征税规定的不同，通过合理设置境外经营机构的组织形式，以达到减轻税负的目的。在大部分国家的税收法律规定中，子公司被视为独立法人，需要独立承担所在国的纳税义务；而分公司则被视为不具有独立法人地位的经营机构，其经营成果往往要与总机构的经营成果汇总核算。正是子公司和分公司纳税义务的不同，跨国企业可以灵活安排经营机构的组织形式，以实现税负最小化的目的。

一般情况下，如果企业预计其境外经营机构在设立之初会亏损，那么应将其设为分公司，在分公司亏损的情况下，其亏损可以抵消一部分境内总公司的盈利，从而减少应纳税所得额，降低税负。如果境外分公司开始盈利，企业应将分公司改设为子公司，使其成为东道国的居民企业，以享受税收优惠。

【案例 7-3】日本一家公司欲到美国开展经营活动，为此，其打算在美国设立一家经营机构。该公司在日本每年的税前所得为 2 000 万美元，预计其在美国设立经营机构后，该经营机构 5 年内每年将亏损 500 万美元，到第 6 年该经营机构才有可能盈利。假定该公司在日本和美国适用的企业所得税税率分别为 30%和 35%。从税收角度考虑，该公司在美国的这家经营机构设立之初，应采用分公司形式还是子公司形式?

【筹划方案】

如果在美国成立子公司，由于该子公司每年将亏损 500 万美元，且该子公司的亏损不能用日本母公司的盈利来弥补，因此该子公司在美国不用缴纳所得税，而日本的母公司需要在日本缴纳的所得税为 600 万美元（2 000×30%）。

如果在美国成立分公司，则该分公司每年的 500 万美元的亏损可以用日本总公司的盈利来弥补，因此该分公司在美国不用缴纳所得税，而日本的总公司需要在日本缴纳的所得税 450 万美元［（2 000-500）×30%］。

可见，该公司在美国的这家经营机构设立之初，采用分公司形式比采取子公司形式节税 150 万美元（600-450）。因此，从税收角度考虑，采取分公司形式更为合适。

第三节　国际反避税

一、税基侵蚀和利润转移项目

“税基侵蚀与利润转移行动计划”是由二十国集团（以下简称“G20”）领导人背书，并委托经济合作与发展组织（以下简称“OECD”）推进的国际税改项目，是 G20 框架下各国携手打击国际逃（避）税，共同建立有利于全球经济增长的国际税收规则体系和行政合作机制的重要举措。

2013 年 6 月，OECD 发布“税基侵蚀与利润转移行动计划”（以下简称“BEPS 行动计划”），并于当年 9 月在 G20 圣彼得堡峰会上得到各国领导人背书。2015 年 10 月，OECD 发布了 BEPS 行动计划全部 15 项产出成果，包括 13 份最终报告和1 份解释性声明。15 项行动计划成果的顺利完成，标志着 BEPS 行动计划步入成果转化、具体实施的新阶段。

（一）BEPS 行动计划的实质

BEPS 行动计划的内容与技术均十分庞杂，但遵循 2014 年 2 月 G20 财长与央行行长悉尼会议达成的原则，即税收要与实质经济活动和价值创造相匹配。

当前，全球利润 50%以上涉及国际交易，特别是企业集团跨境关联交易数额巨大。所有这些交易都可以在现有规则体系下进行税收筹划。税收筹划的结果是税收权益与实质经济活动的错配，经济活动发生地没有留下应有的利润，也没有获得应有的税收。生产要素的跨境配置受到扭曲，税收公平面临挑战，国际税收秩序受到严重威胁。因此，国际社会必须携手改革现有国际税收规则体系，以适应快速发展的经济全球化趋势。

（二）税基侵蚀与利润转移行动计划的影响

税基侵蚀与利润转移行动计划不仅是通过政策调整，使征税行为与经济活动和价值创造保持一致，从而增加税收收入，更是为了在国际共识的基础上，创建应对BEPS问题的一整套国际税收规则，为纳税人增加确定性和可预见性，并实现保护税基的目的。

改革的结果将产生三个层次的规则协调：一是对各国国内税收立法的建议；二是修订所得税领域的国际规则，主要是OECD税收协定范本及其注释和OECD转让定价指南；三是形成多边法律工具，进行多边税收协调。

作为深度参与BEPS行动计划的一员，中国的税务系统及业界专家全面、深入地参与了BEPS行动计划的各项议题研究、谈判和成果形成，为BEPS行动计划和成果文件的拟订做出了努力，也为构建新的国际税收体系规则做出了巨大贡献。因此，中国理应在未来国际税收联合执法过程中发挥重要作用。

二、一般反避税

为规范一般反避税管理，根据《企业所得税法》及其实施条例、《税收征收管理法》及其实施细则的有关规定，国家税务总局制定了《一般反避税管理办法（试行）》。

《企业所得税法》规定，企业实施其他不具有合理商业目的的安排而减少其应纳税收入或所得额的，税务机关有权按照合理方法调整。所称不具有合理商业目的，是指以减少、免除或推迟缴纳税款为主要目的。

《一般反避税管理办法（试行）》适用于税务机关按照上述规定，对企业实施的不具有合理商业目的而获取税收利益的避税安排，实施的特别纳税调整。其中，税收利益是指减少、免除或推迟缴纳企业所得税应纳税额。避税安排具有以下特征：以获取税收利益为唯一目的或主要目的；以形式符合税法规定，但与其经济实质不符的方式获取税收利益。

三、特别纳税调整

（一）转让定价

转让定价，即交易各方之间确定的交易价格，通常是指关联企业之间内部转让交易所确定的价格。这种内部交易价格通常不同于一般市场价格。转让定价是现代企业特别是跨国公司进行国际避税的重要工具，主要是利用各国税收差异来实现的。国际关联企业的转让定价往往受跨国企业集团利益的支配，不易受市场一般供求关系的约束，对商品和劳务内部交易往来采取与独立企业之间的正常交易价格不同的计价标准。其往往通过从高税负国向低税负国或避税地以较低的内部转让定价销售商品和分配费用，或者从低税负国或避税地向高税负国以较高的内部转让定价销售商品和分配费用，使国际关联企业的整体税收负担减轻。

按照《企业所得税法》和《税收征收管理法》的有关规定，税务机关有权对企业与其关联方之间的业务往来是否符合独立交易原则进行审核评估和调查调整。

（二）成本分摊协议

成本分摊协议是专门针对利用分摊成本避税的手段而出台的反避税措施。企业与其关联方签署成本分摊协议，共同开发、受让无形资产，或者共同提供、接受劳务，应符合法律规定。成本分摊协议的参与方对开发、受让的无形资产或参与的劳务活动享有受益权，并承担相应的活动成本。关联方承担的成本应与非关联方在可比条件下为获得上述受益权而支付的成本相一致。企业对成本分摊协议所涉及无形资产或劳务的受益权应有合理的、可计量的预期收益，且以合理商业假设和营业常规为基础。

由于成本分摊协议涉及的无形资产、劳务活动等在价值判定和评估、成本确定等方面往往存在较大的难度，如何判断参与方的收益与成本是否匹配，一直都是一个难题。虽然各国关于成本分摊协议的措施对国际税收筹划的空间形成了一定的限制，但总体来看，这种限制的效果并不明显。

（三）受控外国企业

受控外国企业是指由居民企业，或者由居民企业和居民个人（以下统称为中国居民股东，包括中国居民企业股东和中国居民个人股东）控制的设立在实际税负低于25%的企业所得税税率水平50%的国家（地区），并非出于合理经营需要对利润不做分配或减少分配的外国企业。受控外国企业的上述利润中应归属于该居民企业股东的部分，应当视同分配计入该居民企业的当期收入。

受控外国企业是专门针对利用国际避税地避税的手段而出台的反避税措施。根据这一规定，跨国企业为了避税而累积在国际避税地子公司的利润，不能享受其母公司所在国递延纳税的优惠。从目前来看，各国对这一规定的理解和认识并不一致，因此执行程度也不尽相同，甚至有些国家并没有出台这一规定。至少从目前来看，利用国际避税地进行税收筹划的方法在跨国企业中仍广泛运用。

（四）资本弱化

资本弱化是专门针对利用资本结构避税的手段而出台的反避税措施。由于债权融资可以为纳税人带来更大的税收利益，因此通过加大债权融资比重减轻税负也是企业常用的税收筹划方法。

资本弱化的规定一般是限制企业债权融资和股权融资的比例，超过规定比例的债务利息不允许在企业所得税前扣除。在我国，《特别纳税调整实施办法（试行）》（国税发〔2009〕2号）规定的企业债资比例通常为一般企业不超过2∶1，金融企业不超过5∶1。这种限制债资比例的措施虽然简单，但非常直接，对跨国企业利用资本结构进行的税收筹划活动产生了较大的影响。

目前，中国已全面加入国际反避税行动，通过加强国际税收合作，提升反避税水平。例如，中国于2008年出台了《企业所得税法》，加强反避税，使反避税对税收的直接贡献从2005年的4.6亿元上升至2013年的469亿元。

另外，国家税务总局还初步构建了反避税防控体系，成功阻止了欧美经济危机中外国母公司向中国子公司的损失转移。目前，国家税务总局正在研究开发的跨国公司利润指标监控体系，将全面跟踪和监控在华跨国公司的利润水平变化情况。中国全面的反避税行动必将对推进反避税产生积极的影响。

【案例 7-4】A 公司是国内一家生产销售企业，其母公司在该行业处于全球领先地位。税务机关反避税调查人员在对 A 公司经营数据和企业信息进行分析时发现，A 公司内销产品的价格大大高于同类外销产品价格。经过进一步调查，反避税调查人员发现，A 公司内销产品数量不多，产品 90%以上均外销给母公司，但外销产品毛利率却很低，同类产品内销毛利率比外销毛利率高 3 倍。

为什么相同产品内外销价格差别巨大？A 公司会不会存在将本应留在本地的利润转移至境外的可能？

为此，反避税调查人员进行深入调查后发现，A 公司在生产过程中执行母公司为其设定的产品规格、质量标准以及生产工艺技术，执行相应质量控制流程，生产销售相关产品并负责售后服务工作。但是，在营运时，A 公司没有产品的定价权，也不开展产品营销活动，产品内外销售价格均由其母公司决定。

从整个集团价值链来看，A 公司仅执行有限的生产职能和售后服务职能，研发及营销职能均由母公司完成。从内部交易性质看，母公司从 A 公司收购产品，A 公司由此从母公司获得一定的收益，但同时，A 公司使用母公司技术和工艺设计，同时也需向母公司支付一定的费用。

根据企业的营运情况，结合行业集团企业价值链分析方法，反避税调查人员认为，A 公司的利润水平在其集团总利润中占比较低，造成这种情况的原因是其管理模式中，母公司掌控了集团各环节产品的销售价格体系，A 公司对其销售价格完全没有决策能力。由于 A 公司的销售价格受控于母公司，A 公司外销产品给母公司时，销售价格明显低于独立企业对外产品交易价格。A 公司作为该集团公司的主要生产基地，只获得集团整体价值链利润的 10%。综合各类企业数据及证据，反避税调查人员认为，A 公司通过低价关联交易的方式转移利润至境外母公司，母公司避税的问题已经明确。

反避税调查人员认为，A 公司在产品生产中应用了母公司的专利技术，而且已影响产品的价格，因此 A 公司的内外销价格差中的一部分应属于特许权使用费。但即使如此，A 公司销售给母公司的产品仍然明显低于独立企业市场价格，不具有合理性，因此应予以调整，并补缴企业所得税。

参考文献

[1] 盖地. 税务会计与税务筹划 [M]. 4 版. 北京：中国人民大学出版社，2008.

[2] 盖地. 税务筹划 [M]. 北京：高等教育出版社，2017.

[3] 刘蓉. 税收筹划 [M]. 北京：高等教育出版社，2015.

[4] 刘开瑞. 纳税筹划 [M]. 西安：陕西师范大学出版社，2016.

[5] 蔡昌. 税务风险防范、化解与控制 [M]. 北京：机械工业出版社，2018.

[6] 蔡昌. 税收筹划——理论、实务与案例 [M]. 北京：中国人民大学出版社，2018.

[7] 蔡昌. 新个人所得税法解读：政策分析、实务操作与税收筹划 [M]. 北京：中国法制出版社，2019.

[8] 应小陆，姜雅净. 税收筹划 [M]. 上海：上海财经大学出版社，2018.

[9] 计金标. 税收筹划 [M]. 7 版. 北京：中国人民大学出版社，2019.

[10] 黄凤羽. 税收筹划 [M]. 北京：高等教育出版社，2019.

[11] 翟继光. 纳税筹划实战 101 例 [M]. 北京：电子工业出版社，2020.

[12] 翟继光，张晓冬. 企业纳税筹划实用技巧与典型案例分析 [M]. 上海：立信会计出版社，2020.

[13] 翟继光. 个人所得税与社保新政详解及实务操作指南 [M]. 上海：立信会计出版社，2020.

[14] 庄粉荣. 税收策划 36 计 [M]. 北京：中国铁道出版社，2020.

[15] 胡俊坤，胡东熠. 个人所得税综合所得汇算清缴实务与纳税筹划 [M]. 上海：立信会计出版社，2020.

[16] 栾庆忠. 增值税纳税实务与节税技巧 [M]. 北京：中国市场出版社，2020.

图书在版编目(CIP)数据

税收筹划/刘伟,田婧主编.—成都:西南财经大学出版社,2021.6
ISBN 978-7-5504-4855-1

Ⅰ.①税… Ⅱ.①刘…②田… Ⅲ.①税收筹划—高等学校—教材
Ⅳ.①F810.423

中国版本图书馆 CIP 数据核字(2021)第 078327 号

税收筹划

主　编　刘　伟　田　婧
副主编　张嘉明　李秋茹　丘晓琳玲

责任编辑:李晓嵩
责任校对:王甜甜　杜显钰
封面设计:何东琳设计工作室
责任印制:朱曼丽

出版发行	西南财经大学出版社(四川省成都市光华村街 55 号)
网　　址	http://cbs.swufe.edu.cn
电子邮件	bookcj@swufe.edu.cn
邮政编码	610074
电　　话	028-87353785
照　　排	四川胜翔数码印务设计有限公司
印　　刷	郫县犀浦印刷厂
成品尺寸	185mm×260mm
印　　张	13.5
字　　数	321 千字
版　　次	2021 年 6 月第 1 版
印　　次	2021 年 6 月第 1 次印刷
印　　数	1— 2000 册
书　　号	ISBN 978-7-5504-4855-1
定　　价	35.00 元